▶ 1981年北京大学校园留影

◀ 1983年烟台实习留影

▲ 1984年大学同学合影

▲ 1992年12月在美国加州伯克利访问

▲ 1998年在美国留学期间

▶2003年8月与学者在宁夏贺兰山考察

◀2003年9月在宁夏水洞沟向刘东生院士等中外学者介绍遗址发掘情况

▲2003年9月在银川参加纪念水洞沟遗址发现八十周年国际学术研讨会

◀ 2004年8月与李进增、罗丰在水洞沟遗址考察

► 2005年12月在广西考察

▲ 2006年5月师徒三代考察云南大河遗址

▶ 2006年与韩国史前研究院签署合作协议

▶ 2006年在南非考察

◀ 2007年5月与导师张森水先生在野外考察期间小憩

▶ 2007年8月与英国学者丹尼尔在水洞沟遗址发掘现场研讨

◀ 2007年8月与中美学者在水洞沟遗址讨论沉积环境

▲ 2008年5月与学生们参加张森水先生雕像安放仪式和追思活动

▲2008年在俄罗斯阿尔泰地区考察

►2009年在河南灵井遗址观察标本

▲2011年6月主持周口店遗址发掘

▲2011年7月在周口店遗址发掘现场组织对重要遗迹的研讨

▲2011年在水洞沟博物馆开馆仪式上致辞

◀2011年10月访问
美国斯坦福大学

►2012年3月在德国莱比锡
人类进化研究所观察标本

◀ 2012年4月接受俄罗斯克罗斯诺亚尔斯克大学校长赠送的珍贵图书

◀ 2012年4月在俄罗斯获得荣誉博士学位

▲ 2012年4月在俄罗斯讲学

▶ 2012年5月与严文明先生等学者在李济考古奖颁奖仪式上

◀ 2012年6月在中国人类学发展高峰论坛上

▲ 2012年12月与沈辰、王社江和青年学者在加拿大考察古印第安人遗址

◀ 2013年4月在美国印第安那石器时代研究所访问交流

◀ 2013年6月在银川主持中国史前遗址博物馆论坛

▲ 2013年9月率团到西伯利亚参加国际学术讨论会

▲2014年5月在北京电视台周口店博物馆新馆开馆仪式演播现场

▲2014年6月水洞沟遗址考古队留影

◀ 2014年7月与美国导师奥尔森教授在一起

► 2014年8月在墨西哥参加世界文化遗产研讨会

▼ 2014年10月与加拿大考古学家克拉夫特在美国俄勒冈出席研讨会

▲2015年6月与国际学者在以色列考察古人类遗址

▲2015年7月在内蒙古阿拉善考察

▲2016年4月在美国圣地亚哥州立大学讲学

▲2016年7月在西藏高原考察

▲2016年7月在西藏那曲尼阿底遗址发掘

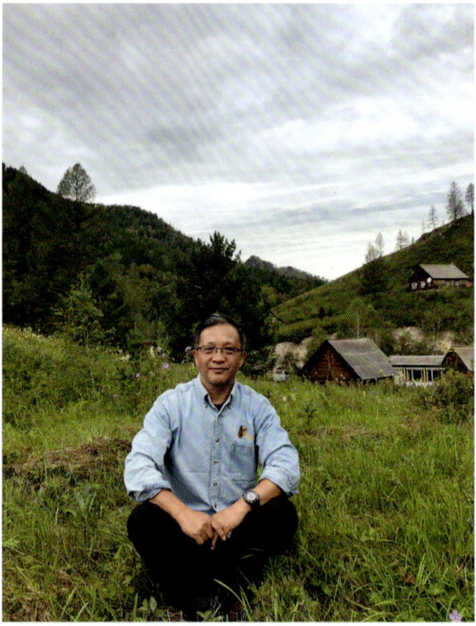

▲2018年8月在俄罗斯西伯利亚留影

▲2018年8月在俄罗斯丹尼索瓦营地参加亚洲旧石器考古学术年会

▲2018年9月陪同摩纳哥公国阿尔贝二世亲王（Prince Albert Ⅱ）考察周口店

▲ 2021年7月在水洞沟遗址与首届中国旧石器时代考古培训研修班学员和考古队员合影

▲ 2021年7月水洞沟考古队与前来考察的中央民族大学老师合影

▲2022年7月在水洞沟遗址向考古队员讲解地层和沉积环境知识

▲2022年10月在湖北学堂梁子遗址研讨郧县人3号头骨提取方案

▲2023年3月与石金鸣等同仁在广西柳江人遗址考察

▲2025年5月15日在天津参加《东方博物之门》开播仪式

漫步旧石器時代

高星／著

科学出版社
北京

内 容 简 介

本书以学术科普的笔触，介绍旧石器时代的基本概念和古人类生存、演化及旧石器时代文化、技术发展脉络；以具体案例介绍旧石器时代考古研究的方法、理念和研究成果；描述国内主要旧石器时代遗址的内涵和文化、遗产价值；记述从事古人类学研究的知名中外学者的建树和励志故事。

本书兼具专业性和通俗性、可读性，适合从事人类学、考古学、历史学、地质学研究的科研人员和相关专业的学生参考阅读，也可作为大众科普读物。

图书在版编目（CIP）数据

漫步旧石器时代 / 高星著. -- 北京 : 科学出版社，2025. 4.
ISBN 978-7-03-081916-1

Ⅰ. K871.11-49

中国国家版本馆CIP数据核字第2025V7L140号

责任编辑：郝莎莎 / 责任校对：邹慧卿
责任印制：肖　兴 / 封面设计：张　放

科学出版社 出版
北京东黄城根北街16号
邮政编码：100717
http://www.sciencep.com

北京九天鸿程印刷有限责任公司印刷
科学出版社发行　各地新华书店经销

*

2025年4月第　一　版　开本：720×1000　1/16
2025年4月第一次印刷　印张：19 1/4　插页：10
字数：400 000

定价：138.00 元

（如有印装质量问题，我社负责调换）

目录

引子

探古人生

遗址纵横

学术杂谈

远韵余音（诗三首）

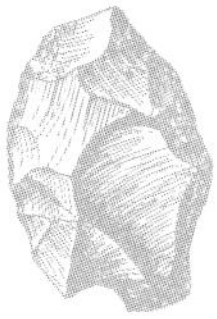

引子

走近从北大走出的考古学家高星

从1981年考入北京大学学习考古开始，高星已经在考古学领域耕耘了42年。对于考古，最初他志不在此，后来却矢志不渝，跋山涉水，昼夜奔忙。

2023年的《开学第一课》上，这位考古学家、古人类学家带着最新的考古发现和研究成果，向同学们讲述了古人类的起源与演化历史，追溯了中华文脉的起源和历史发展脉络。他讲道："我们在与古人对话，审视的也是我们今天的自己。我们和祖先脚踩在同一片土地上，每次想到这里，我都会非常自豪。这片土地在百万年前就有祖先在繁衍生息，它孕育了文化，诞生了文明，华夏大地养育的人类，百万年来，连续演化、生生不息！"话语中的热忱感染了屏幕前的很多同学。

一次次寻根问祖、访古问今的经历，让高星相信，考古之于他，不仅是一种来自远古的神秘力量的吸引，更是源于一种赓续文化基因、厚植文化自信的责任的感召。年至六十，他仍孜孜以求地探索着关于人类起源的谜题，传播着坚定文化自信的信念。

高星在2023年《开学第一课》

来源：央视网截图

是考古选择了我而不是我选择了考古

谈及自己是如何走上考古道路的，高星直言“是考古选择了我，而不是我选择了考古”。高星从小的理想是当一名文学家，高考填报的第一志愿也是北京大学中文系。那时的高考无异于“千军万马过独木桥”，在农村生活的高星想着一定要考上大学，去看看更广阔的天地，要为社会发展献出自己的力量。

然而阴差阳错，高星确实考进了中国教育的最高学府之一——北京大学，但却不是中文系，而是历史系考古专业。原来由于当时考古属于冷门专业，国家有政策要支持这些学科，因此，在志愿书栏目里选择了服从分配的高星就被分到了考古专业。

高星
来源：中国考古网

高星后来才得知，当时考古专业在服从分配的学生里有优先挑选的权利，他所在的省有两个名额，而自己就是被挑中的人选之一，“所以说是考古选择了我”。

与中文系失之交臂的高星回想起当时说：“那时的年轻人，都有一股子热血，想着有番作为、做番大事，要改造世界，造福人类，都是往前走；而考古却是向后看，学出来又有什么用呢？”年少的他并不能理解考古的真谛，以为考古就是去挖墓。

虽然考古是被动之选，但从小就是乖孩子、好学生的高星要求自己任何课程都要学好，争取好的名次，所以到大学也是带着这种习惯，很用功地学习考古知识，成绩一直都名列前茅。抱着“即使不是很喜欢，但也要认真学”的学习态度，高星对考古的了解不断深入，也渐渐发自内心地喜欢上了这门学科。

高星初入北京大学的时候，考古还是设在历史系下的一个专业。直到他读到大学三年级时，考古专业才独立成为考古系，后来逐步发展成为今天的考古文博学院。

从名称的变化，可以看出一个学科逐步壮大的过程。同时，也不难看出，考古学在当年是一个较为冷门的学科。“刚上大学时，有同学给我写信，地址竟然写的是烤骨系，好像我是做烧烤的一样。”高星笑道。

高星所在的北京大学考古系1981级毕业生合影留念
来源：北京大学考古文博学院

谈及在北大求学的经历，高星坦言：“在北大，我受益非常大，我的人生观、一些学业的思想都是在北大养成的。”当时北大总体的一个环境就是开放、站在前沿，有和外界学术思想的多方位交流。高星特别喜欢去听一些名家的讲座，感觉受益非常大。当时全国著名的考古学家在北大开了一门专门的讲座课程，向学生们展示了考古多彩、深入的一面，令高星尤其印象深刻。

2022年，高星回到母校，在“北京大学考古100年　新中国考古专业教育70年”学术报告会上发言

同时，北大宽松自由的环境也给了高星自主选择发展方向的空间，他在师生之间、不同年级之间的互动中体会到了相互促进的感觉。除此之外，“北大丰富的图书资料，到外面实习与外地考古研究机构的互动和一些良好的合作关系，都会给我们一种凝聚力和方向感”，高星回忆道。

破译旧石器时代的“无字史”更具挑战性

在考古学的诸多专业方向中，高星更喜欢做旧石器时代的研究。旧石器考古涉及人类起源演化的最早阶段，里面有很多未解之谜，高星喜欢这个具有神秘色彩的专业，可以天马行空地探索和发掘。而且旧石器研究的手段、探索的方法都有很大的空间可以挖掘，因而在高星看来，与为有文字记载的历史做注释相比，破译旧石器时代的“无字史”更具挑战性。

从时间范畴来看，旧石器时代涵盖了人类历史99%的时间，是人类演化史中非常重要的一部分。为了更形象地介绍他所做的研究工作，高星打了这样一个比方：如果将人类历史浓缩为24小时，当午夜钟声敲响时，直立行走的人类开始出发，狩猎采集、制作工具、学会用火；直到这一天快要结束的时刻，人类才进入农业社会，开始定居。

旧石器时代充满了令人臆想的神秘色彩，有混沌初开的蛮荒，有人性乍现的智慧，还有一种来自大自然底层匮乏却生生不息的力量。高星相信，正是这些塑造着人类的历史，对于理解人类后来的思维及行为模式的形成和发展，有着重要的意义。

旧石器时代人类是怎样进行生产生活的？这正是高星试图解开的谜团。他认为，从古人类学的角度来看，旧石器时代的考古成果，会带来发展一种学术思想或发现一段以前不知道的历史的契机。这对他，有着巨大的吸引力。

“尽管旧石器时代没有那么多精彩的故事和鲜活的人物，但是借助科学的力量，我们完全可以从那些看似不起眼的石器中挖掘出大量的信息，当我们把这些信息归纳汇总之后，一个百万年前人类走出非洲、向着远方决然挺进的壮丽画面便会映入眼帘”，高星说。

不要满足于做一个考古匠

1989年，我国古人类学界迎来了一次国际会议，刚刚取得硕士学位不久的高星，在这次会议上眼界大开。在听国际专家的报告以及与他们私下接触的过程中，高星发现，当时国内外的学术思想和研究手段差别很大，感觉不在一个平面上，甚至无法找到对话交流的语言。

在高星看来，当时我国的旧石器考古，只着重发现遗址，并对出土物品进行形态描述与分类，局限于遗址出土了什么标本，这些标本的形态、类型、大小、数量；而西方则着重深入研究遗存中反映的人类行为、自然环境，真正去探索人类起源演化的深层次细节，比如“我们是怎么来的”“我们为什么变得直立行走”“为什么我们这支人类走到现在而不是其他人类”等，形成了动态的、更深层次的研究视野。

那次国际交流会议之后，高星暗下决心一定要去西方学习，向最先进的理念和方法学习，取长补短。1990～1992年期间，他被中国科学院选派到美中学术交流委员会北京办事处工作一年半，并因此获得美国科学院资助的到美国做访问学者的机会。1992年秋天，他背起行囊，告别妻儿，来到美国亚利桑那大学人类学系，先做了一年的访问学者，1993年秋因成绩优异转为留学生身份，攻读博士学位。

1999年年底，高星顺利通过博士论文答辩，完成了自己的一个夙愿，也开始书写他学术生涯新的华彩篇章。学成归国后，高星迫切地希望把西方学到的东西应用到中国的相关研究中，通过自己的努力带动一个团队来提高我国旧石器考古的田野技术和研究水平。心怀壮志的他带领团队开展了一系列的旧石器时代考古野外调查、发掘与发掘。

2003年至2007年期间，高星带领初具雏形的团队与宁夏文物考古研究所合作，联合包括诸多高校和文博考古研究机构的青年才俊组成水洞沟联合考古队，对水洞沟遗址第2、7、8、9、12地点开展了连续、系统的考古发掘与研究。

高星和团队对石制品进行了热处理分析、微痕分析、残留物分析等，得到了当时人类制作和使用工具的大量信息，包括目前国内最早的对石器原料做热处理、用石器加工植物食材的证据。另外，他们在第12地点发现了距今1.1万年左右的细石器，还有少量的磨制石器和精美的骨器，增加了水洞沟文化序列的一个新的环节，还发现了一些石块属于“石煮法”的遗存，这在中国也是首次发现。

2011年，高星组织团队开始对西藏地区展开旧石器时代考古科考。队员们爬上青藏高原，克服了重重困难，取得了重大突破。其中最重要的成就是发现“尼阿底遗址”并取得广受关注的研究成果。尼阿底遗址是西藏首次发现的具有确切地层和年代学依据的旧石器时代遗址，也是目前青藏高原最早的人类生存证据。

水洞沟遗址第2地点出土的石制品

来源：宁夏回族自治区文物考古研究所

2016年尼阿底遗址的发掘
来源：中国考古网

这次的科考意义非凡，涉及人类最早是何时扩散到高原腹地的，早期人群来自哪里，他们是如何在恶劣环境下生存的，以及藏族人群的来源和形成过程等重大问题。如果能把这些谜团破解，将会弥补人类史的一大块空白，并对现代人类如何适应极端环境提供启示。

几十年间大大小小的考古实践不仅铺筑了高星的学术之路，还深化了他对考古研究的理解。当被问及中国旧石器时代考古研究应当在哪些方面着力，高星指出，“我们的研究在很大程度上还属于就事论事，我们大部分的考古报告还是材料的描述，没有阐释”，“获取材料固然重要，但更重要的是在材料上提取一些信息来阐释人类的行为、生存方式、人类对环境的适应、族群间的异同等等。只是罗列描述材料的话，意义并不大，层面也太浅”。

他强调：“不要满足于做一个考古匠。一个遗址的发掘者最有资格、有条件做研究，最好是一个人或一个团队，能够把一批材料既能精准地描述出来又能做深入的分析和理论的阐释。”

不是在野外，就是在去野外的路上

在旁人眼里，考古工作可以四处游山玩水。殊不知，高星和同事们在野外考察时更多的是跋山涉水。

考古工作者在探方中挖掘

来源：中国考古网

“我们出去做遗址调查，经常需要从一个山头到另一个山头，除了要有好的越野车以外，还需要组成车队出行，一旦有车抛锚，能及时互相救助。”高星说。

多年前，从拉萨到日喀则的一段经历，让高星至今难忘。他们一行人坐在车上，车辆行驶于山间。尽管那是一条新修的柏油路，但道路一侧的山体上方不时有土石滚落，另一侧则是悬崖峭壁。一路上，大家都提心吊胆，感觉危险随时可能降临。

不仅要翻山越岭，过河也是常事。有一次要去河对面考察，可眼前的木桥上方却写着“危桥”二字。过不过桥？不过桥就无法了解对岸的情况。担心错过重要遗迹的高星一行，只好选择先下车，留一个人小心翼翼地开车过桥。

所幸大多数时候都是有惊无险，但危险偶尔还是会不期而至。在发现尼阿底遗址后的一次调查中，载着3位队员的越野车一头栽入一个深坑。荒郊野外，车毁人伤，课题组开展了一场揪心、艰难的自救活动。时至今日，仍有1位队员身上带着那时留下的腰椎伤痛。当时身在北京的高星，心急如焚，不停地打电话沟通协调救治伤员的事宜。

最近一次和朋友聊天时，高星数了数，一年里他在北京的时间大概只有1/3，剩下的时间都在野外考察以及在外地参加各种学术活动。“至少有一半的时间不是在野外，就是在去野外的路上，这是我和同事们工作的常态。”高星说。

考古是一项集体、团队的事业

作为学科带头人，高星一直把建设一支高水平的团队视为己任。目前，高星所在团队的主要研究方向有三个，一是石器技术分析，二是工具功能分析，三是动物考古学研究。

为了发展这些分支领域，推动旧石器考古学科发展，高星于十多年前在中国科学院古脊椎动物与古人类研究所推动筹建了人类演化实验室，目前该实验室已成为中国科学院“脊椎动物演化与人类起源重点实验室”的重要组成部分。

在高星的主持下，该研究所还引进了科技考古、环境考古和古DNA分析团队，使已有的古人类学和旧石器时代考古学的学科体系更加完善，更符合国家队的角色。他还推动成立了亚洲旧石器时代考古联合会和中国考古学会旧石器专业委员会，使中国乃至亚洲的旧石器时代考古界有了更好的交流互动的平台。

2021年第三届中国考古学大会旧石器考古专业委员会召开学术研讨会议

作为老师，高星也重视对学生在不同阶段的培养。在硕士培养阶段，他要求学生抓问题、抓遗址、抓材料，从基本的发掘、整理材料做起，直到写出报告、形成自己一定的认识。这是基本功的培育。在博士期间，他则要求做专题，做新颖、深入、前沿、有理论含量的研究。在学生刚进来时，他都会细心地询问学

高星带领学生开展野外考察
来源：宁夏回族自治区文物考古研究所

生对于考古的哪个分支更感兴趣，帮助他们找到方向。

本着实践出真知的理念，高星一直将水洞沟遗址的工作作为一个培养人才的田野学校来看待，从野外工作做起，培养学生学习精细地发掘、记录、观测、样品处理的方法与流程。遗址发掘期间，高星一直坚持给学生做专题授课，还请了很多学术界的同行来讲课，从史前考古学、体质人类学、古环境学、年代学、地质学等方面加以系统培训。

在高星看来，"考古是一项集体、团队的事业"，"每个人从一个遗址、一个领域、一个思路尽一份力量，做一份贡献，拼合起来成就了中国百年考古的伟业"！

当下有为，未来可期，更多关于人类的谜题正等着高星和他的同行者们去探索。

[本文出自"北大人"公众号（2023年9月20日），原文标题为《寻远古文明之光，探人类起源之谜，走近从北大走出的考古学家高星》。编辑刘紫薇，责编陈韩梅。内容资料参考：中国考古网、科学中国人、中科院古脊椎所、科技日报、北京大学考古文博学院、文博中国、宁夏回族自治区文物考古研究所。图片来源：中国考古网、《科学中国人》杂志、《科技日报》、北京大学考古文博学院官网、宁夏回族自治区文物考古研究所官网]

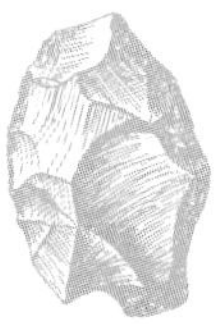

探古人生

中国考古百年，须从桑志华写起

20世纪初，学术界认为中亚、东亚是人类可能的发祥地。一些西方学者受到神秘东方的吸引，到印度尼西亚、中国、蒙古国等地探险、考察，寻找从猿到人演化的证据。在这些西方人士中，北疆博物院（今天津自然博物馆前身）创始人桑志华先生是其杰出代表，是中国旧石器时代考古学乃至中国考古的揭幕人。

一、桑志华与北疆博物院

桑志华（1876～1952），法国博物学家，本名Paul Emile Licent（保罗·埃米尔·黎桑），“桑志华”是其来华后为自己起的中文名字。早在1912年，桑志华在法国获得动物学博士学位不久，即萌生了来中国北方考察的念头。通过天主教会的安排和帮助，他于1914年3月途经西伯利亚辗转来到中国天津，开始了他在中国北方，尤其是黄河和白河（即今海河）流域长达25年、行程5万多千米的科学考察之旅，直至1938年回法。虽然桑志华在学期间接受的科学训练以动物学（确切来说是昆虫学）为主，但他兴趣广泛，工作中并不囿于动物标本的采集和研究，在动植物、地质、岩矿、古生物、古人类、史前考古、人种学、民俗学等各个领域均有所涉猎，尤其在中国地质古生物学、古人

著名博物学家、北疆博物院创始人桑志华

类学和史前考古学等领域做出了开创性的贡献。正因如此，他被后世学者评价为卓有建树的博物学家、地质学家、古生物学家和考古学家。

随着桑志华收集的各类标本日益增多，原先的落脚地——崇德堂已无法满足大量标本存放的需要。在多方资助下，桑志华逐步实现他来华前即已开始构思的在天津建设一座博物馆的计划。1922年，位于天津马场道的北疆博物院（Musee Hoangho Paiho，又称黄河白河博物馆）北楼拔地而起；1930年，随着南楼的竣工，北疆博物院完整布局最终形成，这座藏品达20万件、在近代中国博物馆史上一度叱咤风云、绵延近百年而屹立至今的一流博物馆迎来了它的辉煌时代。北疆博物院是目前我国早期博物馆中唯一一座原址、原建筑、原藏品、原展柜、原历史文献等完整保存至今的博物馆，作为其创始人，桑志华的重要功绩不仅在于创立了这座中国近代早期的经典博物馆，更在于他言行一致，把在华科考的大部分成果留在了中国，留在了这座他倾力打造和维系的博物馆中。

北疆博物院外景俯瞰

二、桑志华与中国旧石器时代考古学的序幕

作为中国旧石器时代考古学的先驱和揭幕人，桑志华的功绩是开创性和突破性的。他在中国境内首次发现具有确切地层记录的旧石器时代文化遗存，首次从地层中发现远古人类化石，首次将东方古人类遗存公诸于世。他的发现打破了之前西方学者认为中国没有旧石器时代的错误论断，将中华大地上的人类历史从数千年上推至数万年之久，开启了中国古人类学和旧石器时代考古学研究的先河。

桑志华在中国旧石器时代考古学领域的开创性贡献表现在四个方面：①一系列突破性和奠基性的发现；②留存于世的大量珍贵一手资料；③发表及参与发表的重要著作；④将出土物留存当地的自觉和意识。

1920年6月4日，桑志华在甘肃庆阳幸家沟做古生物化石发掘清理时，从原生黄土地层中发现一件人工痕迹清楚的石英岩石核，这件标本被学术界公认为在中国发现的第一件有确切地层记录的旧石器时代石制品。

尽管之前有外国传教士在中国采集过零星的石器，但都没有层位记录，时代无从考证。桑志华的这次发现具有翔实的地层信息和发掘记录，是按照现代地质古生物学的方法进行科学发掘的成果，具有无可辩驳的真实性和科学性。

1920年6月4日在甘肃庆阳幸家沟黄土层发现的石英岩石核

甘肃庆阳幸家沟出土石制品的地层

继在幸家沟的发现之后，桑志华又于当年8月在庆阳赵家岔的黄土底砾层发掘出两件人工打制的石英岩石片。这些石制品的发现使中国境内远古人类活动的遗迹实现了从无到有的突破，中华大地上的人类历史也由此推移至数万年前，神州远古人类家园的神秘面纱终于掀开了一角。

甘肃庆阳赵家岔遗址发掘现场（1920年）

1920年8月10日赵家岔遗址出土的2件石英岩石片

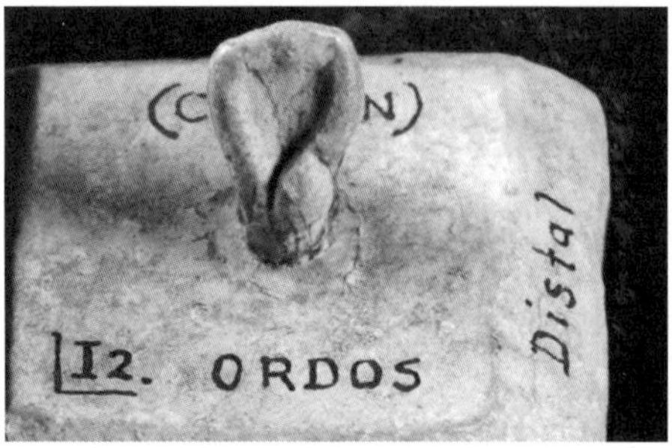

“河套人”牙齿模型（牙冠面）

受此鼓舞，桑志华萌生了在中国北方寻找旧石器时代人类化石的念头。当他得知在内蒙古鄂尔多斯沙漠南缘的萨拉乌苏河流域发现大量哺乳动物化石的消息后，便来到此地，辗转奔波，风餐露宿，寻找古人类遗址，收集史前文化遗物。1922年夏，桑志华在萨拉乌苏考察时采集到一批羚羊牙齿化石和鸵鸟蛋片。次年，刚刚来华的法国著名古生物学家德日进在北疆博物院整理这些标本时，意外从中发现了一颗小小的门齿化石，经北京协和医学院加拿大解剖学家步达生鉴定，确认属于人类，定名为Ordos Tooth（鄂尔多斯牙齿），后被裴文中先生称为“河套人”。这是在中国境内首次发现的古人类化石，中国的古人类学研究就此起步。

1923年，桑志华与德日进组成“法国古生物考察团”，再次深入中国西北腹地。他们对内蒙古萨拉乌苏遗址和首次发现的宁夏水洞沟遗址进行了第一次系统性发掘，取得了极为丰硕的重要成果，从水洞沟遗址发掘出与欧洲旧石器时代中晚期文化密切相关的石制品，引发了有关旧石器时代东西方人类迁徙和文化交流的讨论，拓展了远古人类在华夏大地生存的时空范围，奠定了中国古人类学和旧石器时代考古学的基础，使中国在人类起源与演化研究上占据了重要的国际学术地位。

德日进在水洞沟野外发掘
桑志华拍摄

在桑志华所著的《中国北方22年探险成果（1914～1935）》一书中，他对北疆博物院这一时期史前科考工作成果做了这样的总结和评价：“有一颗莫斯特时期人类的门齿和一些长骨（这是在中国这块土地上第一次发现的人类化石），说明人类早就来到过鄂尔多斯……3000～4000块经过人类加工的旧石器，是1920年、1922年、1923年在鄂尔多斯

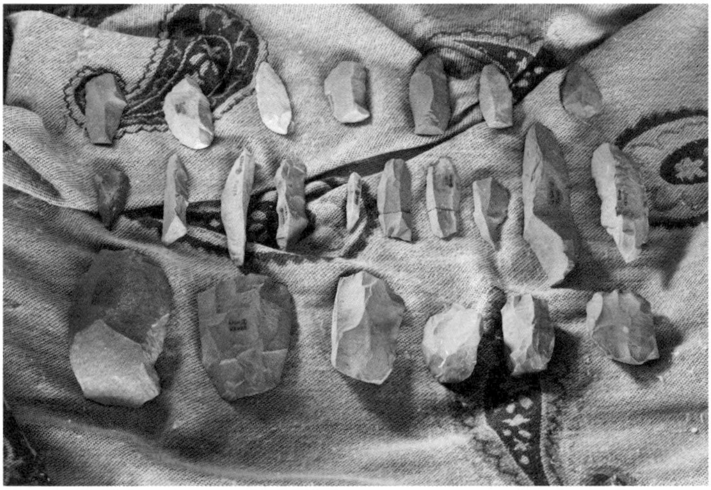

桑志华、德日进1923年从水洞沟第1地点发掘出土的石制品

附近发现的，其地点分布在甘肃的庆阳至陕西的榆林南部之间（尤以水洞沟和萨拉乌苏河河岸为多）"；"对华北来说，北疆博物院的藏品是独特的，无与伦比的。这些藏品中有好几项不能用金钱的价值来衡量：旧石器时代文化遗存、一系列蓬蒂系化石、三门系化石、中更新世化石、人种学资料……附带说明：相关的发现还包括……第四纪中期化石动物群地层的位置（1922），发现了远东旧石器时代的存在（1923）"；"对中国北方疆域的考察……是极不彻底的（那也是十分困难的）。但可以概括地说，在这些地区搜集到的藏品即使不算全面，至少也完全是有代表性的"。桑志华的自我分析理性而客观，对北疆博物院的地质古生物科考和史前考古工作在中国古人类学和旧石器时代考古学领域的先驱意义和奠基性地位进行了准确而精辟的论述。

桑志华另一方面的重要贡献是为后世留存了大量珍贵的野外考察、发掘的第一手资料。在野外考察时，桑志华每到一地都会结合已有地图，进行现场勘测与观察，并绘制详细的地质地貌、遗址分布等各类平面图；在遗址发掘过程中，他还会根据实地情况，亲手绘制符合学术规范的地层剖面图，留存下来超过100万字的野外工作日记以及数千张珍贵的照片和底片。桑志华具有很高的科学素养，他留下的日记、野外记录、照片底板和各种手绘地图、剖面图等均按日期、地点、方位等信息进行了仔细编号、排序，为后人整理和研究奠定了信息基础。时至今日，这批珍贵的野外资料仍有极高的参考和研究价值。

在中国的25年间，桑志华一方面在外东寻西考，广泛探查自然地质和史前人类遗址，搜集自然标本和史前文化遗物，充实北疆博物院的庞大馆藏；一方面潜心研究、笔耕不辍，撰写发表了大量的著作和论文，仅与古人类学和旧石器时代考古学相关的代表性著作就有独著的《黄河、白河流域10年考察报告（1914～1923）》《黄河、白河流域11年考察报告（1923～1933）》《中国北方22年探险成果（1914～1935）》《从桑干河阶地到西宁县平原的旅行》《远东的旧石器时代》《天津北疆博物院的古生物和考古学业绩》等；作为主要作者与他人合著有《中国的旧石器时代》《中国北部旧石器时代文化的发现》《得自萨拉乌苏河的一颗被认为属于更新世的人类牙齿化石》《关于桑干河流域沉积的地质学研究》《华北及蒙古人种学探险记》等。其中1928年7月出版的由布勒、步日耶、桑志

甘肃庆阳幸家沟遗址平面图
桑志华手绘

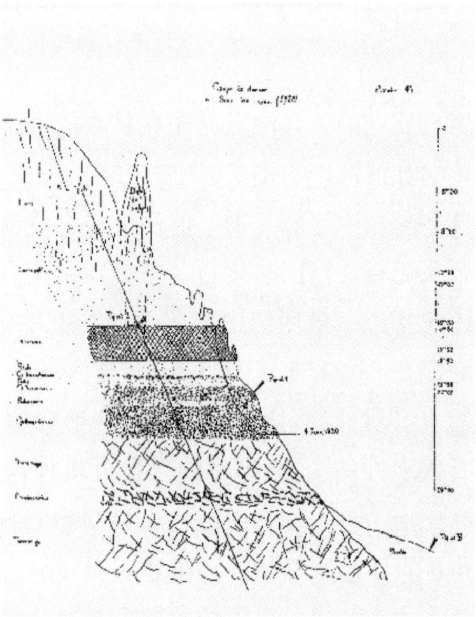

甘肃庆阳幸家沟地层剖面
桑志华手绘

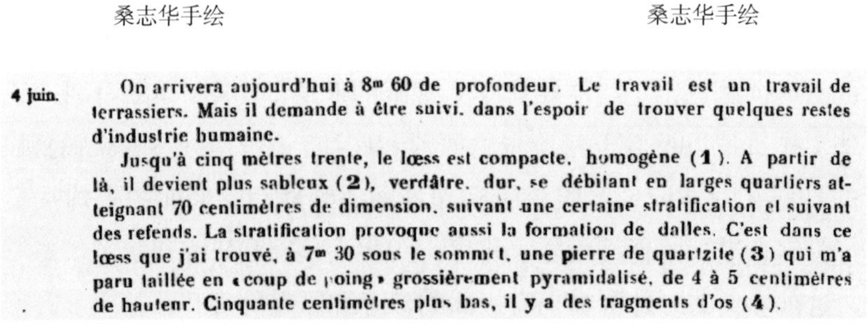

4 juin. On arrivera aujourd'hui à 8m 60 de profondeur. Le travail est un travail de terrassiers. Mais il demande à être suivi. dans l'espoir de trouver quelques restes d'industrie humaine.

Jusqu'à cinq mètres trente, le lœss est compacte. homogène (**1**). A partir de là, il devient plus sableux (**2**), verdâtre. dur, se débitant en larges quartiers atteignant 70 centimètres de dimension. suivant une certaine stratification et suivant des refends. La stratification provoque aussi la formation de dalles. C'est dans ce lœss que j'ai trouvé, à 7m 30 sous le sommet, une pierre de quartzite (**3**) qui m'a paru taillée en « coup de poing » grossièrement pyramidalisé, de 4 à 5 centimètres de hauteur. Cinquante centimètres plus bas, il y a des fragments d'os (**4**).

1920年6月4日野外发掘记录

华、德日进合著的《中国的旧石器时代》一书，对宁夏水洞沟、内蒙古萨拉乌苏、甘肃庆阳等旧石器时代遗址做了系统记述，对数次调查、发掘成果从地层、年代、古生物化石和旧石器时代文化三个方面进行了综合与比较研究。这是中国旧石器时代考古学史上的第一部综合性学术专著，是一座学术奠基与发展的里程碑，直至今日仍然具有重要的参考价值和指导意义。

桑志华的伟大之处还在于他与同时代西方来华的诸多学者（包括安特生）不同，把自己在中国北方多年科考活动的绝大部分材料、成果都留在了中国，成为北疆博物院的珍贵馆藏和历史遗产。他在1925～1926年欧洲纪行期间有过这样一段自述文字："我不能掠夺在黄河白河博物馆中所收藏的从各地花重金收集到的文物……我坚持的一贯原则是，所有被发现的这些世上仅有的古生物文物必须要留在发现地。"在中国积弱积贫、大量珍贵文物和科学资源被西方各色人物疯狂劫掠的时代，桑志华的胸怀、自觉和良知是多么卓尔不群、难能可贵！正因如此，大量珍贵的古生物化石和史前文化遗物得以留在中国，成为后世科学家深入研究不可或缺的材料，北疆博物院更成为中国博物馆中的一枝奇葩。

一百年前，桑志华在甘肃庆阳发掘出土的更新世文化遗存拉开了我国古人类学和旧石器时代考古学的序幕，成为考古学在中国百年历史的开端。虽然很长时间内中国学术界普遍认为瑞典学者安特生于1921年在河南渑池发现仰韶文化是我国史前考古研究的开始，但旧石器时代（占人类历史的99%）考古学是中国考古事业的重要组成部分，旧石器时代考古在中国揭幕，当然就是中国考古学诞生的标志；本文记述这段史实，既为缅怀桑志华先生的学术贡献，也意在正本清源，还历史的本来面目。

百年前，桑志华在甘肃庆阳发掘出华夏大地的第一块旧石器时代标本；中国考古学的百年历史，须从这里写起！

（与许渤松合著，原刊于《中国文物报》2020年7月10日第5版）

德日进与中国旧石器时代考古学的早期发展

德日进是中国旧石器时代考古学的开拓者与奠基人之一。他与桑志华发现并发掘了水洞沟和萨拉乌苏遗址，参与了关于中国史前考古的第一本专著《中国旧石器时代》的写作。他作为中国地质调查所新生代研究室的顾问参与和指导了周口店遗址的发掘和研究工作，对确认北京猿人石器的人工属性和用火遗迹起过重要的作用，与裴文中一道对周口店的石器工业进行了系统研究，奠定了中国旧石器时代考古学的基础，并与杨钟健等一起建立了周口店遗址的地层层序和地质时代框架。他对中国旧石器时代考古的第一代学人裴文中和贾兰坡有过多方面的指导和帮助，进而对中国旧石器时代考古学的后续发展产生了深远的影响。

引　言

20世纪20年代之前，广袤的中国在史前研究方面还是一片未经开发的处女地。在发生鸦片战争和甲午战争等一系列的外力入侵之后，20世纪初的神州国门已经洞开。此刻的中国正经历着内忧外患，政府软弱，频于更迭，军阀混战，民不聊生，科学领地一片荒芜。此衰彼兴，一些西方人士乘虚而入，到中国布道、讲学、兴业、经商，掀起了一波开发东方古国的浪潮。在他们之中，一些科学界人士受东方远古文明的吸引和中亚作为人类起源地的可能性的诱惑，到中国的一些村落和荒滩考察、探掘，寻觅远古人类的踪迹。不管是有心栽花还是无意插柳，他们的工作开启了中国近现代地质古生物学、古人类学和考古学的大门，为中国的古生物和古人类演化研究做出了不可磨灭的贡献。法国古生物学家、史前考古学家德日进先生（P. Teilhard de Chardin）即是其重要的代表。

水洞沟、萨拉乌苏的发现与研究

法国古生物学家、考古学家、哲学家德日进

德日进并非到中国进行旧石器时代考古调查的第一人。早在1913年美国传教士埃德加（J. Edgar）即在湖北和四川的长江沿岸寻找过石器时代的文化遗物。在断断续续的调查中埃德加找到了一些石器，但这批标本多为新石器时代的产物，且没有地层记录，因而在学术界未产生多少影响[1]。

1920年6月时任天津北疆博物馆馆长的法国古生物学家桑志华（Emile Licent）在甘肃庆阳地区东部的黄土和黄土底砾层中发现3件打制石器。因为这3件石器出自更新世地层，有可靠的年代学依据，无可辩驳地证明中国存在更新世人类遗存，从而被公认为中国旧石器时代考古学的开端[2]。对这一重大发现，桑志华邀请他的朋友、当时已在地质古生物学和史前考古学领域建立起权威地位的德日进共同研究，并以后者为第一作者将其发现和研究成果公之于众[3]。1923年5月德日进正式加盟桑志华在中国的考察工作。他们在极其艰苦的条件下对包括宁夏和内蒙古在内的中国北方地区进行了地质和考古调查，新发现了水洞沟和萨拉乌苏等旧石器时代遗址，采集和发掘出土一批石制品，扩大了古人类在中国的分布区域。在德日进的建议下，这批石器标本被运到法国巴黎，送交给当时在史前考古学领域享誉世界的步日耶教授（H. Breuil）进行研究。应该说当时中国的软弱、混乱和缺乏文物资源保护意识，导致这批珍贵的文物标本的流失，至今未能回归故里。

1928年，在上述发现和研究的基础上，布勒（M. Boule）、步日耶、桑志华和德日进著述出版了《中国旧石器时代》一书[4]。该书是第一本研究和介绍中国旧石器时代考古遗存的专著，分为“地层”（德日进和桑志华执笔）、“古生物”（布勒和德日进执笔）和“考古学”（步日耶执笔）三个部分。步日耶在对水洞沟石器工业的研究结论中提出“它代表着中国石器时代文明的发展时期”，“处在很进化的莫斯特文化和正在成长的奥瑞纳文化之间的半路上，或者是这两个文化的混合体”。这种半明半暗地对中国旧石器文化与欧洲的旧石器时代考古学体系的对比定位，至今仍然对东、西方远古文化的关系和人类群体的迁徙乃至基因交流的研究产生着很大的影响。从这部专著的内容和写作分工来看德日进在其中起着核心的作用，虽然他的名字在作者中列于末位。该书将带有强烈的地质—古生物学烙印的法国早期旧石器时代考古学中对材料的分类、描述和基于类型与形态特征而进行文化传统类比研究的基本方法引入对中国的旧石器遗存研究，初步奠定了中国旧石器时代考古学早期发展阶段的方法论基础；这种将地质地层、古脊椎动物与古人类遗存研究的有机结合，成为日后中国古人类—旧石器研究领域多学科结合的范式，至今仍为许多研究者遵循和推崇。上述工作使德日进成为中国旧石器时代考古学的拓荒者和奠基人之一。

在周口店发掘与研究中的重要贡献

真正由中国人参与并主导研究工作，并且最终形成中国旧石器时代考古学体系则是以周口店的发掘与研究为契机的，而德日进在周口店的早期学术研究乃至工作指导方面起过重要的作用。1927年中国地质调查所与北京协和医学院（美属）签署系统发掘周口店的协议，同时酝酿成立专门负责周口店发掘与研究的中国地质调查所新生代研究室（后来发展成为今天的中国科学院古脊椎动物与古人类研究所）[5]。该协议规定“本合作项目的宗旨是寻找和研究早期人类化石和同时代的动物化石。……在考察过程中意外发现的历史时期的不管何种文物，将交给适当的中国博物馆”。“一切采集到的标本归中国地质调查所所有，但人类学材料在不运出中国的前提下，由北京协和医学院保管以供研究之用。”从该文件我们可以欣喜地看到当时像翁文灏这样的有识之士已经具备了国有文物和化石的保护意识，并希冀通过协议的方式得以实现。但将可能出土的珍贵化石的研究权给予了外国专家步达生（D. Black，加拿大籍人类学家，当时北京协和医学院解剖系主任），则表明了当时中国在此方面人才的匮乏和软弱。新生代研究室成立后德日进成为其中的一员，头衔为“顾问与合作者”（Advisor and collaborator），排名在步达生之后、杨钟健之前，位居第二位。据载步达生及其后主持周口店研究的人类学家魏敦瑞主要是在室内研究北京人化石，而德日进则经常到周口店的发掘现场指导工作、协调各项事务。他丰富的野外工作经验、规范的科学训练、渊博的古生物学和古人类学知识，以及他严谨、豁达、周到并热心提携后进的作风和胸怀，使他对周口店早期的各项工作做出了多方面的贡献。

应该说周口店的重大发现和科学价值是由四个要素构成的：古人类化石、用火遗迹、石器和哺乳动物化石，而后三者的确认和研究都与德日进有着密切的关系。德日进是较早注意到并提醒发掘人员寻找古人类文化遗存与遗迹的人。“自1929年起，在周口店主堆积发掘出来的堆积物中，时而可以发现一些有明显烧过和部分炭化的兽骨。这些标本作为同时代用火活动的可疑材料加以收集。”[6]这些材料的发现和收集者是裴文中，但其真实性遭到怀疑，唯一的办法是分析化验。1930年冬德日进携带部分采集于1929年的疑为用火遗迹的标本赴巴黎，与欧洲许多史前遗址出土的用火遗迹材料进行对比研究，并请巴黎博物馆矿物研究室对黑色骨片进行氧化与还原分析；1931年又对出自鸽子堂石英Ⅱ层的黑土进行化学分析[7]。这些对比与化验分析都证明周口店洞穴存在用火遗迹，从而对北京猿人的属性定位和生存能力的研究提供了重要的资料。

石器的发现和确认是周口店早期工作的又一项重要而曲折并具有里程碑意义的事件。早在1921年瑞典地质学家、史前考古学家安特生（J.G. Andersson）即注意到周口店洞穴堆积中存在锋利的石英石片并推测其可能是远古人类的工具[8]。1929年裴文中接替杨钟健主持周口店的发掘时在德日进的提醒下开始留意石制品的存在。当年裴文中发现一件有打击痕迹的脉石英块，1930年又发现数件，1931年则有大量的脉石英石片从鸽子堂石英Ⅱ层发掘出土。脉石英是一种节理发育、匀质性差、断口不规则的岩石，不是人类理想的制作石器的材料，以前也未发现以该种材料为主要原料生产工具的遗址，因而周口店最初发现的石英石器的人工属性受到质疑，甚至当时主持周口店工作的步达生和杨钟健先生都持否定的态度，周口店的文化研究一时进入瓶颈。为证明自己的发现，裴文中创造性地开展了模拟实验、人工与非人工制品的对比研究和使用痕迹的微痕观察[9]，但仍改变不了局面。裴文中有关石器的发现和研究结论最先得到德日进的支持，但德日进并未直接介入争论，而是采取了一个更周全的办法，建议邀请当时在世界旧石器考古领域坐头把交椅的、时任法国史前学会会长的步日耶先生来华作终裁者。1931年夏步日耶应邀来华，在周口店观察了出土的石质标本，确认了其人工性质，对裴文中的开创性研究予以了充分的肯定。一场纷争尘埃落定。

随后，德日进与裴文中对周口店遗址出土的石制品进行了系统的研究，初步总结了北京猿人的石器类型与技术特点及其发展趋势，划分出A、B、C三个文化带，于1932年发表《周口店中国猿人堆积中的石器工业》一文[10]。该文意义重大，是对周口店远古文化遗存的第一篇系统研究论文，首次使用"周口店石器工业"一词，并指出中国猿人的文化非一朝一夕形成，而是具备了不同的发展阶段。这样的分期排序为日后周口店石器文化演化体系的建立设下了基调。1933年由步达生、德日进、杨钟健和裴文中著述的《中国化石人类》一书出版[11]。该书是第一本系统研究和介绍周口店材料的专著，共分三个章节："周口店堆积与中国晚新生代""中国猿人骨骼遗存与中国北方其他化石人类""中国猿人文化遗存与其他中国北方远古文化综述"。在前言中步达生申明该书的第一、三章的初稿是完全由德日进完成的（Parts Ⅰ and Ⅲ of this Memoir were first written in full by that widely experienced investigator）。该书图文并茂，对周口店北京猿人地点的石器工业进行了进一步的分期研究，并对用火遗迹和骨器工业进行了专题讨论。该书从石器文化的角度对古人类的生产与生存行为进行了一些有趣的探讨，例如通过石器在层位中的分布密度和文化层厚度推测在洞穴居住的人群个体数量逐渐增加、石器的制作与使用者具有右手倾向、古人类制作石器系就地取材、周口店的石器工业具有特殊性、石料条件对石器文化面貌具有重大影响等，这说明研究者是站在考察古人类行为的高度来看待石制品的类型和形态变异的，而以后在很长的一段时期内中国旧石器时代考古学界没有遵循这样的思路，而是专注于石器类型的划分和形态的描述，难免让人深思。

德日进对周口店遗址的地层序列、年代框架的建立和以古动物群演化为标志的古生态环境的重建也做出了很大的贡献。1929年他与杨钟健合作发表了《周口店含化石堆积的初步报告》一文[12]，成为首篇对周口店沉积序列的研究论文。在《中国化石人类》一书中，德日进等对周口店遗址的地层、沉积过程和地质时代进行了更深入的研究，将已发掘过的第一地点地层剖面划分为十一层，并在此基础上将沉积韵律划分为A、B、C三个巡回（Cycle），分别形成于晚更新世、早更新世和晚上新世。需要指出的是在该文发表的时候学术界对上新世以来地质时代的划分方案与现在有着很大的不同，如果没有这样的概念就会产生混淆。应该说德日进、杨钟健等在20世纪30年代初对周口店第1地点的地层划分方案经受了时间的检验，以后虽经局部调整，但大的框架仍然沿用至今。

在古生物、古人类研究中的贡献

事实上德日进对周口店研究的贡献远不止这些。他对该遗址的化石哺乳动物群的研究建树卓著，涉及第1、9、13、18等多处地点，与杨钟健等一道建立了周口店地区乃至整个华北范围内从早更新世到晚更新世的哺乳动物演化序列，尝试对此期间环境变迁过程和特点进行复原，对研究古人类的演化过程与机制提供了重要的背景资料。有关他在中国从事古脊椎动物学和古人类学研究的工作情况和研究成果，本期李传夔和吴新智两位先生有专门记述[13, 14]，本文不再赘述。

对中国旧石器领域早期人才的培养作用

德日进在中国旧石器时代考古学早期发展的历史上做出的另一项不应被忽略的贡献是对中国第一代学人的培育和影响。作为中国旧石器时代考古学的奠基人，裴文中和贾兰坡两位先生对德日进的培养、教诲、帮助和熏陶一直没有忘怀，并多有记述和感念。时年27岁的裴文中得以结识当时史前考古学界泰斗步日耶并获得后者的欣赏，在1935年被步氏邀请到法国，在其门下进行正规的旧石器时代考古学训练，并在1937年获得博士学位，与当初德日进举荐步日耶来华考察周口店不无关系。裴老在《周口店洞穴层采掘记》中写道："在指示我工作方法的时候，我深切认识了德日进先生。""我的古生物学的知识，除杨先生外，完全由德先生所口授。"[15] 寥寥数语，将二人的关系和情感浓缩了出来。贾兰坡则有这样的记述："那时，我还是一个年仅二十三岁的年轻人，职务是一个练习生，和德日进之间是没有多少话可说的。但是，这位身材高大的科学家对人的态度是那样和蔼可亲，对年轻人的培养是那样不遗余力和循循善诱，使我很快就消除了初次见面时产生的拘谨。""……报告写完之后，交给德日进神父，改动很多。在大约二十页的英文稿上，他几乎逐句逐字地加以修改，每页都密密麻麻地留下他那秀丽的字体。可以相信，改那份稿子比他自己动手写要费力得多。但他为了帮助青年一代成长，是那样的不遗余力。”“他吃苦耐劳的精神很感人。每次来周口店，招待他吃普通的中国饭菜，碰上什么就吃什么，从不挑挑拣拣。”[16]

在以后的半个多世纪里，裴文中与贾兰坡两位大师运用着智慧，挥洒着汗水，将中国的旧石器时代考古学队伍如滚雪球般带大，将中国的旧石器文化延伸到神州大地的各个角落，成就举世瞩目。应该说在这一过程中德日进先生所传授的学科知识、工作方法、敬业精神和处事作风在一定程度上起着酵母的作用。

结　　语

德日进先生逝世将近五十周年了。他在一生中先后在法国、中国和美国留下了坚实的足迹，产生了重大的影响。他是在中国的一片乱象之中来到这个古老的国度的。当时列强国家各形各色的人涌到中国从事各种开发和掠夺，而以德日进为代表的少数西方科学界精英却在这片贫瘠的土地上开展了扎扎实实、兢兢业业的科学探究活动。由于他们的工作，西方近现代先进的科学技术和理念得以传入这个衰落中的国家，一些有志的中国青年得以吸取外来的营养，中国得以铺垫一块未来振兴的基石，这实在是科学之幸，国家之幸，民族之幸！来自周口店的古人类发现和研究成果被誉为中国在近现代国际学术界赢得的第一块金牌，在那个时代是那样的惊世，那样的使人振奋，成为暗淡的天宇间一道亮丽的光环。至今一些自然科学史专家和科学哲学家仍在探讨为何周口店会在那时有过那样的辉煌？会产生那样多的成果？也许答案并不复杂：在一段并非风调雨顺的时日里十数位品格和学识都属“顶级”的科学界精英人士偶然聚集到了周口店这块风水宝地。他们中有中国人，也有外国人；有已经载誉世界的学术权威，也有风华正茂的后起之秀。他们叱咤风云，挥洒才智，上演了一幕脍炙人口、传赞至今的历史正剧。而本文所记述和怀念的德日进先生即在那座绚丽的历史舞台上扮演了一个举足轻重的角色。

参考文献

[1] 张森水. 中国旧石器文化. 天津：天津科学技术出版社，1987.

[2] 高星. 中国旧石器时代考古学的昨天、今天与明天//高星，侯亚梅主编. 中国科学院古脊椎

动物与古人类研究所20世纪旧石器时代考古学研究. 北京：文物出版社，2002：3-9.
[3] Teilhard de Chardin P and Licent E. On the discovery of a Paleolithic industry in Northern China. Bulletin of the Geological Society of China, 1924, 3 (1): 45-50.
[4] Boule M, Breuil H, Licent E, Teilhard P. Le Paléolithique de la Chine. Paris: Masson, 1928.
[5] 贾兰坡，黄慰文. 周口店发掘记. 天津：天津科学技术出版社，1984.
[6] Black D. Evidence of the use of fire by Sinanthropus. Bulletin of the Geological Society of China, 1931, 11: 107-198.
[7] 裴文中，张森水. 中国猿人石器研究. 北京：科学出版社，1985.
[8] Andersson J G. Children of the Yellow Earth: Studies in Prehistoric China. New York: Macmillan Company, 1934.
[9] Pei W C. Notice of the discovery of quartz and other stone artifacts in the Lower Pleistocene hominid-bearing sediments of the Choukoutien cave deposit. Bulletin of the Geological Society of China, 1931, 11: 109-146.
[10] Teilhard de Chardin P and Pei W C. The lithic industry of the Sinanthropus deposits in Choukoutien. Bulletin of the Geological Society of China, 1932, 11: 317-358.
[11] Black D, Teilhard de Chardin P, Young C C and Pei W C. Fossil Man in China: The Choukoutien Cave Deposits with a Synopsis of Our Present Knowledge of the Late Cenozoic in China. Peiping: The Geological Survey of China, 1933.
[12] Teilhard de Chardin P and Young C C. Preliminary report on the Chou Kou Tien fossiliferous deposit. Bulletin of the Geological Society of China, 1929, 8: 173-202.
[13] 李传夔. 德日进与中国古哺乳动物学. 第四纪研究，2003，23（4）：372-378.
[14] 吴新智. 德日进在中国古人类学的创建时期. 第四纪研究，2003，23（4）：362-365.
[15] 裴文中. 周口店洞穴采掘记. 北平：地质专报（北平）乙种第7号，1934.
[16] 贾兰坡. 我和德日进神父//发现北京人. 台北：幼狮文化事业公司，1996.

（原刊于《第四纪研究》2003年第4期，略有改动）

翁文灏与周口店

翁文灏先生（1889～1971年）是中国20世纪杰出的地质学家，我国近代科学事业的重要倡导者、组织者。他领导了中国地质调查所和早期地质学会，培育出我国第一代地质工作者；创建了新生代、地震、土壤、燃料等研究室；在矿床学、构造地质学、地震地质学、沉积学、地层古生物学、山志学、地图学等方面皆有重要建树；在古人类学、考古学等领域也做过开拓性的工作，尤其在中华人民共和国成立初期归国“闲赋”期间，阅读、撰写了大量古人类研究论文，展示了渊博深厚的学术底蕴，提出了一些重要的学术观点，可惜当时未能付梓发表，前沿学术思想的光芒被尘封了近半个世纪。翁先生还是周口店早期工作的重要领导者和组织者，在创建新生代研究室、制定旨在保护中国主权和科学资源的周口店中外合作协议、组建包罗中外顶级学者在内的科研队伍、组织协调周口店遗址的发掘和研究诸多方面做了大量卓有成效、不可替代的工作，并发表了数篇有关周口店古人类和古生物的科普、评述文章。由于这些出色的早期基础工作的铺垫和其后中外学者的勤奋努力与重要发现，周口店成为载誉世界的人类文化遗产和古人类学、旧石器时代考古学与第四纪地质学的科研基地，至今仍在发挥巨大的科研和社会作用。

位于北京西南西山脚下的周口店北京猿人遗址目前可谓世人皆知。它是一处有关人类起源与演化研究的圣地，是更新世古人类遗址中内涵最丰富、材料最齐全和最有科研价值的一个，是唯一保存了纵贯70万年史前人类活动遗迹的遗址，是一座有关人类演化与文化发展的科学信息与资源宝库。我们的先祖在这里以勤劳和智慧谱写了一部跨越久远、内容翔实的无字的早期人类历史传记。

该地区的科学价值于1918年由瑞典地质学家安特生（J.G. Andersson）等西方学者发现。1921年奥地利古生物学家师丹斯基（O. Zdansky）开始在此试掘，1927年加拿大人类学家步达生（D. Black）将遗址出土的人类牙齿命名为“中国猿人北京种（*Sinanthropus pekinensis*）”（后改称直立人北京种*Homo erectus pekinensis*，俗称北京猿人或“北京人”）。1929年12月中国学者裴文中先生在周口店第1地点发现2具北京猿人头盖骨，其后又发现古人类用火遗迹和石器。1936年11月贾兰坡又从该地点发掘出土3个北京猿人头盖骨。美国人类学家魏敦瑞根据北京人的化石材料提出人类多地区起源学说。还有杨钟健、德日进……在一长串对周口店发掘与研究做出过重要贡献的中外科学家名单中，我们切不可忘记一个重要的名字：翁文灏。作为周口店早期工作的主要领导者和组织者，翁文灏的贡献不但不应被遗忘，而且应该浓墨重书。

地质学家翁文灏先生

周口店的发掘、研究与长足发展与一个学术机构——新生代研究室的建立密切相关，其中浸透着翁文灏的心血。周口店出土古人类牙齿的消息在1926年10月为欢迎瑞典皇太子到北京访问的一次学术大会上宣布以后，加拿大科学家、北京协和医学院（美属）解剖系主任步达生先生提议成立一个从事体质人类学研究的专门机构，责任之一是进行周口店的发掘和研究。步达生与时任中国地质调查所所长的翁文灏先生商议合作事宜。翁文灏先生认为“拟议中的研究机构将会很好地帮助地质调查所自己的发展计划”，深表赞成，并考虑“这样一个体质人类学研究机构可以成为地质调查所本身从事博物馆和古人类学领域研究工作的一个组成部分”[1]。由此可见，翁文灏极力想通过建立这样的机构将由外国人发起的周口店科考工作纳入中国人可主导的范畴。在1927年一些有关周口店的文件中，“新生代研究室”的名字开始出现，但正式成立发生在1929年初。1929年2月8日，翁文灏与步达生拟定了《中国地质调查所新生代研究室组织章程》，规定“本研究室的宗旨为开展一项广泛的人类古生物学调查计划。……尤其关注人类生物学方面的问题”。“本研究室的行政事务置于地质调查所所长管理之下”，“一切采集的材料包括人类学标本在内，全部归中国地质调查所所有”，“一切标本均不得运出中国”。研究室聘中国地质学的创导者之一丁文江博士为名誉主持人，步达生为名誉主任，杨钟健为副主任，德日进为顾问，费用由洛克菲勒基金会资助。1929年4月19日中国政府农矿部正式批准了这一章程。新生代研究室的成立是中国地质学、古生物学和人类学研究的一座里程碑，是周口店研究史上的一件大事。它使周口店早期的各项工作有了组织、人员和经费保障，保证了野外发掘和室内研究的正常进行，导致了1929年底震惊世界的北京猿人第一个头盖骨的面世。中华人民共和国成立后，新生代研究室划归中国科学院古生物学研究所，改称新生代及古脊椎动物研究室，1953年改名为古脊椎动物研究室，直属中国科学院。1957年改称中国科学院古脊椎动物与古人类研究所，直至今日仍是我国从事古脊椎动物学和古人类学这两个基础科学领域的唯一专门研究机构。

1918年以来周口店一直是一处吸引、凝聚各国科学家协同工作的园地，诸多科学家并肩工作，共享材料，共有成果，被看作是中外科学家成功合作的范例。除了卓有成效的组织工作和置身其中的科学家们优秀的人格因素，明确的游戏规则的建立起了重要的作用，这项功劳要归结于翁文灏和步达生两位杰出的组织者。从1926年起，二人代表各自的机构乃至国家多次商谈周口店合作协议。在1926年10月16日步达生给翁文灏的一封信中，步氏提出：“本研究项目采取同中国地质调查所合作的方式进行；所获得的材料准备用于研究，人类及类人猿化石由我掌握研究，论文在《中国古生物志》上发表。其他材料则由地质调查所研究并永久保存。”在同月18日翁文灏给步达生的回信中，翁先生阐明：“我对于提出的有关材料分配和人类及其他化石的研究成果都在《中国古生物志》上发表的建议深感满意。勿须多说，根据这个建议留在您处的骨骼材料应永久保管在中国，而不论体质人类学研究机构的方案将来实现与否。”[2] 1927年2月上旬，翁文灏代双方草拟了一份《中国地质调查所与北京协和医学院关于合作研究华北第三纪及第四纪堆积物的协议书》，以后由双方正式签署，这就是合作发掘与研究周口店协议书。它规定：

（1）从1928年开始，由洛克菲勒基金会资助24000美元作为到1929年12月31日止的研究经费；中国地质调查所拨4000元补贴这一时期的费用；

（2）步达生在双方指定的其他专家的协助下负责野外工作；2～3名受聘并

隶属于中国地质调查所的古生物学专家专门负责与本项目有关的古生物研究工作；

（3）一切采集到的标本归中国地质调查所所有，但人类学材料在不运出中国的前提下，由北京协和医学院保管，以供研究之用；

（4）一切研究成果均在《中国古生物志》或中国地质调查所其他刊物以及中国地质学会的出版物上发表[3]。

这是中国自1840年鸦片战争丧权辱国以来我们看到的一份维护主权、体现着平等与协作精神的珍贵的涉外文件。在这里，翁文灏照顾了步达生对人类化石研究的需求以保证合作计划的实现，但在涉及主权的原则立场上十分明确，申明了所有材料的中国所有权和处置权，而步达生则表达了真诚合作的愿望，体现了对中方的充分理解和尊重。这项协议的签署和由此体现的双方相互协商、相互尊重、相互谅解的精神，是周口店在其后能顺利开展工作的基础。这一协议以后得到双方很好的遵守，甚至在“卢沟桥事变”发生，北京面临日军侵占，北京猿人化石有落入日寇魔掌危险的时候，美国人碍于这项协议，不肯轻易接受化石以带回美国避难。

在新生代研究室和周口店合作协议的框架内，翁文灏为周口店工作延揽了一批学有建树、业有专攻的人才，使周口店形成了一支高水平、敬业、协作的科研团队。步达生，加拿大解剖学家和人类学家，坚信中亚高原是人类的发源地，以北京协和医学院解剖系主任之身担任新生代研究室名誉主任，不但主持周口店的各项工作，筹集经费，协调关系，还承担北京猿人化石的研究工作，亲自动手修理、复原化石，并参与遗址用火遗迹的研究。由于身体有疾和过于劳累，于1934年3月15日猝死在研究室办公桌旁。德日进，法国古生物学家，作为新生代研究室的顾问参与和指导了周口店遗址的发掘和研究工作，对确认周口店的用火遗迹和石器起到了重要的作用，与裴文中合作开展了对周口店石器的早期系统研究，与杨钟健一道初步建立了周口店遗址的地层序列和时代框架，对裴文中、贾兰坡等年轻的中国学者多有指导[4]；魏敦瑞，德裔美籍人类学家，在步达生逝世后被英国人类学家斯士斯推荐给翁文灏承袭步达生的工作。他以渊博的解剖学和人类学知识开展对北京猿人和山顶洞人的体质研究，著述丰硕，并指导胡承志等精确复制周口店人类化石模型，使这批珍贵的化石在丢失后能以模型的方式存留于世，实在是不幸中之大幸！翁文灏和这些国外学者相处共事，不卑不亢，取长补短，互助互益。他一方面有着强烈的民族自尊心，反对崇洋媚外；另一方面，他对有真才实学的外国学者如安特生、德日进、步达生、葛利普（A.W. Grabau）等都平等相处，亲密协作，共同推进科研事业。

翁文灏在遴选、招聘知名而称职的西方学者之外，尤为关注物色适合而有潜质的中国学者参加周口店工作，并在工作中关爱他们，培养他们，希冀不远的将来中国学者能独立撑起周口店的蓝天，发展我们自己的学术领域。在与步达生商谈合作之初，翁文灏便考虑聘任一位中国地质古生物工作者承担周口店人类化石以外的研究工作。在1926年给步达生的信中，翁文灏提出："地质调查所将派一名目前在德国的中国古脊椎动物学家到瑞典熟悉和研究先前从周口店采集的材料。这样做，可以使他将来能够和您提出参加此项工作的另一位古生物学家合作得更好"。在1927年签署的合作协议中，更明确界定："2～3名受聘并隶属地质调查所的古生物学家专门负责与本项目有关的古生物研究工作"。翁文灏物色的中国古生物学家便是后来主持周口店工作并开创多个地质古生物学领域的杨钟健院士。1923～1928年期间，杨钟健留学德国并游历欧洲，研习古脊椎动物学知识。在其留学后期，翁文灏与之联系，邀请他加盟中国地质调查所，并安排他以保存在乌普萨拉的出自周口店的脊椎动物化石为学位论文研究材料，以尽快熟悉和适应周口店的工作。1928年春杨钟健学成归国到地质调查所报到，翁先生即"送来聘书，任我为技师，月薪200元"[5]。翁文灏不但让杨钟健担任新生代研究室副主任，委以实际主持遗址野外工作的重任，而且在成长的过程中加以鼓励、指导、慰勉和帮助，使其尽快成长。为帮助人多家大的杨钟健克服生活方面的困难，翁文灏介绍他到师大和北大授课，并在其大病期间派人到医院看望，解决医药用费。凡此种种，杨钟健"便产生了尽力为地质所服务之心"，坚定了他立足周口店、献身中国科学事业之意念。半个世纪后杨钟健依然感念："当时尚未料及翁先生将与我一生生活最有关系，以至会影响我的一生"，"我之工作能迅速进展，实与翁先生的主持与协助之力是分不开的"[6]。

北京猿人第一头盖骨的发现者裴文中在周口店开始科学的生涯，也与翁文灏密切相关。1927年裴文中从北京大学地质系毕业后，就业无门，求助于翁文灏。翁先生考虑到周口店工作刚刚展开，需要人手，更需要培养自己的专门人才，便派裴文中到周口店协助杨钟健管理日常事务。就是在这样一个不起眼的位置上，裴文中凭借勤奋好学和聪明才智，迅速成长，至1929年即独立主持遗址的发掘工作，取得石破天惊的重大发现，并成为中国旧石器时代考古学和第四纪地质学的创始者。1934年裴文中发表了《周口店洞穴层采掘记》一书，以生动的笔触记

1931年裴文中（左）、翁文灏（中）与法国史前学家步日耶（右）在周口店

述了周口店遗址的风土人情和重大发现、发掘过程与方法。车祸初愈的翁文灏先生读罢爱不释手，欣然作序，盛赞："这册书实是中国科学研究中极重要的一本著作。因为周口店的采掘几乎是中国为物质科学之研究而做的采掘工作中最早与最重要的一个。……担任实地工作的人为数虽不甚少，但裴文中先生出力最多，占时最久。采掘的计划虽有步、德、杨诸位先生讨论筹划，但实地组织与执行几乎全靠裴先生之力，而且许多重要标本都由裴先生亲手发见。""这五六年中裴先生们既在山上实地采掘，又在室内专心研究，从不识猪牙鹿骨之人，一变而成为古生物学专家，世界学者莫不闻知他的大名，这是需要如何份量的努力用功，方能到此境地！"[7]惜才、爱才之情跃然纸上。在序言的结尾，翁先生不忘对裴文中等青年学者的谆谆教诲："一方面中国学者对于研究工作应放胆的奋勇向前，不可高谈原则，束手无为；另一方面也要承认我们发起在后，进步已迟，尤其在物质科学中，必须与外国先进学者虚心合作，用力追随。"从中我们也可以看出翁先生推动周口店中外合作、从中培养本国专业人才的良苦用心。

翁文灏不仅仅对新生代研究室和周口店的工作进行宏观指导和协调，还亲自处理一些细小的事情，而这些所谓的"小事"实则具有重大的影响和意义。当北京猿人第一头盖骨发现后，翁文灏先生便敏锐地意识到遗址保护和发掘可行性问题，因当时遗址所在地龙骨山由鸿丰灰煤厂租用，用于开山采石灰石，立有永租契约，新生代研究室发掘时需从鸿丰灰煤厂转租。"翁先生想到这个开掘地方的

1933年翁文灏先生（前排右二）及其他中国地质学奠基人合影

重要，恐怕被石灰厂开掘损坏，所以他打算由地质调查所购买下来，永远保存，以为纪念。”[8]翁文灏将这项工作的具体事宜交给裴文中办理，但在物色中间人等事务上翁文灏亲自参与，并随时倾听裴文中汇报请示，一切决定亲自做出。最后以4900元的代价立下契约，实现土地“过户”，由地质调查所致函河北省政府备案，并转令房山县政府保护。通过这样的举措，周口店的发掘和科研工作得以正常进行，遗址的科学资源得到有效保护。今天周口店能继续成为古人类学研究圣地和多学科教学基地，能成为国家重点文物保护单位和举世闻名的人类文化遗产，能成为吸引政要、名流和普通游客的人文景点，实在应该感谢这位高瞻远瞩、具有文物保护前瞻意识的翁文灏先生！

翁文灏不忘学者本色，在繁忙地组织领导工作之余挤出时间著书立说。1920年他发表《中国之石器时代》(《博物》1920年第2期，北京高等师范学校博物学会出版）一文，这是中国人首次涉足这一研究领域。裴文中发现“北京猿人”头盖骨化石后，翁文灏高度评价和赞扬了这一重大发现，他于1930年发表了《新生代研究室的组织和中国猿人的发现》及《北京猿人学术上的意义》两篇文章。在后一篇文章中，他指出：“在这种找寻人猿连锁的理想中，假如有人能发见果然有人与猿之间的化石，主张进化论的学者自然是十分高兴，因为科学假说的证明，实在是人类知识战胜自然界哑谜的一种凯歌。”他认为中国猿人的发现为人类的起源提供了新证据，为人猿之间找到了新的“连锁”，填补了演化上的空白。

转眼间翁文灏先生已仙逝37年。时空的差距使我辈无缘面见先生，但由于做着周口店的保护、管理、研究工作，经常踏着先生在遗址留下的足迹前行，于是便感到一种机缘，一种荣幸，似乎与先生挨得很近，对先生的崇敬与爱戴更是油然而生。对于翁先生对周口店工作的贡献，笔者想借助另一位建树卓著的地质学家黄汲清先生在《翁文灏先生与北京人之发现——纪念翁文灏先生诞辰一百周年》中的一段话加以概括：“作为地质调查所所长，自始至终，从宏观上组织领导周口店的发掘、科研工作，调动老中青专家的积极性，团结不同国籍、不同学术观点的学者长期相处，密切合作，互相学习，共同提高，并为同一目标而努力奋斗。在某种意义上讲他的功劳并不在步达生、杨钟健、裴文中之下！然而在一般群众看来，他只能算是一位无名英雄。”今天我们将这一段历史截取片段，用并不完整的史料记述他对周口店早期工作的重要贡献，以此表达晚辈对这位杰出的学者和出色的科学组织者的一份缅怀和敬意。

参考文献

[1] 贾兰坡，黄慰文．周口店发掘记．天津：天津科学技术出版社，1984.

[2] 贾兰坡，黄慰文．周口店发掘记．天津：天津科学技术出版社，1984.

[3] 戴光中．书生本色——翁文灏传．杭州：杭州出版社，2004.

[4] 高星．德日进与中国旧石器时代考古学的早期发展．第四纪研究，2003，23（4）：378-384.

[5] 杨钟健．杨钟健回忆录．北京：地质出版社，1983.

[6] 杨钟健．杨钟健回忆录．北京：地质出版社，1983.

[7] 裴文中．周口店洞穴层采掘记．北京：地震出版社，2001.

[8] 裴文中．周口店洞穴层采掘记．北京：地震出版社，2001.

（原刊于翁心钧等整理：《翁文灏古人类学与历史文化文集》，
科学出版社，2008年）

学术架桥梁　友谊贯东西

——杨钟健与他的美国朋友奥尔森

杨钟健院士（1897～1979）是中国古脊椎动物学的奠基人、中国科学院古脊椎动物与古人类研究所的创始人，是最早主持周口店遗址发掘与研究的中国学者，是享誉世界的杰出地质学家和古生物学家。斯坦利·J. 奥尔森（Stanley J. Olsen）教授（1919～2003）是美国著名古脊椎动物学家和考古学家、曾任美国古脊椎动物学会主席，是动物考古学的创始人之一。他是中国科学院古脊椎动物与古人类研究所的老朋友，20世纪50年代即与杨钟健先生建立了书信联络，共同推动和发展了双边的学术交流与合作，并与杨钟健、贾兰坡、吴汝康、周明镇诸公结下了深厚的友谊。笔者在美国期间曾采访过奥尔森父子，倾听他们追忆两位异国朋友曲折而动人的交往历史，畅谈中美科学家之间世代相传的浓厚情谊。相信他们所述的故事不仅是对已故杨钟健先生的纪念，也将作为中美科学家之间密切的学术合作和真诚友谊的见证载入史册。今年适逢奥尔森先生辞世5周年，本人谨以此文表达对先生的追思与悼念。

公元1976年6月15日，中国北京。

一个由美国亚利桑那大学十几位顶级科学家和教授组成的学术代表团，在该校校长的率领下来到这块古老且被锁闭了多年的土地，实现了难得成行的一次访问。

代表团中有一位年过半百的学者，中等身材，面色红润，步履矫健，显得健康和兴奋。他就是著名古脊椎动物学家、美国古脊椎动物学会主席、动物考古学的创始人之一、当时担任亚利桑那大学和亚利桑那州立博物馆合办的动物考古学实验室主任的斯坦利·奥尔森（Stanley J.Olsen）教授。

千年古城，万般景致。同来的教授们很快迷离于梦幻般的东方景物之中，唯有奥尔森先生不急于参观紫禁城和游览八达岭，却匆匆登车来到西城二里沟中国科学院古脊椎动物与古人类研究所简朴的小楼前。他是前来实现一个积郁心中的夙愿，和已与他笔墨交往了十多年的杨钟健先生会晤，并计划与杨先生携手将双方的合作交流引向更深更广的天地。

十分不幸！几天前杨钟健先生的身体状况突然恶化，此时正在医院接受治疗。如同滚烫的心头被猛地浇下一盆冰水，奥尔森先生惊讶、担忧、失望而又无奈。在余下的二十多天里，他随代表团参观了西安、上海和广州，访问了多所大学和科研机构，结识了一些新的朋友。然而他的心中却无时无刻不在等待一声来自北京的呼唤：他多么盼望他所崇敬的杨钟健先生能尽快痊愈，两位神交已久的朋友能够见面交谈，哪怕是在病榻之侧也好哇！然而这一声呼唤却始终没有发出。

光阴似箭。一个月的访问很快结束了。在归国的飞机上，代表团的其他成员们兴致勃勃地交流着访华观感，奥尔森先生却独坐一隅，一言不发，脸上布满了忧虑与遗憾。

峰回路转。1976年8月，奥尔森又意外地收到了杨钟健的来信，对因病魔的捣乱而使两位朋友在北京失掉见面的机会深表歉意，并希望他能再次到中国访问。这使奥尔森先生欣慰和激动。在9月3日的回信中，奥尔森告诉杨钟健他正在力争再一次访华，虽然机会十分难觅。两位学者之间的书信联络又你来我往，持续了两年。学术探讨在这纸墨之间不断深入，友谊也在隔洋飞鸿中不断升华。

1978年10月29日，奥尔森给杨钟健发出了二人交往历史上的最后一封信。他再也没能得到回音。

1979年1月15日，杨钟健先生走完了他为科学事业奋进的一生，在北京与世长辞了。

美国西南图森市（Tucson）的奥尔森先生，不久接到周明镇先生的来信，得悉了这一噩耗。

错愕，悲痛，遗憾，失落……凄然彷徨中奥尔森找出了精心保存的杨钟健以往的信函，看着那熟悉的字迹，陷入了深深的怀念和追忆之中。

如同中国的贾兰坡院士一样，奥尔森先生是靠自学成才，由一个没有大学文凭的门外汉登上科学顶峰的。他有一双能工巧匠的手，这使他得以敲开科学的殿堂之门。二战期间，他曾作为一名海军机械师在太平洋上与日舰周旋。1945年

奥尔森父子探访贾兰坡院士

他退役后受聘于哈佛大学比较动物学博物馆古脊椎动物研究室，作为一名修理、制备标本和化石发掘的科研助手踏入了这个学科的门槛。12年后他转到佛罗里达地质调查所，继续在古脊椎动物学领域进取和开拓。他的研究兴趣和范围不断扩大，从脊椎动物化石的形态比较、食肉动物的起源演化，到家禽的驯养过程，直到考古遗址中破碎动物化石的成因及其与人类行为的关系。1958年、1960年，他先后发表两篇关于*Amphicyon longiramus*（半犬）的学术论文，在国际古脊椎动物学界崭露头角，引起了广泛的反响。在众多同行的来信中，奥尔森发现了杨钟健的名字。

对于这封1965年杨钟健的来信，奥尔森先生和家人至今记忆犹新，因为这封信来自红色中国，而且信封似乎被开启过，里面除了杨钟健与其进行学术探讨的信件，还被塞进了厚厚一叠政治宣传资料。奥尔森早已闻知杨钟健的大名，知道他毕业于北京大学地质系，并在德国慕尼黑大学获古脊椎动物学方面的博士学位，曾主持过周口店的发掘与研究，创建了新生代研究室（中国科学院古脊椎动物与古人类研究所前身），担任过中国地质学会理事长，是中国古脊椎动物学的奠基人，发表过大量的学术论著。所以他的来信不免使奥尔森有点受宠若惊。但那些政治传单又使奥尔森和他当时年仅十岁的儿子如堕雾里。无论如何，那封信成了一个美丽故事的开端。

奥尔森很快写了回信，信封中也夹带着一叠印刷品。不过那不是政治宣传，而是几篇相关的学术论文。这封信石沉大海。杨钟健先生的公子杨新孝曾详细罗列了杨老保留的所有外国同行的来信，奥尔森先生的第一封信却不在其中。

“文革”的“熊熊烈火”，又使一切化为乌有。

公元1972年2月21日，几乎全美国的民众都聚集到了电视机前，收看尼克松总统访华的实况。电视画面上热情友好的中国人民，古老辉煌的华夏文明和一派勃勃生机，给了美国民众以极大的震撼。就是在这股中国旋风的强烈刺激和感召下，也由于7年前杨钟健那封信的疑团的诱惑，奥尔森先生唯一的儿子，当时已上大学的欧阳志山（John W.Olsen）下决心学习中文，并把研究中国文化定为终身的追求和事业。

儿子的汉语日渐流畅，对中国的兴趣与日俱增，父亲也深受鼓舞。此时奥尔森已任教于亚利桑那大学。他想起了那封来信，惦念着杨钟健能否在那场动乱中劫后余生。于是他乘尼克松、基辛格将中国的大门敲开一条缝隙之际，于1973年3月6日向杨钟健再次发出信函，投石问路。很快，奥尔森竟收到了杨钟健的回信！杨先生虽历经磨难，却仍然健在，且学术探讨与交流之兴趣依旧不减。这真使奥尔森喜出望外。

前缘再续。半犬化石为两位学者架起了沟通和往来的桥梁。这种化石动物当时只在中国和美国有标本收藏，于是双方根据自己拥有的资料情况，就该类动物的起源、演化、分布及形态特征进行了频繁的书信讨论。双方探讨的领域逐渐扩大，共同的兴趣不断被开拓，从食肉动物的起源，深入到若干动物被人类驯化的过程和机制。中华大地有着如此丰富的化石资源，古脊椎动物与古人类研究所有令人欣羡的标本收藏，中国有数位像杨钟健那样知识渊博、品格高尚的同行，这一切深深地吸引着奥尔森先生。对于奥尔森学术上的一切需求，杨钟健总是热心相助，从文字资料到化石图片，有时甚至一个测量数据，都会一一飞到奥尔森的研究室里。奥尔森也投桃报李，尽其所能，将许多中国同行们不易得到的珍贵资料，源源不断地发往中国。从杨新孝和奥尔森保留的档案资料中奥尔森于70年代中期给杨钟健的信件数目，可以窥见两位学者之间学术交流之频繁和深入：1974年，7封；1975年，14封；1976年，9封。就在这鸿雁互飞之间，一种相互间真诚的理解、信任、欣赏和友谊，也在二位学者的心中潜移默化，根深蒂固了。

对于中国朋友的友谊与帮助，奥尔森先生十分珍视和感激。70年代中期，作为美国古脊椎动物学会主席，他将两枚该会会徽精心包装，寄给了杨钟健和周明镇这两位中国籍会员。1975年1月，奥尔森将自己收藏的一张杨钟健于40年代访美期间留下的照片寄给他，请求他签字后寄回，以便存放于他自己建立的世界杰出古脊椎动物学家档案馆中。杨钟健欣然应允，并很快寄回了另外两张他本人的照片。一张上是位40年代初的英年学者，另一张上已是70年代中期年近耄耋的老人。杨钟健在两张相片的背后分别用毛笔写上“before”和“after”，并在信中写道：“你可以从两张相片的发色上看出我已今非昔比了”。这使奥尔森体味到杨先生这位严肃的科学家之风趣、幽默的一面。这两张照片被翻拍放大，高挂在奥尔森家的客厅中，成为永久的纪念。

在1975年5月初的一封信中，奥尔森正式向杨钟健表达了访华的意向。杨钟健很快于5月16日写了回信，热情欢迎奥尔森来访，并承诺帮助办理邀请和学术交流的有关事项，同时也提醒他好事往往多磨。

1976年6月，在双方的共同努力下，奥尔森终于寻得机会踏上了中国的土地。虽然他与杨钟健失之交臂，却得以见到吴汝康、贾兰坡、周明镇、李有恒等诸君，受到了热情的接待。在1976年8月13日致杨钟健的信中，奥尔森这样描述他中国之行的感受：“我是带着对中国之美丽辉煌的深刻印象和对中国同行们热情与友好的深深感激踏上归途的。”

物换星移。1980年夏，在杨钟健先生辞世一年半后，奥尔森实现了到中国的第二次访问。在贾兰坡先生的陪同下，奥尔森乘车前往周口店，踏着石阶缓步来到杨钟健先生的墓前。那是一方安详、静谧的台地，隐埋在北京猿人遗址的山后，苍松环绕，山花怒放，蝉儿低吟。在深深的三鞠躬后，奥尔森先生抚摸着仙逝者洁白的墓碑，心情沉痛，百感交集，双眼盈泪，不能自已。这位学术上的良师益友和人生旅途上的朋友知己，此时已在一片松柏丛中静静安息了。经过多年的书信往来，多年学术的交流合作，多年友谊的培育灌溉，多年相聚叙谈的梦幻与期待，两位异国朋友终于第一次见面了。不过却是一个在地上默哀，一个在地下长眠……

对于没能与杨钟健在世期间与其面晤，奥尔森引为终身遗憾。他对杨钟健先生有着极高的评价，其中两点使笔者深受启迪。他认为杨钟健作为第一个中国学者成功地主持了周口店的发掘，不仅使北京猿人为世人瞩目，也为中国的学术界在世界面前树立起了一面亮丽的旗帜；中国近现代历经战乱和政治动荡，所幸有杨钟健为代表的诸多学术巨人。他们以丰硕的学术建树和高尚的人格力量昭示世人，致使中国的科学殿堂依然崇高圣洁，也使像奥尔森一样的外国学者对中国的科学事业保持着持久的兴趣和信心。

令人欣慰的是杨钟健和奥尔森共同栽培的这株中美科学家友谊与合作之花并没有随着杨老的逝世而夭折。她反而愈发茁壮，愈发艳丽。从1982年到1991年，奥尔森又先后8次到中国访问，在中国科学院古脊椎动物与古人类研究所、中国科学院动物研究所、中国社会科学院考古研究所观察化石标本，在内蒙古荒漠研究骆驼的生态，在新疆塔克拉玛干沙漠追踪野马、野驼，在青藏高原考察牦牛对农业耕作的作用，在西北丝绸之路寻找古人类的足迹……在频繁的交流接触中，他与更多的古脊椎动物与古人类研究所的学人建立了密切的合作和深厚的友谊。有着相似求学奋斗经历的他与贾兰坡先生结为“异国兄弟”，感情笃深。贾兰坡、周明镇、吴汝康、张森水、李传夔、祁国琴、黄慰文、卫奇、潘悦容等诸多所内人士曾在奥尔森一家的邀请安排下到美丽的亚利桑那造访，并下榻他家的客房。他们体验科罗拉多大峡谷的恢宏，参观古印第安人遗址和脊椎动物化石地点，游览州立博物馆，登上亚利桑那大学的讲坛举办学术讲座，走进亚利桑那大学的教室进修和学习。祁国琴于1979年秋季到奥尔森的实验室进修研究，成为当时亚大校园里第三位来自中国大陆的访问学者，并在两年的时间里和奥尔森父子合作发表了数篇学术论文。黄慰文亦于1989年在亚大进行了半年的学术交流，并随后与欧阳志山共同主持了新疆的合作考察项目。90年代中期，当笔者成为一名亚利桑那大学的留学生时，这一并不很大的校园里竟有4位来自中国科学院古脊椎动物与古人类研究所的青年学子在学习和工作。奥尔森的家一时成了该所在美国西南的工作站！

与已进入高龄却依然精神矍铄的奥尔森教授漫步在亚大风景如画的校园里，老先生追昔抚今，思绪如潮。在绿茵如织的中心广场草坪上，在古色古香的博物馆内，在宽敞整齐的阶梯教室中，在书香四溢的图书馆里，奥尔森会不时辨识出一串串中国同行留下的足迹，追寻回一段段古脊椎所学子挥洒过的光阴。一个个人物，一桩桩趣事，如数家珍，娓娓道来，那样生动，那样亲切。

友谊，犹如一株幼苗，需要双方用诚实、信任、理解、尊重和责任心去精心培育与浇灌。奥尔森一家与古脊椎所学子的交往，堪称这样一种关系的楷模。还在杨钟健在世期间，基于形态比较的需要，奥尔森提出向古脊椎所借一套犬科动物化石标本。1979年祁国琴到访，亲手将一副骨架交给了他。奥尔森十分珍惜，爱护有加，反复叮嘱学生们在观摩时须万分小心。到归还之时，他亲手制作了精美的木箱，将标本精心包装，小心封存，并千里迢迢亲自开车送到洛杉矶中国领事馆，对使馆人员千叮万嘱，一定要安全送到。于是那只石化了的狗便享受了外交官的礼遇，通过绿色通道回到了中国。再次访华时，奥尔森到古脊椎所的第一件事便是要祁国琴带他去验看这套标本，看看是否真的完璧归赵。

奥尔森还向我讲述了一次访华时发生在吴汝康先生办公室的一幕。当时两位学者在谈论着各自的人生经历。奥尔森提到自己在哈佛期间受训成为一名制模专家，并且为了向中国同行推荐一种新型制模材料，他随身携带了一些样品。恰好吴汝康先生的案头正摆放着一块残损了的禄丰古猿下颌骨，正为其纤脆易碎犯愁。闻听此言，吴汝康兴奋地请奥尔森为这块化石翻制模型。奥尔森诚惶诚恐，生怕不慎损坏了这块珍贵的标本。但吴汝康的信任和鼓励又使他不便退缩。于是在满屋中国同行众目睽睽之下，奥尔森紧张而又有序地操作起来，半小时后，模型成形硬化，与标本分离，一切竟是非常的完美！周围响起了热烈的掌声，奥尔森却轻轻擦拭着额头上的汗水。

友谊与合作，绝不是一时的投机取巧。它需要人们前仆后继，持久地做出努力。步父亲的后尘，欧阳志山博士（在中国被称为“小奥尔森”）也踏上了到中国合作考察之路。从1981年到现在，他先后十余次到中国从事研究工作。其中1983年他在中国科学院古脊椎动物与古人类研究所工作半年，与吴汝康共同编写发表了《中国古人类学与旧石器时代考古学》一书，第一次系统地向西方学术界介绍中国在该领域取得的一系列研究成果。1990～1991年，他作为美国科学院的代表在北京常驻一年（在此期间笔者作为中国科学院的代表协助他工作），为恢复1989年一度中断了的中美科学界诸多交流合作项目做出了重大贡献。

1991年仲夏的一个夜晚，笔者有幸在北京西苑饭店参加了一次奥尔森一家与古脊椎所朋友们欢聚的酒会。新老朋友相聚，谈古道今，感慨万端，其乐融融。在浓浓的友谊与怀念的氛围中，温文尔雅的张弥曼所长举杯致辞。她深情地追忆了奥尔森与杨钟健一道开启了古脊椎所对外交流合作的大门，赞扬了欧阳志山秉承父志，继续在这条路上开拓前进，并代表古脊椎所全体同仁对奥尔森一家的合作和帮助表示由衷的感谢。这是奥尔森先生最近的一次访华，也是他最后的一次。

2000年，又一个仲夏夜晚。在亚利桑那大学附近一家装修典雅的中餐馆内，我和妻儿向奥尔森一家辞行话别，对近8年来老人家对我们师长般的培育和父母般的关爱表示感谢。此时的奥尔森先生已不再那样生机勃勃，年近八旬的他在经历过一次中风后已经丧失了行走的能力。但他思维仍清晰，对于中国和他的中国朋友依然一往情深。推杯换盏之间他不断忆起中美学人交往的一桩桩往事，不断

作者与奥尔森两家在图森市欢聚

提起杨钟健、贾兰坡这些熟悉的名字。他为我们的即将离去而黯然不舍，又为我学成归国、延续双边的合作研究而欣喜快慰。

步出餐馆，在阵阵清爽的微风中两家人默默地走向停车场。突然轮椅上的老人拉住我的胳膊，用手指向天际。那是一个晴朗的夜晚，天空没有一丝云彩，满天繁星争奇斗艳，仿佛在争相述说自己的故事。老人的脸上浮出了笑意，几分神秘，几分向往，几分诙谐，几分苦涩。“中国人和美国人都相信人死后会变成星星。也许将来杨钟健和我能在天空相会，面对面地交谈呢！”他仿佛在自言自语。

我抬头凝视着天宇间的星辰，第一次感到苍穹是那样的辽阔，那样的深邃，那样的绚丽，又是那样的凄美。

（原刊于《化石》1997年第1期，内容有所增加）

裴文中：中国史前考古巨擘

裴文中先生是我国旧石器考古学之父，是中国史前考古学的主要开拓者。他奠定了中国旧石器考古学的理论和方法论基础，主持了一系列旧石器遗址的调查和发掘，提出了中国“中石器时代”概念，引领了细石器研究，主持了若干新石器考古项目，在陶器类型学方面独有建树，成为我国史前考古学的一代宗师。在裴老百年诞辰之际，作者谨以此文对先生对我国史前考古学的贡献做一评述，以资缅怀和纪念。

裴老在古人类材料发现和田野项目组织方面的业绩

裴文中先生在史前考古学方面的建树是与他一连串重要的科学发现紧密相连的。1929年12月2日在周口店亲手发掘出北京猿人第一个头盖骨，这无疑是他最令人瞩目的学术成就之一，但我们不应让该事件的轰动性埋没了他所做出的其他重要发现。1929年他在周口店第1地点发现并采集用火遗迹，这是周口店研究的又一座里程碑。而在接下来的两年内裴老又从周口店第1地点出土物和地层中辨识出石制品。加之丰富的动物化石早已发掘出土，这使他在周口店遗址材料发现方面的功绩近于圆满。

石器的发现和确认虽不及猿人头盖骨那样引人注目，但却少有了偶然的成分，其过程更加曲折，科学的探索和原创精神更加体现得淋漓尽致。当时学术界对史前人类技术和开发原料能力的认识还十分粗浅，在旧石器时代遗址中大量采用石英做工具的先例在世界极罕见，在中国则无此报道。在裴老正式提出周口店

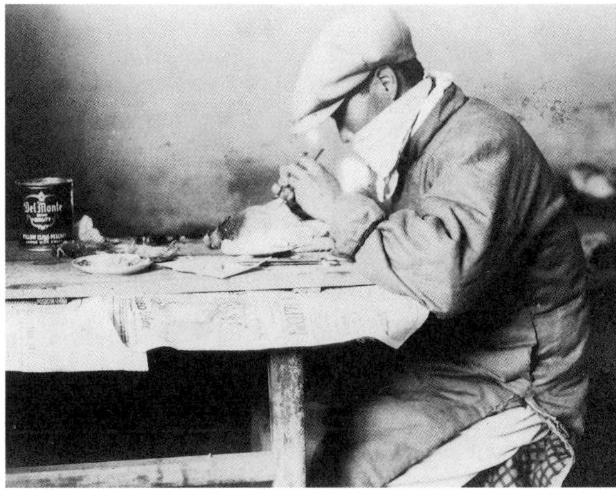

1929年裴文中先生在制作动物骨骼标本

1972年裴文中先生在观察动物化石

洞穴中这些锋利的石英片是中国猿人的工具并遭到当时学术权威的怀疑时，他独辟蹊径，采用模拟实验和对人工打击与使用所产生的疤痕同自然破损痕迹进行显微观察与比较的方法，使得一项重大发现得以科学地论证，并最终被权威认可。在对周口店石英制品的实验和观察中，裴文中发现了当时人类开发该种石料的独特方法，并命名为“砸击技术”。对两端石片生产过程作如此解释，在中国考古文献中尚属首例，在世界考古文献中亦不多见。在周口店第1地点之外，裴老还发现和主持发掘了山顶洞，第13、15地点等多处地点，发掘出数以万计的石制品和其他文化遗物，初步建立起了古人类在周口店遗址的文化发展序列。

中华人民共和国成立后，裴老更充分发挥了他在科学发现和组织方面的才能，先后主持了资阳人遗址、丁村遗址、巨猿化石产地、扎赉诺尔遗址、水洞沟遗址、萨拉乌苏遗址、观音洞遗址等多处重要遗址的调查、发掘、研究以及对全国诸多地区的考察，足迹遍及大江南北。在这些发掘和考察中又先后在江苏泗洪、北京周口店、湖北建始等地发现古人类化石、巨猿化石和大量文化遗物及哺乳动物化石，将古人类和旧石器考古遗存由中国北方的少数遗址而扩展到全国各地，为中国古人类学和旧石器时代考古学体系的建立奠定了坚实的材料基础。

裴老在旧石器考古研究方法和学科发展方面的创新和贡献

一个学科的奠基与发展首先在于研究方法的开创和完善。在此方面裴老可以说是以一人之力承担了开天辟地的重任，而且他在许多方面的创新和贡献至今让后来者敬仰和效法。

裴老对中国旧石器考古方法方面的探索首先发轫于对中国猿人石制品的研究。毋庸置疑，最初中国旧石器考古学的基本方法是由德日进、步日耶等法国学者引入的。但这些基于西欧石器标本的类型学和形态学方法在成功应用于水洞沟遗存的研究后，在周口店却陷入困境。为了证实与中国猿人伴生的痕迹不清楚、形态不规则的石英石片是古人类的制品，裴老进行了几方面的尝试：其一，剥片和加工实验，实验样本采自周口店附近石炭纪煤系的石英脉中，以此观察人工石英制品的形态特征，并从中发现了有效开发石英原料的砸击技术；其二，采集自然碎石与地层出土标本进行对比，发现他们虽然都可能有锐利的边缘，但在痕迹产生的部位和状态方面有很大的不同；其三，通过对破裂面的光泽、破损和断口形态以及裂纹、波纹等特征的微观观察，确立人工与非人工标本的区别标准。从这些方面我们可以触摸到现代流行的以模拟石器的制作与使用为核心的实验考古学和以解析石器功能为宗旨的使用痕迹分析的根系，裴老也以此方面的开拓和成就在这些分支学科的发展史上确立了初吃螃蟹者的地位，受到西方学术界的推崇。

在法国从事博士论文研究期间，裴老将石器的制作实验和人工与非人工标本的对比观察进一步推向系统和成熟。他对打击方法的实验观察包括了硬锤法和软锤法；对修整方法则涉及了“打击修整”和“压力修整”。裴老此项研究最精彩的部分是对非人工破碎而又易于与人工石制品相混淆的碎石的观察研究，所涉及的自然营力包括温度作用、地层的挤压错动、树木根系的挤压作用、水流搬运作用、冰川作用、海洋作用、风蚀作用、车辆碾压作用、机器“造假”、动物践踏的破碎作用等。裴老所观察和实验的项目非常全面，在此基础上完成的《石器与非石器之区别》一文是一部有关“曙石器”研究的里程碑似的文献，至今对我们正确判别单个而又不典型的标本和内容含糊的地点的性质，不再放出贻笑后人的“卫星”，仍然具有重要的启示。

裴老对遗址出土的碎骨也进行了类似的研究，所观察的项目包括啮齿类和食肉类的咬痕、抓痕、化学腐蚀、水的作用、机械作用等，并结合考古标本列举了一些易于误判的例证，例如化石上的自然穿孔、假铭文或假雕刻、机械作用产生的假骨器等。基于这样的观察和研究，裴老对中国猿人的骨器问题重新进行了审视，由原来受步日耶影响认同碎骨中有骨器而转为更加慎重的态度，指出动物骨骼破碎的原因与石器制作有诸多不同；即使是人工破碎的因素，也还有敲骨吸髓这样非工具制作的现象。有鉴于此，裴老谆谆教诲：“要牢记这一点，在确认骨化石上的史前人类加工痕迹之前，一定要非常谨慎。”

上述裴老对碎石、碎骨的成因和环境研究成为后起于西方的考古埋藏学的核心内容。事实上，裴老在周口店早期的发掘时对遗物的分布和埋藏情况给予了更全面的关注。在发掘鸽子堂石英Ⅱ层时，他注意到存在动物化石种类失衡现象，据此推测是古人类猎食所致。他根据出土的骨骼多具有新鲜的破裂边缘的现象推测这些骨骼在形成后未经历长时间的风化作用，很快得以埋藏。对于山顶洞遗址的若干现象，他也从埋藏学的角度进行了分析，根据人骨化石上的赤铁矿粉和装饰品的分布位置，以及人骨的出土状态，判断其为一处墓葬，并指出墓葬形成后发生过动物的扰动和坍塌石块的破坏作用。可以看出裴老在周口店的发掘和研究中已经涉及考古遗存的形成过程和后天各种营力对遗址的改造作用，并通过动物碎骨的种类比例、破碎状况、风化和磨蚀程度等推断遗址的性质和埋藏条件，并提取古人类的行为信息，故称他是埋藏学的先驱是当之无愧的。

周口店发掘方法的改革也浸透了裴老的心血，体现了他精益求精的科学态度和不断探索的创新精神。在1931年之前周口店的发掘完全是采用地质古生物学野外工作的“散挖”方法，以将动物化石和其他遗物挖掘出土为目的。裴老在工作中感到该方法的不足，在1932年主导了周口店发掘的第一次改革，借鉴了当时安阳殷墟和西阴村的发掘方法，采用探沟和打格分方相结合的方式。次年在发掘山顶洞时对发掘和记录方法又进行更细、更深入的改革，以1米×1米为一方，

0.5米为一个水平层，每天从三个不同角度进行照相记录，在每一水平层上绘制平面图，将重要遗物与遗迹标注在水平图上，并每隔2米绘制南北向剖面图；对出土的石制品和重要动物化石则进行系统的编号。为解决发掘出方的土石的运输问题，提高工作效率，裴老又亲自设计了一些简单的机械，实现了发掘运输的“机器化”。这表明裴老是个不知疲倦、不知满足的探索者。

裴老在建立中国旧石器时代文化体系中的作用

中国的旧石器考古学文化体系的雏形是裴老确立的，而确立这一体系的基地是周口店。在此之前，桑志华等发现了甘肃庆阳黄土层和黄土底砾层的石制品，其后桑志华、德日进又发现了水洞沟、萨拉乌苏遗址，中国旧石器时代遗存开始在一个单一时间平面上呈现横向的点状分布。1932年裴老与德日进合作发表《周口店中国猿人堆积层的石工业》，在周口店第1地点建立起A、B、C三个文化带，中国旧石器文化纵向体系的第一块基石得以铺垫。其后周口店第13、15地点和山顶洞被发现、发掘和研究，中国旧石器文化发展序列的时代框架被拉开和伸张了。以后更随着元谋、小长梁、蓝田、丁村、大荔、观音洞、许家窑、峙峪、小南海等一系列遗址的发现，中国旧石器文化体系日渐丰满、日趋完整。

1979年裴文中先生（坐者）在贵州观察石器

中国旧石器文化的早、中、晚三期演化模式也是裴老建立起来的。在1937年裴老发表的《中国的旧石器时代文化》一文中，他将步日耶所报道的来自泥河湾的一件石制品和周口店第13地点的石器遗存作为“最早的人工制作的迹象”，将周口店中国猿人文化称为“旧石器时代早期的早段”，将周口店第15地点称为“旧石器时代早期晚段”，将“河套文化”定位为“旧石器时代中期”，而将山顶洞文化界定为“旧石器时代晚期”。裴老在文中说明这样的分期是与当时欧洲旧石器时代的4个分期相对应而产生的。1948年裴老进一步排出了中国旧石器时代文化的发展序列：早期的顺序是周口店第13地点→第1地点→第15地点，中期以包括水洞沟和萨拉乌苏的“河套文化”为代表，晚期为山顶洞。以后裴老根据新材料对这一分期排序方案进行了调整，逐步加以完善。在发表于1965年的《中国的旧石器时代—附中石器时代》一文中，他将中国猿人文化、蓝田猿人文化和匼河文化作为中国旧石器早期的代表，将丁村文化作为旧石器中期的代表，而将萨拉乌苏、水洞沟、山顶洞遗存作为旧石器时代晚期的代表，并增加了以“沙苑文化”为代表的“可能的中石器时代”。这样的分期方案以后虽有微调，但基本框架得以保留并沿用至今。

裴老在建立中国旧石器文化体系并与欧洲旧石器时代遗存进行对比研究时，即注意中国材料较之欧洲的特殊性，指出“文化是具有区域性的，因而不同的地区会有不同的人种和差异很大的文化”，又注意到了中国旧石器文化遗存内部的复杂性。早在中国猿人石器发现之初，裴老便注意到它与以前在中国境内发现的石器遗存的不同之处。在丁村遗址发掘与研究伊始，裴老便指出“它是在中国黄河中下游、汾河沿岸生活的一种人类所特有的文化”，“与中国猿人文化的性质基本不同，不能属于同一文化”。同时还指出丁村的遗存与西北地区黄土和黄土底砾层的遗存也有差别；而以前被捆绑在“河套文化”的缆绳内的水洞沟文化和萨拉乌苏文化“还有相当不同之点”。在此基础上裴老指出：“在我国旧石器文化上，我们知道了在同一时代，在不同的地区有不同性质的文化。”以后随着遗址和材料的增多，裴老对中国旧石器文化多样性的认识得到进一步的验证，并成为后来学者提出“中国北方两大旧石器文化传统”和“南北主工业二元结构、两区内若干文化变体”等学说的理论基础。

裴老在后旧石器时代史前考古学方面的贡献

裴老在史前考古学方面的开拓和贡献不局限于旧石器时代，他在“中石器时代”、新石器时代和细石器遗存的研究方面也成就斐然，有诸多开创之功。

中国的“中石器时代”的概念是裴老首先提出来的。1935年他在广西武鸣和桂林近郊的4个洞穴中发现大批的打制石器和少量磨制石器，无陶片共出，伴生的动物遗存皆为现生种。裴老据此提出它们是“中石器时代”的考古遗存。“中石器时代”的概念当时只在欧洲提出过，流传不很广，裴老将其应用到中国的遗存，反映了他广博的知识面和勤于思考的精神。1943年裴老在内蒙古扎赉诺尔调查试掘，认为该遗址的“扎赉期”和黑龙江顾乡屯遗址的文化遗存属中石器时代。但以后裴老根据新材料和新情况改变了对中国“中石器时代”遗存的一些看法。通过再一次实地考察，裴老发现扎赉诺尔“文化层”是混乱的，含有陶片，因而在1954年发表的文章中取消了“扎赉期”，并否定了该遗址的中石器时代成分；1956～1960年期间裴老对采自广西洞穴的考古材料进行再研究，发现在出土打制石器的地层中包含磨制石斧和陶器，而在新石器时代地层中则有大量的打制石器，据此提出“这些打制石器属于中石器时代的说法，需要更正”。1965年裴老指出：“在中国，中石器时代文化并不发达。……目前仅有在陕西大荔县发现的‘沙苑文化’，或许属于中国中石器时代，不过它依然有属于新石器时代早期的可能性。”应该说对于中国的“中石器时代问题”，裴老当年提出了一个富有自我挑战、自我否定精神的命题，而直至今日我国的史前考古学界仍然在为破解这道命题，在为中国有无“中石器时代”和以什么样的标准界定“中石器时代”而争论不休。

裴老在中国最早关注细石器研究问题。20世纪40年代末他在甘肃和青海地区进行考古调查时即采集过细石器标本并加以报道和描述。其后他开始致力于细石器遗存的综合分析，提出“细石器文化”的概念，并主张从西伯利亚到欧洲的细石器文化是连接为一体的，在较晚的时候在长城附近与仰韶文化相接触，形成混合文化。在当时的材料基础上，裴老将中国的细石器遗存划分为“扎赉”“龙江”“林西”“赤峰”四期，分别相当于中石器时代和新石器时代早、中、晚期，并认为中国的细石器文化是由北向南发展的。这样的分期如今已不被采用，但从这里可以看出裴老是将细石器遗存作为一个文化和技术体系来看待的，而不认为它代表一个考古学时代或人类技术的特定发展阶段，在这一点上后来的一些学者发生了混乱，应予以澄清。裴老对中国细石器遗存源流的研究为后来诸多学者所继承，贾兰坡和盖培等都在此领域内有所耕耘和收获。

裴老是中国新石器时代考古学的拓荒者之一，尤其在西北地区做了一些开拓性的工作。1933年他曾参与调查河南渑池仰韶村遗址。1947年7～10月他在甘肃组织了一次大规模的野外考察，在渭河上游的天水、甘谷、武山、陇西，西汉水流域的成县、西和、礼县，洮河流域的洮沙、临洮、宁定、临夏以及黄河沿岸的兰州附近做过3个多月的调查和试掘，发现遗址93处。1948年6～8月他又在甘肃河西走廊的永登、武威民勤、永昌、张掖和青海湟水流域的享堂、乐都、西宁、青海湖附近做过3个月的考察。这些考察都是充满艰辛、险象环生的。当时西北一片混乱，到处是兵勇，到处是流寇，裴老不得不用地质调查所“授予”的“少将”军衔和偶然结识的地方“老大”的字条为其考察铺路，为标本的运行开道。这些考察的收获是巨大的，他首次记述了该地区的石灰居住面；从陶器类型和地理障碍等方面论证了“仰韶文化西来说”不科学之处；对甘青地区史前文化之分布、分期和史前时期的“丝绸之路”等问题提出了新的认识，修正了过去的一些学术观点，突破了安特生的“六期”体系；命名了“齐家文化”和“沙井文化”。这些发现和研究为建立西北地区的史前史奠定了重要的基础，成为日后该地区新石器时代考古学强劲发展的良好开端。

1950年7月，裴老任雁北文物勘查团团长，对大同、山阴、应县、朔县、浑源、代县、阳高、五台等地的遗址、墓葬和古建筑进行了调查。同年9月任东北考古发掘团团长，主持吉林西团山石棺墓的发掘。1953年裴老又任洛阳地区考古队队长，领导烧沟汉墓的发掘。这些工作对新中国考古事业的复兴起到了重大作用。从40年代起裴老便在总结旧石器时代、中石器和新石器时代考古遗存的基础上进行综合研究，致力于建立中国石器时代的考古学体系和远古文化发展史。他的鸿篇巨制《史前考古学概论》一稿，包括序论、欧洲和中国的史前文化，长达30余万言。令人痛惜的是，该手稿解放前佚散，仅序论部分得以保存，后被收录在《裴文中史前考古学论文集》中，篇名为《史前考古学基础》。在此之后，裴老根据当时的社会理论和考古材料，将人类的“原始社会”划分为4个时期：①自然群时期，相当于旧石器时代初期和中期；②“原始氏族社会”时期，相当于旧石器时代晚期至中石器时代；③“母系氏族社会”时期，相当于新石器时代；④“父系氏族社会”时期，相当于铜器时代。从中可以看到裴老具有广袤的视野，注重用考古学的材料来研究重大的社会问题，没有被器物的形态和类型变异束缚住手脚。虽然这样普适性的社会演化阶段的划分不再成为学术时尚，但裴老的作法仍然是有启示意义的：半个世纪来中国的史前研究处于旧石器时代考古与新石器时代考古相割裂的状态，学术研讨很少跨越人为设定的旧、新之间的鸿沟，中华文明探源也止于这道门槛。这种画地为牢、条块分割局面的形成显然有悖于裴老的初衷，也阻碍了完整的中国史前考古学体系的建立。

在陶器类型学研究方面裴老也引领学术之先，有开创之功。他发表于1947年的《中国古代陶鬲及陶鼎之研究》是我国陶器类型学研究的一篇早期代表性作品。在该文中裴老首先阐述了三足器的定义、部位名称界定和分类，然后分别讨论新石器至商周时期的陶鬲和陶鼎的特点和演变趋势，认为鬲、鼎为中原文化的代表器形，而边陲地区的器物受黄河流域的影响发展出时代较晚而器形有所改变的同类品。该文涉及当时中国出土的商周及其之前的多个遗址的丰富的材料，配有精美写实的线图，清楚地勾画出两类器物的演化过程。中国考古学历来以地层学和类型学为两大法宝，而裴老的此篇文献无疑是中国考古类型学的奠基作之一。另外裴老还著有《中国古代陶器》一稿，望文生义，显然是一部对陶器研究的集大成著作，可惜已遗失。

从上述研究内容可见，裴老做学问狭可以研器物，广可以释理论；小可以观树木，大可以见森林，体现出广博的知识、深厚的功底和对学科研究娴熟的驾驭能力，实在是不可多得的大家风范！

（原刊于《中国文物报》2004年8月18日第3版）

有幸陪师赏晚霞

——纪念贾兰坡院士百年诞辰

光阴荏苒，中国旧石器时代考古学的奠基人之一贾兰坡院士已经离开我们整整7年了。在这7年中，先生仿佛并未走远。他的名字不断被媒体提及，他的业绩不断被学人传颂，他的音容笑貌不断出现在学生和亲友的梦中。今年我们迎来了先生的百年诞辰，老人家又一次回到我们身边，接受我们的缅怀和纪念。作为晚辈后生，本人有幸在贾老的身边学习和工作过，受过先生的熏陶和教诲。尤其在先生的晚年，缘于对我国旧石器考古领域现状的思考和未来的关注，我与先生多次接触交流，倾听先生对学科发展规划和人才培养的指导意见，与先生分享他对过去科学发现的喜悦和对前辈学人的追忆，也与他分担对学科现状的忧患和未来发展的责任。现将自己对先生的记忆片段和点滴感悟写出，以此延续与先生的交流并与同仁共勉。

2001年7月17日，中国地学界和文物考古学界的专家学者以及多方社会人士数千人齐聚北京八宝山，向10天前辞世的广受爱戴的一代考古大师贾兰坡先生告别。当时烈日酷暑，场外人头攒动，室内花圈林立，长队中的人汗泪交织。此时大家告别的不仅是贾老本人，还有他所代表的那个充满艰辛、惊喜、起伏与躁动的学科奠基与发展的时代。在绚丽的鲜花翠柏丛中，老人家静卧在那里，面容是那样的安详、平静。我用泪眼凝视着先生，感觉贾老距我这样的近，却又离我那样的远。

这样的感觉以前也曾经有过。1985年我从北京大学考古系考入中国科学院古脊椎动物与古人类研究所攻读硕士学位，来到了久闻的大师和各位卓有建树的师长的身边。我的导师是邱中郎和张森水两位先生。两位导师的言传身教、启迪与关怀，使我逐步走进了旧石器考古研究的大门，融入这支成就卓著的科研队伍。

与贾老近在咫尺，但又仿佛远隔千里。当时先生已近八旬，大部分时间在与研究所办公楼相邻的家属宿舍楼家中被他称作“半成斋”的书房中伏案工作，并不常到所里。作为一个初入学门的懵懂青年，像贾老这样蜚声中外的前辈真是高山仰止，令人生畏、不可逾越。偶尔在走廊中碰到，只敢恭恭敬敬地问声好；聆听先生的讲座只想全部铭记，不敢提问和讨论。渐渐地，先生的平易与慈祥拉近了地位和年龄间的距离，对先生的盲目崇拜与敬畏变成了对先生学术建树内涵的理解和由衷的敬佩。

贾老常说：“我的根在周口店。”从那里，贾老开始事业的起步，由一个中学毕业生变成享誉世界的三院院士，创造了一个刻苦进取、勤奋向上、靠个人的不懈努力实现人生价值重大转变的现代传奇。如果说贾老在1936年那个初雪飞扬的季节里连续发掘出3具“北京人”头盖骨可以被解读为偶然与运气，那么先生在其后的成就与建树便只能被诠释为勤奋与功力的必然了。他参与和主持了周口店第

1931年贾兰坡先生（站立者）在周口店发掘

1995年贾兰坡先生重返周口店

1、4、13、15地点和山顶洞等诸多遗址的发掘和研究，倡导和推动了发掘方法的改革，记录和保留了大量珍贵的原始资料，使周口店成为世界古人类学和旧石器时代考古学的宝库与圣地。龙骨山将永远矗立着裴文中与贾兰坡两位大师的丰碑。

贾老学术探求的脚步并没有止于周口店。1954年他主持了山西丁村遗址群的发掘，与裴文中先生一道对丁村石制品进行了系统的研究。1960年他主持了山西匼河遗址群的发掘和研究，并参与和指导了西侯度遗址的发掘与研究，对在中国境内寻找早于北京人的远古文化提供了重要的材料。在这些工作的基础上他主导了对山西境内旧石器文化的综合研究，使该省成为中国境内最重要的旧石器时代考古基地。1963年他与裴文中先生一道主持了对水洞沟遗址的复查和发掘，明确了文化层位和时代关系。1964年他主持了陕西蓝田遗址的发掘，为中国的古人类学和旧石器考古学研究再增亮点；1976年他又主持了许家窑遗址的发掘，进一步丰富了中国旧石器文化的内涵。除此之外，他的身影还出现在黑龙江的十八站、辽宁的金牛山和庙后山、内蒙古的大窑、山西的峙峪、河北的泥河湾、安徽的龙潭洞、广东的西樵山、云南的河上洞……死神，曾与他在野外擦肩而过；旧石器时代考古学之路，在他脚下不断延伸。

在系统的调查、发掘和观察的基础上，先生对华北旧石器文化传统展开了深入的研究，并于1972年与盖培、尤玉柱联名在峙峪遗址的发掘报告中正式提出华北两大旧石器文化传统的理论，指出华北存在一个由周口店第1地点发展到峙峪遗址的小石器文化体系和一个由匼河与丁村遗址为代表的大型石器文化体系。这一理论将中国旧石器时代考古学在分类与描述的基础上导入理论阐释，由石器的类型与形态推广到古人类的经济生活和生存行为。从70年代起先生将探究的目光投向细石器的源流，考察的足迹遍布东北、华北和西北。1978年他发表了关于细石器文化起源和分布问题的专论，提出全世界的细石器工业有两个体系，一个以地中海周围地区为中心，其分布范围包括欧、非、西亚以至澳大利亚；另一个体系的分布范围包括中国、东北亚和北美，其发源地为华北。这种理论上的高屋建瓴，再显大家风范。

辛勤耕耘、奋斗不息的贾老毕竟也是血肉之躯。在经历1976年的车祸和1988年癌症与肝炎病魔折磨，两次从死神的魔爪中奇迹般地生还后，老人家于2001年3月突然病倒，并从此进入昏迷状态。在北京医院监护室的病床上，插着急救导管的大师的胸部随着呼吸机的节奏在剧烈地起伏着，顽强而辉煌的生命一时化作了监控器上的一串串字符，令探访者痛心疾首。亲朋好友、同事弟子们焦灼地聚集在病房内外，将一束束艳丽怒放的鲜花默默地放在先生的床边，希冀能以此为贾老那曾经旺盛而此时却悬若游丝的生命增添一点能量，出现医学的奇迹。我小心翼翼地趋步上前，握住先生的手，报上自己的名字。谁知大师的手竟然紧握了一下，眼皮也眨动起来。啊，重病中的先生仍然记惦着我们，仍然牵挂着后辈学人！

1997年初夏，我从美国回到国内，收集博士论文材料。当我踏进阔别了将近5年的先生的客厅，年近九旬并患有眼疾的贾老竟然凭着声音认出了我这个后生，这使我受宠若惊。先生家并不宽敞的客厅墙上挂满了当年周口店发掘时的现场工作照片，布满了对中国地质学和古人类学早期发展做出过重要贡献的学者的身影，这让我感到步入耄耋之年的先生的情感与思绪仍然徜徉在史前考古工作的第一线，仍然在他所挚爱的事业中流淌。步入书房，宽大的写字台上放置着他刚刚放下、尚存双手余温的翻开的学报；一个大号的放大镜提醒着来访者老人家是怎样克服眼病的困难而潜心研读；周边的书架上、椅子上和地上整齐地码放着分门别类整理过的书籍、报纸和文档。这，分明是一个被知识和智慧充盈着的静谧世界！

当贾老听说我将周口店第15地点作为研究目标时十分高兴，连声说："周口店是老祖宗住过的地方，早该重新研究了！你在美国学习，可以尝试一些西方新的方法，发掘出一些新的东西。"当我向先生请教该地点的研究历史时，老人家深情地回忆了当年工作的许多情景，娓娓道来，如数家珍，并详细介绍了该地点的发现、发掘过程、遗物出土情况和标本编号的原理。这些成为研究该地点石器工业的珍贵背景资料。从历史说到现实，贾老神色黯然起来。前辈的故去、淡出，"文革"的破坏和开放初期学子的外流，使这一原本生僻的学科出现了严重的人才断层；资源的偏移和内耗，更使这个学科出现明显的下滑。"咱古脊椎所是从周口店起家的。靠北京人化石和石器的发现与研究，研究所红火过，在世界上也有名望。可如今这门学科快成边角料了！我们的家业总不该到此就断了香火吧？"老人家仿佛在自言自语。那一刻，我头一次感到先生苍老、孤独和惆怅。临别，老人执意送到门口，紧握着我的手，将深情的目光凝固在我的脸上："你们这么多人在海外留学，有几个还是我做的担保呢！学完了，总该有一两个回来工作吧。这边才有你们真正的用场！"

回到美国的日子，我的耳畔时常响彻着先生的这声深情的召唤，脑海中时常浮现出先生手持放大镜，伏在案头吃力地书写的场景。改行学电脑、炒股数钞票、绿卡、洋房……在我的志趣和未来规划中渐离渐远。还有，我的恩师张森水先生的一通通电话，一封封书信……于是，在2000年初夏的一个丽日，我们举家回归了这片古老的热土。

近水楼台，我成了贾老家客厅和书房中的常客。每次造访，高龄的贾老总要起身迎接；每次告别，先生总是执手相送，对晚辈的慈爱和对学生的希冀，溢于言表。有两件事萦绕在晚年老人家的心中不能释怀：一是学科的发展，二是人才的培养。为此先生曾与我数度长谈，规划学科的方向与道路。贾老强调要有开放的胸怀，引进国外的先进理论和方法，加强国际的合作，加快与世界接轨，多招收研究生培养新生力量，同时也要对国内的同行敞开大门，带动地方人士一道前进。为使年轻的一代能聆听大师的教益，我曾几次将本专业的研究生带到先生的家中，将贾老的客厅变成了课堂。先生言传身教，娓娓而谈，语重心长，竭力将自己的所学所思传递给后人。

与晚年的贾老谈话，老人家会情不自禁将话题转到早年的周口店时代，转到亦师亦友的德日进、杨钟健、裴文中身上，并借机提醒我们要继承前辈好的传统，汲取曾经发生在过来人身上的教训。每次提到裴老，他总以“裴先生”相称，常会忆起二人的一些往事，言语中充满着感激和赞许。对学术圈内流传的一些不当说法，先生显得不解和无奈，多次表示裴先生是他的良师益友，二人只有学术之争，不存在个人的恩怨；对于所谓的“曙石器之争”，贾老也强调应该叫作“讨论”，而非“论战”，况且参与者还有吴汝康等诸多学者，并不是裴、贾二人之间的对垒。在一次若有所思之后，先生谆谆告诫：学术观点可以争论，学人之间可以因观点和方法不同而形成学派，但切不可因出身和亲疏形成门派，那样会影响学科发展的！家人不和外人欺，团结很重要，否则谁也做不好！

晚年的贾老有时会出现情绪波动，偶尔会发发脾气，表现出着急，甚至失落。我明白，先生负有太多的责任，急于在有生之年完成太多的目标。当时研究所有一位来自韩国的博士研究生，据说还是中科院改革开放以来招收的首位外籍学生，但因导师的安排变化而导致选题未定，学业滞后。贾老得知后十分着急，打电话让我到家中商谈对策。那天老人家情绪有些低落，脾气也比往昔大了些。他说，开始不让他做博导，韩国学生来了没人带。后来报到院里，挨了批评，给安了个“博导”头衔，可以带这个博士了，但时间浪费了很多，自己也力不从心了。现在想请我做副导师，协助他指导，别误了人家，还涉及国际形象呢！我受宠若惊，赶忙应承。先生这才有些释怀，念叨着：这样就好，我们隔代人传、帮、带，把香火延续下去……

在世纪之交，当我带着编辑《中国科学院古脊椎动物与古人类研究所20世纪旧石器时代考古学研究》一书的设想向贾老请益的时候，先生非常支持，表明对学科的成果和问题做一个系统的回顾和总结，定位一下未来的发展方向，规划出前进的道路，是他多年的夙愿，可惜未能实现。如今这个写作与出版计划让他感到欣喜和安慰。但他坚辞主编一职，鼓励说："你们年轻的一代已经成熟了，唱起主角吧，不必再把我这个老朽摆在前面挡路了！"在先生为此书挥笔而作的"序"中，贾老热情洋溢地写道："此书的编辑工作是由该所古人类研究室的年轻学者们发起和承担的。后生们敢于承担责任，勇于为我们这一学科的发展献策、献力，这使我特别欣慰。我和裴文中先生这一代人已经或正在退出历史舞台，20世纪五六十年代我们培养出的第二代研究力量也在淡出学术界，'文化大革命'和出洋求学又使我们几乎失掉了第三代。我曾十分担心（至少在古脊椎所）我们这一家业是否会延续下去？通过这本书的编辑，我高兴地知道我们又培养出了一支可观的后继队伍。他们年轻，有朝气，有思想，有事业心。这使我看到了这门学科的活力和希望。"

2000年深秋的一天，在贾老92岁寿辰临近的时候，我们这些晚辈弟子们挤满他那温馨的客厅，为先生燃起了生日蜡烛。伴着歌声，映着烛光，望着一张张洋溢着崇敬和快乐的晚辈面孔，贾老那饱经风霜的脸上绽开了由衷的笑容。可惜，这是我们能为老人家庆祝的最后一个生日。

2001年7月8日中午，贾老溘然长逝。犹如一棵大树轰然倒下，我们这些还想在树下遮阳避雨的晚辈顿失庇护；学科发展的重任，无情地落到了这些稚嫩的肩上。在痛苦、错愕之间，我们只好挥去泪水，踉跄前行。

七年间，每每到周口店工作，总要挤出时间到博物馆后面那方静谧、圣洁的科学家墓地凭吊、朝圣。抚摸着洁白的汉白玉墓碑，凝视着并排而书的"杨钟健""裴文中""贾兰坡"三位巨擘的名字，常会幻想着三位大师又起身到龙骨山上寻根问祖，又在为一个共同关心的学术问题热烈讨论。这时我会因为未能生在那个开天辟地的年代、无缘参与其间而心生遗憾，但转念间想到能赶在贾老的晚年与先生共事，受先生教益，实在是生而逢时了！于是不由得生出一缕诗意：

莫恨出道沐恩晚，有幸陪师赏晚霞！

（原刊于高星、石金鸣、冯兴无主编：《天道酬勤桃李香——贾兰坡院士百年诞辰纪念文集》，科学出版社，2008年）

行千里路，考万年古

——深切怀念张森水先生

杰出的旧石器时代考古学家张森水先生（1931年8月21日～2007年11月27日）已经仙逝七年了。七年中，先生似乎并未走远，他的亲朋、同事、学生们常常谈起他，他的音容笑貌时常浮现在我们的眼前。我跟随先生学习、工作多年，受益匪浅，没齿难忘。在此谨作小文，以表深切的怀念之情。

2004年张森水先生在观察石器标本

先生于1956年毕业于北京大学历史系考古专业，被分配到中国科学院古脊椎动物与古人类研究所师从裴文中先生从事旧石器时代考古研究。曾任该所研究员、古人类研究室主任、科学指导委员会委员和《人类学学报》副主编，国家文物局考古专家组成员，中国考古学会常务理事。他一生兢兢业业，东寻西考，著书立说，在田野考古、理论构建、学科建设、人才培养诸方面成就斐然，对我国旧石器时代考古学发展和国家文物保护事业做出了重大贡献。

少年立志，追随大师

张森水先生1931年8月21日出生于浙江省仙居县的一个半农半商的家庭里。家有几亩薄田，兼营桐油作坊。其父英年早逝，母亲独自承担养育一儿一女的重担。这是一位坚强、勤勉、精明、目光长远的母亲，一边操持家务，一边经营桐油作坊，想方设法供儿子读书。张老师在家乡度过了懵懂的童年。初时入西门张氏学堂读小学，后到南峰山麓的仙居中学读初中，再后考入台州中学读高中。在一次饭后散步闲谈中，历史老师管听石先生对他说：中国遍地是文物，考古学是研究文物的学问，干此行定会有出息。当时他对历史、地理等人文学科有着浓厚的兴趣，听了历史老师的话，便萌生了学考古、做考古的志向，十分留意这方面的信息。裴文中发现北京猿人的故事，更是使他心驰神往。但考古在当时毕竟是独门冷学，不受家人和社会待见。到了考大学的时候，他偷偷报了北京大学历史系考古专业，并如愿以偿。

1952年10月，张老师第一次坐上火车，第一次远离那个仙人居住的地方。其后先生自己打趣说：到了前门火车站，在茫茫人海中竟然未能找到北大的接站人员。于是扛着行囊徒步而行，边走边用家乡话问路，一路风尘终于找到北大。当时在专业课上教旧石器时代考古的是裴文中先生，讲授中国旧石器考古的是贾兰坡先生，商周考古的是郭宝钧，古文字学是唐兰……郑振铎、向达、郭沫若等都给他们上过课。从这些大师的身上，他耳濡目染，受益匪浅。对他影响最大的当然是裴文中先生。裴老是他尊崇已久的大师，知识渊博，生动风趣，不拘小节，对旧石器时代的知识信手拈来，从国内讲到国外，法国、英国、瑞士、德国……带着学生在重要的古人类遗址和博物馆中神游，张老师常常如醉如痴。

当时裴文中担任中国科学院古脊椎动物研究室（后来改名为古脊椎动物与古人类研究所）古人类研究组组长（相当于室主任），很想有考古科班出身的人加盟来研究原始社会时期的中国状况。在几个毕业生的竞争中，张老师因缘际会，脱颖而出，被裴文中选中，于1956年9月如愿以偿进入中国科学院，且一直跟随和协助裴文中工作。裴老的人格魅力和严谨的治学精神使他潜移默化地受着影响，一生受益。1956年年底，他第一次跟随裴老外出考察，目标是广西的洞穴。裴老为他和同行者讲述地貌地层知识和野外考察的经验、常识、规矩，要求做到眼勤、腿勤、手勤，将每天所看所学所思的东西规范地写进野外工作日志中。张老师由此得到了实践中的系统训练，并亦步亦趋，养成了勤勉、细致、严谨、规范的工作作风，留下了数十本字体工整、资料丰富的野外记录本。

踏破铁鞋，寻根问祖

先生曾撰文称颂裴老是“乡土科学家”，他自己也是这样，长期从事调查与发掘工作，勤奋耕耘在乡野残垣，参与、主持和指导多项旧石器时代遗址的发掘项目，取得一系列重要发现和成果。1958年9～11月和1959年8～9月，他两次到内蒙古托克托县、清水河县、准格尔旗等地，开展了为期近半年的调查，发现68处旧石器地点，采集到一批形制特殊的石制品，包括精美的两面加工的尖状器、半月形刮削器和圆头刮削器等，命名了“清水河式尖状器”“准格尔式尖状器”等类型。他指出这些石器表现出成熟、进步的技术，包括“用木锤修整的技术”和“压制法”修理技术，并认为有些工具“宜于作剥割和割裂兽皮”。其后他参与了周口店、丁村、水洞沟、观音洞等一系列重要旧石器时代遗址的野外考察、发掘和研究。“文革”后期，他利用“反修防修”的契机到东北考察，发现鸽子洞等遗址，参与和主持了对辽宁喀左鸽子洞与营口金牛山、内蒙古扎赉诺尔等遗址的发掘，成为东北地区旧石器考古的重要开拓者。“文革”后，他与同龄人一道，力图挽回被政治运动耗费的时间损失，加快了野外考察的步伐，主持了四川汉源富林、贵州普定穿洞与桐梓马鞍山、陕西大荔甜水沟、河北迁安孟家泉等重要遗址的发掘与研究，指导了河北承德四方洞、四川铜梁张二塘、贵州兴义猫猫洞、安徽繁昌人字洞、福建三明万寿岩、云南富源大河和重庆三峡库区高家镇等诸多旧石器时代遗址的发掘和研究工作。

进入古稀之年，先生仍马不停蹄。此时他最大的心愿是消除中国版图上旧石器时代遗存的空白区，将先祖生存的足迹尽可能探寻出来。2002年10～11月，他带领数人到浙江开展旧石器考古专题调查，在安吉和长兴发现30余处旧石器时代遗址，采集石制品333件。这项工作使浙江省旧石器时代遗存从无到有，填补了我国东南史前研究的空白。2005年5月，陈雍等天津文物考古工作者在天津蓟县发现旧石器时代文化遗存线索，并携带标本到北京向张森水老师请益。张老师带领我们仔细观察标本，详细询问材料与地点的发现细节，肯定了很多标本的人工属性。从这批材料和天津的同事所描述的情况中，先生敏感地意识到是新的突破，十分重要。第二年春，乍暖还寒，我们几位弟子随先生赶赴现场，与地方的文物工作者一道翻山越岭，穿沟过河，对发现石制品的地点进行复查，致力于

2006年张森水先生在香港回答媒体提问

寻找石制品的原生地层，肯定了几处地点的性质和意义，并提议对东营坊等关键而濒危的地点做抢救性发掘。其后，我派出王春雪等与天津同仁一道发掘东营坊，从原生地层中出土了丰富的石制品。天津的工作成果使先生十分兴奋，他欣慰地对媒体宣布：除了处于沉降地区、地势低洼的上海，中国陆地上再无旧石器时代文化空白的省份！2004年年底，香港西贡地区的一处山脚海岸区发现疑似旧石器时代的石制品。主持该遗址发掘工作的张镇洪老师向先生做了通报，请先生到现场考察定性。先生不顾年迈体弱，专程前往，对发现的遗物、遗迹和地层进行观察和论证，认为是一项重要发现，有可能改写香港地区乃至中国东南人类生存的历史。这处遗址被称为黄地峒，一组释光测年数据指向旧石器时代晚期，很像一处石器制造场，出露、出土数千件具有打制技术特征的石制品。先生前后两次前往考察，仔细观察了每件出土标本。他注意到这批石制品以大中型者为主，其中的长方形锛状器以前未见于旧石器时代遗址中，可能是磨光石斧的祖型。他感觉这处遗址所体现的文化内涵十分独特，在中国旧石器文化体系中难以定位。后一次考察我随其前往，在回京的火车上他还在苦苦思索，并与我反复讨论该如何定性，如何纳入华南史前考古学文化的框架之中。

从20世纪80年代中期起，我多次随先生到野外考察和发掘，有幸亲耳聆听先生的教诲，近距离观察先生的工作方式。给我印象最深的是先生与地方同行乃至当地老乡的互动。第一次随先生出行是在1986年夏天到东北考察，先到齐齐哈尔考察昂昂溪遗址。在一家简陋的小店，陪同的黑龙江省考古研究所的于汇历学长点了一瓶白酒来调教我，先生见状外出，一会儿拎了只烧鸡回来；在辽宁营口金牛山遗址所在的村子，先生带我们进了一户农家院落，一家人像见到了久别的亲人，拉着我们上炕，烧火做饭，其乐融融；1987年秋季，先生带我和师弟龙凤骧到陕西大荔县育红村发掘一处遗址，为我的硕士论文寻找材料。先生熟门熟路地领我们到一户雷姓人家，一家人如见故旧，热情接待，以后的三个月他家就成了我们的工作据点。先生还在一天早晨去一户养牛的人家叙旧，端回一大碗温热的牛奶。看着先生与乡亲们亲热的交往，你会明白这位“乡土科学家”是怎样平易亲和，是怎样接地气、有人缘。

破解北京猿人的技术与文化

先生的学术生涯与周口店遗址有密切的关系。他工作伊始就参加了周口店地区古人类生活环境的研究，并对出自第22地点的石英标本重新研究，进一步完善了周口店遗址的文化序列。从1958年起，他参加北京猿人（当时称为中国猿人）石制品研究小组，对第1地点出土的石制品开展整理和分析工作。由于研究小组在一些学术问题上不能达成共识，工作难以为继，从1975年起，北京猿人石器研究成为裴文中先生和张森水老师的专项任务。在此期间，围绕北京猿人是否是中国最古老的人类、北京猿人的石制品是否代表了最古老和原始的技术，裴文中和贾兰坡两位大师级人物发生了激烈的争论，相关学者也分成了两派。讨论不但在学术期刊上进行，还延伸到社会上的报刊媒体。张老师自然是“挺裴派”，1962年发表《对中国猿人石器性质的一些认识》一文，反对贾老所提出的北京猿人的石器技术具有“进步”的特征，认为“中国猿人还没有掌握打石片和制造石器的一定的方式方法，致使石器缺乏一定数量的相似的形状；虽然有几种石器，但无严格的界限，乃是‘一器多用’原始性质的表现”。难能可贵的是，张老师在文中提出第1地点的石器文化可划分为早、晚两期，从早期到晚期在原料利用、形态特征、加工技术和类型方面呈现渐变的趋势。

在1975～1985年的10年间，张先生辅佐裴老对周口店第1地点的石制品开展了系统的整理，进行了大量的观测统计分析，将其文化面貌完整而真实地揭示出来，概括为：制作石器的原料以脉石英为主体；存在砸击法、锤击法和碰砧法三种剥片技术，高度依赖砸击技术是其鲜明的特色；许多石片不经加工即直接使用；小石片工具是石器的主体；工具组合以刮削器为主，具有类型上的多样性；不存在手斧；工具多属单面加工的单刃类；加工较粗糙，形态缺乏稳定性。该项研究最大的亮点是明确指出北京猿人文化从早期到晚期存在着技术和类型的变化，并根据层位和石制品时序性特点分成早、中、晚三个时期，从原料利用、剥片技术、加工方式、类型组合、形态特征、加工精细度等方面总结了每期的文化特点和从早到晚的变化趋势，指出“既有贯穿始终的共性，又有一个清楚的发展过程”。这样，北京猿人的文化不再被视作一个单一单期的体系，而是包含了不同时代、不同阶段、不断变化的动态文化序列，这就从发展的角度解决了有关北京猿人的文化是原始还是进步的无谓争论。他们的心血和汗水凝结成1985年出版的专著《中国猿人石器研究》。这本书成为中国旧石器考古学的一座里程碑，成为同类研究的经典和模板。

张老师又在2004年出版了《周口店遗址志》这一鸿篇巨著，对周口店遗址的发现、研究、管理和保护、利用做了全景式的记述，留下了翔实而珍贵的资料。

敢吃螃蟹，勇于改革与创新

先生博采众长，敢于探索，善于实践，不断改进研究方法，致力拓展研究的深度、广度和精度。他在研究中逐渐意识到我国考古学研究长期陷入带有强烈主观色彩的定性推论误区，只重视少量典型标本而忽略大量其他遗存，研究粗犷，缺乏数据和细节，缺乏学术规范和共同语言，导致各说各话或无谓纷争。为改变这种状况，他提出了一些类型学概念，并在观测方法、规范等方面做出界定；率先在国内旧石器考古界使用定量分析法，创设和引进石器标本的各种观测指数（如长宽指数，宽厚指数等），对石锤、砍砸器等按重量分级，并引进统计分析方法来表述石制品的大小、形态变异，希冀以客观的数理统计分析取代主观定性。他首次将这种思路和方法在富林文化研究中加以尝试，取得良好结果，继之用于周口店的石制品研究，做出了大量标本观测统计数据图表，使取得的认识和得出的结论有了数据和证据的支持。其后，他将定量分析方法应用到对丁村遗址文化面貌的重新研究，摒弃只对少量所谓典型标本做描述分析的做法，尽可能对所有石制品做观测、统计和分析。他的研究揭示：丁村遗址一些地点出土的石制品并非像传统认识的那样是以大型器物为主，而是由小石片工具为主导，属于华北小石片工业体系，纠正了以前学术界的一些片面观点。这样的研究以翔实的数据为一些学术争论提供了有说服力的答案，促进了我国旧石器考古研究从定性到定量的转变和方法的成熟。

先生还是我国石器功能分析和微痕研究的主要倡导者。在56岁那年，他远涉重洋，赴哈佛交流访问。其间抽出时间，专程花两个星期到伊利诺伊州立大学劳伦斯·凯利（Lawrence H. Keeley）的实验室学习了解石器微痕分析技术。凯利在1980年出版《石器使用的试验鉴定——微磨损分析》一书，在石器功能分析方面成为领军人物。张老师深为其方法和成就折服，回国后很快在《人类学学报》发表《述评〈石器使用的试验鉴定——微磨损分析〉一书》的推介文章，向国内学界系统介绍凯利的微痕分析方法与成果，并积极筹划开展此项工作。当时我国的相关设备条件还远不具备，但他想方设法，克服困难，指导我的师妹侯亚梅利用电子显微镜开展该领域的专题研究，建立模拟实验和图像观测的流程和规范，并在北京猿人的石器标本上得到成功的应用。这是我国学者对微痕分析的首次系统尝试，为今日这一分支领域在我国的蓬勃发展播下了种子。当时他还向我谈起他更加雄心勃勃的计划，包括使用机器手臂做石器和骨器的制造和使用实验，以在理想的条件下精确观测和记录作用力的方向、力度和产生的结果。当时我的感觉是，美国的考察给了他启发和刺激，先生很想大干一番，将中国旧石器考古的面貌彻底改变，使其不再落后于人。可惜因不具备条件，只能无奈地放弃。

有感于传统研究的主观和随意性，先生积极倡导实验考古并身体力行，在石器和骨器的制作实验方面做出了有益的尝试。在一些热点问题上，如区别真假石器、区别人工石片与自然石片，他通过实验提出转向打法是关键的原则，主张应重视“形、位、向”三要素，进而发展成“三个多样性”的准则。在打击骨器问题上，针对以往相关争论缺乏客观标准和实验依据，他亲自动脑动手，设计了一套方案和流程，开展制作骨器和敲骨吸髓实验，有了一些实践经验与体会，在此基础上指导研究生张俊山做了大量打击骨骼的实验，并与考古标本进行比较研究，取得宝贵经验和重要认识。这些实验和分析初步建立了打制骨器的鉴别标准和研究规范，并在他带领我开展对大连古龙山出土的动物碎骨研究中加以系统应用，取得很好的成效。这样的倡导和努力提升了我国史前学术界对考古遗址中动物碎骨的重视程度，并对日后动物考古学的发展起到了引领和推动作用。

条分缕析，致力理论阐释

1989年10月，纪念北京猿人发现60周年国际学术研讨会在房山召开。在这次会上，中外学者虽共济一堂，学术讨论上却南辕北辙。西方学者在用考古材料阐释假说、理论，中国学者则专注于描述标本的类型与形态，二者几乎没有交集。这对张老师是个很大的刺激，他在饭后散步时对我和其他学生说：不能再满足于对遗址及其材料的分类和描述，不能再就事论事，要深化，要拓展到理论层面，要与国际接轨。在其学术生涯的后期，先生致力于综合研究和理论阐述，力图透过遗址和区域的遗存而纵览全局性的文化共性和变异，透过文化现象探究古人类演化的动因和规律。

首先是对区域性材料与问题的概述、总结和分析。此方面的成果体现在《贵州旧石器文化概论》《四川省旧石器文化和古人类研究》《我国南方旧石器时代晚期文化的若干问题》《我国北方旧石器时代中期文化初探》《中国北方旧石器时代早期文化》等论文中。这些论著翔实地梳理和汇总了区域性旧石器考古材料，总结了相关地区旧石器时代技术与文化特点，分析了区域文化传统的成因和演变。

在区域研究的基础上，他又进一步关注到各地旧石器文化的个性与共性问题，开始在更大的空间范围内做宏观的总结和分析，并从新石器考古及历史时期考古中汲取营养，在我国最早将“区系类型”的概念引入旧石器考古的研究实践。1990年他发表《中国北方旧石器工业的区域渐进与文化交流》一文，提出了“主工业”和“多种工业或组合”等概念，还对北方“主工业”技术进步缓慢的原因做了探讨，指出“继承延缓发展、交流促进创新”的原理。1999年，他在《管窥新中国旧石器考古学的重大发展》一文中将自己对中国旧石器时代文化的理论探索进行了总结和提炼，进一步界定和完善了“主工业”和“区域工业”等概念，提出中国旧石器文化存在“二元结构”，即中国在北方、南方各自存在一个“主工业”，“北方主工业”以小型石片石器为主体，“南方主工业”则以大型砾石石器为代表，同时在两大“主工业”区域内存在若干文化变体或区域工业类型。他对两大“主工业”和各区域工业的文化特点、分布范围和发展过程进行了界定和探讨，并结合环境因素分析了“诸工业类型的关系”和“历史发展不平衡现象”。

插秧播种，培植桃李

先生在培养后继人才方面不遗余力，桃李遍地。他是中科院古脊椎动物与古人类研究所最早的研究生导师之一，十分注重因人施教，根据学科需求培养紧缺人才，选定高星从事石器技术分析，侯亚梅从事石器功能分析，龙凤骧、张俊山从事动物碎骨分析，将新生力量部署在学术前沿。可惜出国留学的大潮将其中一些人裹挟出去，先生的宏愿并未完全实现。先生对当时在所里进修的蔡回阳、傅仁义、石金鸣、魏海波、韩立刚、郑龙亭、程新民、吉学平等也尽其所能给予指点和帮助，以期将地方的工作带动起来。先生在晚年还积极协助我培养隔代学生，裴树文、冯兴无、陈福友、朱之勇、张乐、张晓凌、王春雪、宋艳华、关莹、赵海龙等都受到过师爷的言传身教。

在吉林大学成立考古专业之初，师资缺乏，他欣然应邀担任兼职教授，承担旧石器考古的教学工作，从课程设计、教材编写到标本收集，都亲力亲为，任劳任怨，一教数年，直到他的学生陈全家接过教鞭，他还要扶上马送一程，继续承担研究生的指导工作。吉大旧石器考古教学与研究在高校中独树一帜，与他打下的基础密不可分。其后他还担任山西大学的兼职教授，负责旧石器考古方向研究生的指导与培养。此外，他在全国许多大专院校和文博单位进行过授课和讲学，传授古人类学与旧石器考古学的专业知识，动员更多的学人投身到这一研究领域。

他参与过周口店系列古人类学和旧石器考古学培训班的授课工作，主持了河北省首届旧石器考古培训班和三峡地区旧石器考古训练班。这些短期培训为地方输送了紧缺的专业人员，缓解了大规模基本建设导致大量远古文化遗存濒危的燃眉之急，拓展了旧石器考古队伍的规模和层面。在这样的培训中受教于先生的很多人自称为张老师的“俗家弟子”，与先生和我们几位“正牌弟子”保持密切的学术互动。先生还在工作中对王幼平、谢飞、袁家荣、房迎三、王社江、范雪春、冯小波、李建军等诸多中青年学者提供无私的指导与帮助，为他们把关、解难并摇旗呐喊。他们中的很多人现在已是大名鼎鼎的学术带头人，至今仍对先生的提携感念不忘。

先生对学生不但在学业上悉心调教，在生活上也是关怀备至，留下很多佳话。陈全家学长曾经酷爱饮酒。一次先生带其外出，纵其豪饮，导致他酩酊大醉。先生本想按照自己的经验，让他醉过后戒酒，没想到一番照料后，却发现他丝毫不受影响。我作为先生的开门弟子，自然沐先生恩泽最多。那次到昂昂溪考察，采集了一些石制品，回来后先生让我整理出来，写成调查报告习作。其后先生加以修改斧正，以此为案例，教导我研究论文写作的规范和要义。然后，先生将这篇习作推荐给《人类学学报》，让我独自发表，成就了我学术上的处女作。连我的婚礼，都是先生与谢飞学长在承德避暑山庄操持，先生做证婚人，还为我们的新房题写了一副传情达意的对联！

1992年，我前往美国亚利桑那大学，开始访问学者与留学生的生涯。近8年间，我与张老师保持频繁的书信往来与互动，向先生汇报学业进展与所思所想，先生则将国内旧石器考古的动态及时告诉我，鼓励我尽早学成归国。我浪迹天涯，犹如随风飘动的风筝，但捆绑在身上的线，却是牵在大洋彼岸先生的手中。我知道张老师患了高血压，却不顾疾患，仍在东奔西走，一如壮年时一样工作。在一封信中我劝先生“留得青山在，不怕没柴烧”，张老师则在回信中以“夕阳无限好，只是近黄昏”作答，并感叹“你们年轻人在外不归，我辈只能老骥伏枥了！”这使我无地自容。1997年和1999年，我两次回国，收集博士论文材料和参会。到了张老师简陋的办公室，看到先生因高血压而显得红润的脸庞和肩背微驼的身姿，看到房间里到处摆放着正在观测的标本，心中油然升起强烈的自责；再看看先生书桌的玻璃板下密密摆放的我们这些弟子在海外的生活照片，眼眶在不知觉间湿润起来。临近毕业返国，留美的诱惑，家里的反对，曾让我备受煎熬。多少个夜晚难以成眠的我踱上阳台，遥望东方的天际，感受着来自那一方热土的引力；多少次我辗转反侧之余拨通北京的长途与恩师倾心交谈，听先生对人生的品味，对局势的分析，对学科的展望。为促成我回国，确保回来后有一个好的平台，先生积极帮我争取“百人计划”项目。在这样的推力下，我不再彷徨，义无反顾地于2000年初夏举家回归。

2001年9月，我与石金鸣学长利用召集业内人士考察山西吉县柿子滩遗址的契机为张老师举办了一次简朴而气氛热烈的生日庆典，我不揣浅陋，题写了一副对联以祝贺先生的七十大寿及中国旧石器考古学八十年的历程：

考南探北滴水穿石七十耕耘成大业

承上启下点石成金八旬传递续辉煌

当时聚集了30余位业内的中青年骨干，先生看着羽翼渐丰的队伍，露出了由衷的笑容。2006年秋，利用在福建三明召开古人类—旧石器专业委员会年会的机会，我和李建军兄又为他举办了一场七十五岁诞辰的庆生活动，更多的学子聚拢在他的身旁，先生的笑容更加开心，更加灿烂。

老骥伏枥，为遗产保护与利用呕心沥血

先生长期担任国家文物局考古专家组的成员，在考古工作规划、遗产保护和博物馆建设等方面也不遗余力，做出了重要贡献。在我早期随先生外出时，就发现先生的一个重要特点：每到一处考察结束，一定到当地政府，名曰“汇报工作”，实则向当地干部宣传文物考古知识，请他们加强对遗址的保护。20世纪90年代中期，在三峡水利建设工程文物抢救项目酝酿阶段，面对库区没有旧石器时代遗存的调查报告，他在国家文物局的会上拍案而起，力主重新开展系统的调查，并亲自规划、组织野外队伍，在库区内发现60余处石器时代遗址和脊椎动物化石地点，并指导了对其中一些重要地点的发掘和研究，为国家抢救出一批珍贵的远古文化遗产。20世纪初，在福建三明万寿岩山体中发现几处旧石器时代洞穴遗址，出土丰富的文化遗物和重要的遗迹现象。该山体是三明钢铁厂的采石场，因采石而支离破碎，即将被夷为平地。而三钢在三明市的利税缴纳中独占鳌头，保护遗产遇见重大困难与挑战，博弈十分激烈。面对危境，他挺身而出，亲临现场指导考古人员做抢救性发掘并及时发表研究成果，组织专家学者现场论证，向国家文物局和地方政府提出保护建议与呼吁，在媒体上发声，终于获得国家文物局和福建省领导的重视，遗址得以保全，入选当年的十大考古新发现，并很快成为国家重点文物保护单位。先生还指导当地文物部门制定了完善的保护规划，实施了防水加固工程，改善了园区环境，建设了富有特色的遗址博物馆，使其成为我国旧石器时代遗产保护和利用的一面旗帜。

古人类化石产地和旧石器时代遗址多因地域偏远、可视性差而得不到重视，保护与管理状况堪忧。在国家文物局的一次工作会上，张老师和我建议对旧石器时代遗址保护管理状况做一次系统的调研，提出可行的对策建议。国家文物局领导高度重视，设立专项课题，委托古脊椎所开展此项工作。年高体弱的先生主动承担起部分工作，带领课题组在两年中穿行半个中国，考察十余处遗址，与地方

文物干部和专业人员座谈，探讨解决问题、加强保护和管理的对策。在黔西观音洞，考察期间天降大雨，道路泥泞，先生不顾劝阻，冒雨前行；在巫山龙骨坡，看到中法学者在遗址发掘采样留下的沟壑，张老师怒火难耐，血压急速升高……课题组完成项目后向国家文物局提交了调查和分析报告，对重点旧石器遗址的保护和管理现状做了全面和客观的描述、评估和分析，对每处遗址提出了具体的工作建议。先生还指导了北京周口店、内蒙古大窑和萨拉乌苏、湖北建始龙骨洞等许多重要旧石器遗址保护规划的编制和论证工作，指导过很多古人类—旧石器专题博物馆的设计和展陈工作，在每一处旧石器时代遗产地都留下了心血和汗水。

情系故里，魂归红土

先生弱冠离家，却始终乡音未改，对家乡一直念兹在兹。1974年冬，他与研究所的几位科研人员组队到浙江杭州和金华两地调查，希望能发现古人类遗存，为家乡文物考古事业做一番贡献。一项重要收获是在建德县李家乡的乌龟洞内发现一枚人类右上犬齿化石，后被称为“建德人”。先生等认为“意义颇大，它的发现增加了智人化石在我国分布的新知，揭开了在浙江发现古人类化石的序幕”。可其后多年，浙江并没在旧石器考古方面有所斩获，这成为先生的一块心病。他曾不止一次与我念叨：浙江出产了三位旧石器考古学家（邱中郎、张森水、戴尔俭），但却没有一处旧石器时代遗址，让人情何以堪！ 2002年，笔者得到一项由科技部立项的重点项目，宗旨是发现更多的旧石器遗址和获得更多的古人类材料。先生主动请缨，亲自带领队伍到浙江开展旧石器考古调查，一边培训地方专业人员，一边在野外拉网搜寻，跋山涉水，终获突破，在安吉和长

2007年张森水先生与作者在野外考察

兴发现30余处旧石器时代遗址，采集到一批人工特征明显的石制品，一些遗址的文化遗存埋藏在红土地层中。这些发现使先生十分兴奋，了却了一桩多年的心愿！其后他数度亲临现场，指导徐新民等对上马坎、七里亭等遗址开展发掘和标本整理，为考古队把关定向。在安吉县上马坎遗址发掘期间，先生站在鲜花遍野、竹杉茂盛的小山包上俯瞰前面的茶园、道路、河流，不免感叹：这真是一个理想的归宿之地！

先生在晚年一直被腿部的一种疾患困扰。这种病痛出现在膝盖下，会在瞬间麻木，失掉知觉，失去支撑力。为此，家人和学生十分担心他在野外病发，危及健康和安全。但他自己却不为所困，依然东奔西走，上山下乡。2007年9月底，他应陈全家之邀飞到长春，然后长途乘车赶往延边，考察论证新发现的含黑曜石制品的几处地点；回京后立足未稳旋即乘火车回浙江，利用国庆长假先到仙居老家探访几日，然后前往长兴帮助徐新民观察分类七里亭遗址出土的石制品；随后又一路颠簸赶往山东沂源，考察论证沂源人遗址的研究与保护。在沂源期间发生便血现象；在乘车从沂源驶往济南的途中，在服务区下车时腿部疾病发作，跌坐在地上。回京后到人民医院检查治疗月余，切除胃中的一个肿瘤，但对腿上的问题未诊断出结果。回到家中康复良好，不期在11月26日上午突然晕厥，紧急送往人民医院抢救，发现脑部大面积梗塞，一直昏迷，生命的体征逐渐消失，次日凌晨溘然长逝。事后分析，应该还是腿部有血栓，胃部手术改变了血液循环，导致血栓脱落，运动至脑部，堵塞血管，提前结束了他风尘仆仆的一生。可叹现代科技，数年竟然诊断不出先生腿上的疾患！

2008年5月27日，先生离世整整半年后，亲属、弟子与诸多旧石器考古界的学人和浙江省文物考古界的朋友一道，在上马坎遗址附近的“张森水纪念园”将先生的骨灰安放在他巨幅雕像的基座下。那是一方美丽圣洁的土地，在鲜花、翠竹和苍柏的围绕下，先生手握石器凝神注视的身躯从矗立着的灰白色花岗岩岩体中渐次成形、清晰，凝重而传神。亲朋弟子们唏嘘着，仰视着，与先生相拥合影，在纪念园中踯躅徘徊，久久不愿离去……

一生勤奋耕耘的张森水先生，终于在他家乡的红土地中安息了。

（原刊于《大众考古》2014年第11期）

安志敏先生的史前考古研究：游刃在新、旧之间

时光荏苒，安志敏先生已经仙逝快五年了。这期间，先生的音容笑貌并不曾离我远去，与先生接触的一幕幕时常在眼前闪现，先生的学术建树与思想也不断成为我科研的动力和启迪。六年前，当邓聪和陈星灿两位学长约我为《桃李成蹊集》撰稿以庆贺安先生的八十寿辰时，我诚惶诚恐，深怕自己浅薄的学科积累有辱先生的名号，忙碌迟疑之间就错过了投稿的时限，过后深以为疚。所幸邓聪、陈星灿等又组织编写缅怀先生的文集，给我补过的机会。于是草成小文，以表达对先生的怀念和敬意。

在北京大学考古系学习期间，就屡屡听到安志敏先生的大名，读过先生的大作。偶尔先生现身北大的讲坛，如孤侠神旅，高深莫测，遥不可及。当时受周围环境的熏陶和先生犀利文风的影响，总感觉先生的身上有一层冷峻、迷离的光环，让人不敢近前，敬而远之。

1988年5月，我在中国科学院古脊椎动物与古人类研究所即将硕士毕业。在选择答辩委员会成员时，我的导师张森水先生决定聘请中国社会科学院考古研究所的安志敏和佟柱臣两位大家。对导师的决定，我有些忐忑不安，一方面因为二位先生的学养、地位让我有高山仰止之感，另一方面惧于安先生严谨、严格而又富于批判精神的教风、学风，让我担心答辩过不了关。在张老师的催促、指点下，我惴惴不安地来到考古所安先生的办公室，恭恭敬敬地呈上自己的铅印论文。这是我首次近距离接触先生，但见先生额头光亮，面色红润，声音极富穿透性和感染力。出乎我的意料，安先生对我极其和蔼、亲切，让座后便关切地询问起我求学的经历和从事论文研究与写作的过程，对论文的关键材料和主要结论问得尤其仔细。记得答辩那天，安先生问了两个问题，其中一个是关于文化遗存的

地层和埋藏属性。先生提问虽不像惯常那样咄咄逼人，但切中要害，因为我的论文材料发掘于大荔人遗址附近的育红河二级阶地，有新老化石的混合，给时代判断和文化属性的研讨带来很大的困难。从先生的脸色看，我的回答不能让人满意。张老师的身上已经浸出汗迹，我更是心提到了嗓子眼。最终结果，我得到三“优”二“良”，顺利过关。我认定其中一个“良”一定出自安先生，但着实心存感激，知道先生对晚辈其实很慈祥，鞭策之余不忘提携与鼓励。

以后与先生近距离接触的机会并不多，在记忆中只有一些断续但却十分清晰的片段。一次是在中国历史博物馆参观文物特展，与一些文物考古界领导和业内权威大家在下属、弟子们的簇拥下风光而来、欢笑而去不同，安先生只是一个人，形单影只，静静地观看展品，中午还与我们这些学生、晚辈们一起津津有味地享用博物馆提供的盒饭！另一次是于1992年8月在石家庄召开的第三届环渤海考古大会上，先生的观点和主张似乎不入主流，于是上演考古版的“群英战吕布”大戏。两位旗手苏秉琦先生和安志敏先生倒是从容淡定，尽显大家风范，只是我们这些晚辈们有些触目惊心，对“学风”“门派”有了一些感悟。以后是2001年7月17日安先生在北京八宝山礼堂出席贾老的遗体告别仪式，眼中含泪，向仙逝者深情鞠躬。还有，2004年4月10日，安先生的亲朋弟子在北京为他举办八十大寿贺宴，气氛热烈而感人，我首次见到先生在众星捧月之下精神矍铄，熠熠生辉。最后的一面是2005年11月1日在北京八宝山礼堂，在与癌症顽强抗争了近八个月后，先生安详地静卧在鲜花丛中接受大家的哀悼与告别，也为自己辉煌而别具风采的学术生涯画上了句号。

对于安志敏先生的学识和成就，文物考古界人士首先会想到他对新石器时代考古学的建树。其实，他对旧石器考古研究也多有贡献，是中国史前考古学界难得的横跨新、旧两个时段，在史前数万年间的学术疆界内游刃有余的巨擘大家。

安先生能在旧石器考古领域开疆拓土，首先得益于裴文中先生的提携和帮助，对此安先生一直感念不忘，将裴老视为终生的恩师和指路人。2004年本人和裴申先生主编《不朽的人格与业绩——纪念裴文中先生诞辰100周年》一书时，安先生欣然应允写作《早立程门雪，忝列门下先——追怀60年前与裴文中先生的遇合》一文。在文中安先生深情地写道：“在考古学的学习和实践中，先生是我的启蒙老师。从最初的见面伊始，便循循善诱地给予我一系列的学习安排和实践机会，引导我走向考古学的道路，使我60年来深受其慧。”从中我们知道，1945年春天，正在中国大学史学系学习的安志敏在齐思和先生的引荐下首次到当时身陷困境的裴

1977年安志敏（右）、郑乃武（左）陪同裴文中先生考察裴李岗遗址

文中家造访，开启师生间一生的友谊和学术往来。其后裴老为他提供标本、资料，指导学业、科研，提供进修、实习机会，一步步带他走入史前考古的殿堂，其中的事例包括裴老安排他进入地质调查所新生代研究室（今日中科院古脊椎动物与古人类研究所的前身）实习，在燕京大学代替裴老讲授史前考古学，并在裴老的指导下在该校参与了我国第一个史前陈列馆的建设等。安先生对裴老的品格极其钦佩，指出"先生那种坚忍不拔、刻苦耐劳、敏锐观察、勇于求新，以及广泛的田野实践和渊博的考古学素养，都给我留下了深刻的印象，并作为终生的学习榜样"；对裴老在史前考古学材料发现和理论、方法的建树以及博物馆建设方面的卓越贡献，安先生做过系统的总结和评述，发表过多篇纪念文章，并整理、编辑、出版了《裴文中史前考古学论文集》一书（文物出版社，1987年），使裴老的一些珍贵的早期作品得以保存和传承。

在裴老、贾老之外，安先生是中国考古学界最早对旧石器时代文化和古人类演化著文立说的学者。他在1946年就考证过《古人对石器之观念》(《地史周刊》

1975年安志敏（左三）等陪同裴文中（左四）在大同考察旧石器时代遗址

1979年元旦裴文中（中）、夏鼐（左）、安志敏（右）合影

第10、12期），1950年以“书评”的形式介绍过贾兰坡的《中国猿人》一书（《燕京学报》第39期）；1955年他在《考古通讯》第2期发表《石器略说》一文，系统介绍石器类型和技术方法。其内容包括“石器”的概念，石器的原料和来源，石器的制法，石器的形式，石器与铜器、玉器之关系。这里的“石器”涵盖打制石器、细石器和磨制石器，技术包括打制、磨制、砸击、切割等。该文用图解的方式对石制品的类型、形态特征和技术要点做形象的说明和阐释，浅显易懂，是中国考古学文献中不可多见的早期相关知识的科普作品。从1963年至1975年，安先生积极投入到以裴文中、贾兰坡和吴汝康为主辩方的有关“曙石器”和“生物人”“社会人”的大讨论中，在学术期刊上发表数篇论文，尝试用辩证唯物主义原理和方法阐述人类进化的历史，主张用“制造工具”作为人类诞生的标准。

安先生独立完成、也是他最重要的一项旧石器考古研究工作是河南安阳小南海遗址的发掘和研究。该遗址于1960年3月在采石过程中由工人发现，安先生得知消息后于次月带人前往考察试掘，断定是一处旧石器时代晚期洞穴遗址。其后又组织高广仁、周庆南等进一步发掘，清理出多个文化层位，采集石制品七千余件。这是解放后华北地区继山西丁村遗址后的又一次重要旧石器考古发现，也是继周口店山顶洞后的又一处重要的旧石器晚期洞穴遗址。该遗址的发掘和研究延续了裴文中等在周口店的工作模式，用打探方的方法控制发掘范围和地层，辨认出五个文化层；对遗址环境、出土遗物和遗迹做综合分析，认为洞穴位于群山环峙的峡谷中，靠近洹河和小南海，以东是广阔的平原，出土动物化石表明他们生活在晚更新世的森林和草原，为当时人类提供着狩猎对象；古人类继鬣狗之后占据洞穴，留下丰富的石制品和用火遗迹；从石制品和动物化石分布数量的变化看，人类在这里的生存发展过程由盛而衰，但石制品组合和动物群组分在时序上没有明显的变化，表明文化遗存为同一阶段的连续堆积。安先生在《考古学报》1965年第1期上发表了《河南安阳小南海旧石器时代洞穴堆积的试掘》报告，认为小南海旧石器遗存是代表一定时代和一定地域的文化，于是命名为“小南海文化”，并总结其特点为：主要为小的石片石器，类似细石器；主要技术为锤击法，偶尔用砸击法；主要是单面修理，不存在真正的两面器；主体器型为刮削器和尖状器。通过与周口店、丁村等华北旧石器工业比较，安先生认为小南海文化与周口店第1、15地点存在渊源关系，是对后者的继承和发展；与水洞沟遗存区别明显，而与萨拉乌苏者更为接近。在材料分析和表述上，安先生借鉴新石器时代器物的研究方法，做了一定的创新尝试，主要表现在器物的量化描述和型、式划分上。这样的努力在20世纪80年代及其后被更多的旧石器考古工作者接续，但内容已出现很大变化。

安先生在旧石器时代器型研究方面涉猎最深的是“手斧”。中国旧石器时代遗址中是否存在与西方阿舍利手斧同样的器类，以及由此反映的东西方史前文化关系如何，是20世纪80年代以来中国旧石器考古学界的热点课题。1990年安先生在《人类学学报》第4期发表《中国的原手斧及其传统》一文，对中国境内出土的相关标本从“类型和分布”“时代和文化性质”等方面进行了梳理和分析，指出中国的所谓“手斧”“从整个性质上同典型的阿舍利手斧不同”，因此以“原手斧”称之以示区别；其时代主要是中更新世，“可作为旧石器初期文化的一种标准石器”。安先生指出：“以原手斧为特征的石器群，在中国境内有广泛的分布，文化特征也相当明确，它是以大型的砾石或厚石片为原料，可分为两面器、单面器和三棱器三种类型，往往具有锐利的尖端，可能代表一种具有砍砸、刮削和挖掘的万能工具。”安先生据此对当时流行的华北旧石器文化两大传统的理论提出修正，认为“以原手斧为代表的大型砾石石器传统，主要分布在华中、华南一带，华北仅限于局部地区，与以周口店文化为代表的石片石器传统并存”。现在看来，安先生对“原手斧”的时代和地域分布的判断并不十分准确，但他将这些被划分为不同类型的大型砾石、石片石器作为一个共同体综合考虑，从功能的角度探讨他们的关系，是具有积极意义的。

安先生在史前考古方面涉猎更多的一个领域是中石器时代和细石器研究。可以说，他是继裴老之后最早涉足细石器研究的中国学者。早在1955年《石器略说》一文中，他就对细石器有所提及。1956年他在《考古通讯》第2期发表《关于我国中石器时代的几个遗址》一文，对当时被认为属于中石器时代的顾乡屯遗址、扎赉诺尔遗址、广西的几处遗址出土的材料作了描述，支持裴文中的“中石器时代”之说。1957年他在《考古通讯》第2期发表《细石器文化》一文，对当时发现的中国境内的细石器遗存作了梳理，对其分布、时代和组合特征作了界定，认为“细石器文化是我国北部的一种重要的新石器文化，从中石器时代起，到青铜时代止，在这一带地方继续发展着”。对其经济形式，安先生提出可分为三个类型：渔猎型、农业兼牧畜狩猎型和牧畜狩猎型，可见在研究方面日益深化了，由器形而进入功能和经济形态的层面。

1978年安先生在《考古学报》第3期发表《海拉尔的中石器遗存——兼论细石器的起源和传统》的长篇论文，标志着他对细石器的研究达到顶峰。在该文中，安先生将以前泛泛而称的“细石器”细化为“细石核”和“细石叶”，并在细石核中分辨出船底形石核、扁锥形石核、楔形石核、圆柱形石核、圆锥形石核，将细石叶划分为长条形石叶、尖端细石叶、加工细石叶和细石叶尖状器。这样，细石器就被确定为“是一种采用特殊的工艺技术而产生的小型细石核、细石叶和细石叶加工而成的石器，它们是作为装备骨、木等复合工具的石刃而专门制作的。严格地讲，细石器一词，应以此为限，但在习惯上把同它们共存而不是细石叶所制造的小型石器如刮削器、尖状器、雕刻器、钻、镞等，也统称之为细石器。甚至还把具有这些石器的遗存，统称为‘细石器文化’，这是不恰当的”。安先生在此作的有关细石器的概念界定和澄清是十分重要的，避免了一些认识上的误区和称谓上的混乱，对后续研究产生了重要影响。关于细石器的起源，安志敏主张“华北说”，认为华北旧石器文化的小型化趋势在旧石器时代晚期终于发展出细石器。这样的论断与贾兰坡等十分趋同，曾经成为中国学者的主流观点。但它的弱点是技术渊源性、链接性差，因为在中国旧石器时代早、中期不存在预制石核和系统的定向剥片的传统，而这样的技术特点是细石器生产的前提之一，因而近来研究此方面的学者重新将探究细石器起源的目光投向北方。

安先生所涉足的旧石器时代考古研究中最引人关注并引起争议乃至批评的一项工作是遗址测年。他在《人类学学报》1983年第4期发表《中国晚期旧石器的碳-14断代和问题》一文，根据当时已发表的47个碳十四数据，对包括山顶洞、小南海、许家窑、峙峪、下川、大窑、扎赉诺尔、周家油坊、资阳人等遗址的测年结果进行了梳理分析，对许多数据从遗址性质、层位和样品的可靠性角度提出质疑乃至否定，认为“中国晚期旧石器的碳-14断代，目前还存在一定的差距，也就是说在堆积层位、样品采集或测定误差方面，仍需要作进一步的分析”。他提出的解决方案是：必须从考古学的角度考察遗址性质、形成过程和人类活动的关系，以此为前提进行取样测年，即测定的是人类活动的年代，而不是自然堆积的时代。他指出：“凡不见人类活动遗迹的层位或脱离原生层位的人工遗物地点，都不能称其为人类文化的遗址；同时由于冲积的搬运或人为的破坏，失去原生层位或共存关系的人工遗物，也不能笼统地作为地层断代的证据。”他进而指出：

“至少目前的某些地点，还缺乏人类遗址或文化层所必备的条件，因而对其文化性质的判断和碳-14断代难免会出现分歧。”

其后，安先生在《考古》1984年第3期发表《碳-14断代和中国新石器时代》一文，对许多新石器时代遗址的测年数据做了类似的分析。虽然一些学者批评安先生对碳十四断代过于悲观，对一些数据过于否定，甚至让使用者无所适从，但先生的分析和观点对当时测年数据大量涌现、一些学者对年代数据缺乏分辨能力甚至盲目取舍的现象是有警醒作用的。毕竟可信的年代数据是建立文化演化序列、探讨人类行为与技术发展过程、进行文化间和人群间比较研究的基础；没有数据可在以后获取数据或与其他方面的资料做参照类比，而错误的数据则会扭曲、误导研究者对考古材料的解释乃至理论阐述，甚至会引发“关公战秦琼”的滑稽戏。张森水先生生前常说：“没有年代盼年代，有了年代怕年代！”耐人寻味。

众所周知，安志敏先生在新石器时代和早期文明时代的考古建树远大于他对旧石器时代的考古学贡献。据说当初考古研究所（以前隶属中国科学院，后划归中国社会科学院）成立之时，当时中国考古学界最具权威的两大人物，裴文中和夏鼐，代表各自的研究单位立下君子协定：日后旧石器时代考古是古脊椎动物与古人类研究所的专属区，而新石器时代及其后的考古学为考古研究所的领地。这是计划经济、计划学术、条块分割时代的产物，两位掌门人用他们的超凡影响力为中国的两大考古机构界定了责、权、利。于是一道鸿沟将史前考古从旧石器时代、新石器时代之间割裂了，两边的学人基本遵守这样的约法，不敢跨越雷池，顺便也将远古的人类定格为迁徙游动的狩猎采集者和定居的农业者与其后的文明群落。但安志敏先生是个例外。他将主战场定位在新石器时代考古和文明源头的探索，而对古人类学和旧石器时代考古学却也不离不弃，间或做些考察、发掘和研究，发表一些高见，每每产生深远的影响，让人不免感叹他鱼与熊掌能够兼得，在新、旧石器时代之间可以游刃有余！这一方面得益于安先生广博的学科知识、深厚的学术功底和很强的宏观驾驭能力，另一方面也受惠于安先生与裴老之间亦师亦友的特殊感情和连带着与古人类研究所建立起的密切关系。于是，画地为牢的格局被打破，中国史前考古学界闯出安先生这位特立独行、纵横驰骋的大家，新、旧石器时代考古学的纽带得以维系。

这样看来，安志敏先生对中国考古学的影响力，会很深远，很持久。

（原刊于《考古一生：安志敏先生纪念文集》，文物出版社，2011年）

王建先生，中国旧石器考古学史上的一位重要领跑者

引　　言

2017年是我国旧石器时代考古学界的前辈——王建先生（1927～2009年）诞辰90周年。王建先生于20世纪50年代初在裴文中、贾兰坡两位大师的引领下走进旧石器考古领域，开始了他探索发现、研究思考、开拓创新、著书立说的辉煌学术生涯。他以山西为基地，通过对丁村、匼河、西侯度、下川等一系列重要遗址的发现、发掘和研究，建立起区域性旧石器时代文化发展的序列，使山西成为中国旧石器时代遗址最富集的省份和我国旧石器考古研究的一面旗帜；他将研究的视野跃出山西，思考更加宏大的学术问题，与贾老一道提出“泥河湾期的地层才是最早人类的脚踏地”这一著名论断；他参与了60年代由裴文中、贾兰坡发起和引领的有关“曙石器”和北京猿人演化地位的大讨论，以此跻身于学术大家的行列；他努力进取，不断创新，带领助手将岩石力学原理和分析思路运用于对旧石器时代的石片、细石核形态及控制机制的研究中，推动了研究理念的更新和方法的改革。他是中国旧石器时代考古学史上的一位重要领跑者，他的学术思想和贡献至今仍对学科发展产生着影响，激励着后来者在先哲开辟的道路上继续拓展、前行。

被大师携手带进旧石器考古行业

王建先生并非考古专业出身，他与旧石器考古结缘始于1953年，当时中国科

学院古脊椎动物与古人类研究室（1960年更名为古脊椎动物与古人类研究所）的贾兰坡、周明镇等到山西垣曲考察动物化石地点，刚转到文物口的王建被山西省文物管理委员会指派陪同考察，得以结识贾兰坡这样的旧石器考古开路者，并因发现丁村遗址于1953～1958年期间师从裴文中、贾兰坡两位大师学习旧石器考古，在古脊椎所和北京大学进修，系统学习了旧石器时代考古、第四纪地质学和古脊椎动物学等课程。更大的机遇则是丁村遗址的发现和发掘，王建有幸参加了由裴文中、贾兰坡主持的丁村遗址发掘与研究。这是新中国首个古人类学—旧石器考古学田野大会战和重大研究工程，王建投身到这座学术大熔炉之中，得到充分的锻炼和成长。1954年丁村遗址开始发掘，在北京进修的他被贾老带回山西，在遗址上就近学习、实践。循着贾老当初在周口店协助裴老工作的路径，他从负责工地记录、管理民工、学习发掘技术做起，能力渐长，后来被贾老赋予发掘54：100地点的任务，带领民工发掘出三枚“丁村人”牙齿化石，受到贾老的表彰。

王建先生勤于思考。在北京学习期间，在贾老安排下他到周口店蹲点实习，通过对北京猿人用火证据的了解考察和对石制品的观察分析，他认为北京猿人不是最早的人类祖先，还应该有更早的人类遗存。他的这一认识与贾老一致，促成师生以“泥河湾期的地层才是最早人类的脚踏地”为题在《科学通报》1957年第1期上发表文章，并致力在山西寻找证据。于是便有了匼河、西侯度遗址的发现、发掘和研究。因为西侯度遗址可能为早更新世早期的疑似石制品和其他文化遗存的发现，20世纪60年代初裴文中与贾兰坡发起了一场有关“曙石器”和北京猿人是否为最早的人类的大辩论，辩论的主战场是《新建设》杂志和《光明日报》。两位大师各抒己见，发表高论，一时古人类和旧石器考古行业风生水起，包括夏鼐、吴汝康等大家都参与其中。王建以自己的思考和来自山西的考古证据站到了贾老的旗帜下，主张北京人之前有更早的人类。这场持续两年多的大辩论，对深化周口店遗址的系统研究，促进学科的发展，推动对更早、更多人类化石和考古证据的寻找、发掘与研究，产生了深远的影响。

山西成为我国旧石器考古的旗帜

王建先生从事旧石器考古工作30余年，引领了一系列遗址的调查、发掘和研究，建立起该地区人类演化的绵长序列，使山西成为中国旧石器考古的一个典型和样板。丁村遗址是王建先生投身旧石器时代考古的出发地。1954年丁村遗址发掘伊始，他跟随贾老、周明镇开展调查，在汾河两岸发现和定名11处地点。经过1954年度2个月的发掘，从遗址采集到大量石制品和第四纪哺乳动物化石，以及少量人类化石，填补了中国旧石器时代文化序列中的一个重要环节。1958年，由裴文中、贾兰坡署名的《山西襄汾县丁村旧石器时代遗址发掘报告》由科学出版社出版，虽然王建不在作者之列，但他做出了重要贡献。1976年后，王建主持了对丁村遗址长达数年的调查发掘，取得重要突破，新发现属于旧石器时代早、中、晚三个不同时期的地点13个，进一步拉长了丁村遗址的文化序列，在1994年发表了《丁村旧石器时代遗址群调查发掘简报》，并开始对浩瀚的丁村旧石器文化遗存做系统的整理，撰写综合性的遗址发掘与研究报告。

1957年，王择义等在山西芮城县匼河村发现了几处旧石器地点。1959年、1960年中国科学院古脊椎动物与古人类研究所和山西省文物管理委员会两次对该地区做考古调查和发掘，确认旧石器时代地点16处，同时在相距不远的西侯度早更新世早期地层中发现动物化石和疑似石制品。1961年、1962年，王建带领考古队对西侯度做了考古发掘，获得一批“石制品、烧骨和带有切痕的鹿角”。由于这些文化遗存出自沙砾层，经历过河流搬运埋藏过程的磨蚀，石制品上的痕迹多模糊不清，烧骨和带有切痕的鹿角也存在着一定的不确定性，其人工属性引起学术界尖锐、长期的争论，年代也有不同的数据或推论。这一问题至今尚未解决，相关学者仍在开展分析和研究。但争议并未阻止探索者的脚步。1962年，贾兰坡、王择义、王建发表《匼河——山西西南部旧石器时代初期文化遗址》一书，虽然很薄，但发出的信息十分重要；1978年，贾兰坡、王建合作出版《西侯度——山西更新世早期古文化遗址》一书，对西侯度遗址的文化性质、年代和学术意义做了大胆的推测和阐述。其后，西侯度和匼河遗址先后入选国家重点文物保护单位，在1989年出版的《中国远古人类》一书中，两处遗址作为“中国最早的旧石器时代文化”的代表被载入史册。

1972～1975年，王建率领考古队在沁水、垣曲、阳城三县交界的中条山区发现了近20处细石器地点，对几处地点做了试掘，其后与中国社会科学院考古研究所合作再次发掘，出土了丰富并具有特色的细石叶及相关制品，推动了我国细石器文化相关问题的研究。1978年王建、王向前、陈哲英在《考古学报》发表《下川文化——山西下川遗址调查报告》，对第一次调查发掘出土的标本做了系统研究，确定下川文化是以锥状、半锥状、柱状、楔状等各种形制的细石核和细石

王建先生在野外考察

叶以及尖状器、雕刻器、琢背小刀、石镞、石锯、锥钻、石核式石器和各式刮削器等为代表的特点鲜明的细石器文化。该文对细石核、细石叶和各类石器做了详细的定义和描述，对相关研究产生了重要影响。

王建先生参与发现、发掘和研究的山西旧石器时代遗址与材料还包括阳城固隆旧石器遗存，太原古交工矿区旧石器遗存等，并数次撰文著书（有的是与贾兰坡等合作）对山西的旧石器时代文化做综述和综合研究。这些发现和研究成果使山西成为中国旧石器时代遗址最富集的省份和旧石器考古研究的一面旗帜，在该区域建立起180万年以来旧石器时代文化发展的大致序列和框架，为探讨古人类在该地区乃至华北、东北亚生存演化的历史，提供了重要的资料。

学术遗传，继往开来

王建先生不但身体力行在旧石器考古领域内开拓进取，还将他的公子王益人拉入这个学科，成就了一段学术佳话。王益人1982年从山西大学物理系激光专业毕业，当时激光专业属高精尖领域，青春年少的他事业前程一片光明。但王建先生却另有打算，他深知旧石器考古是冷门专业，招收适合从业并能长期坚守的新人十分不易，于是决定对自己的骨肉下手，动员乃至“强迫”儿子放弃自己的专业而改行做旧石器考古研究。王益人是个大孝子，在严厉的家规中长大，对父亲的安排虽心不甘、情不愿，但不敢忤逆。据益人兄自己讲述，为了让儿子不分心溜号，王建先生在自己的办公室里为儿子放置了一张办公桌，将其置于眼皮底下，手把手教他做石器的观察和研究。在开始的数年中，王益人完全进入不了状态，身在曹营心在汉，空耗时间做消极抵抗。深知内情的石金鸣兄更描述了一些喜乐的场景：王氏父子一个嗜烟，一个好酒，又得相互监督，常常搞出猫捉老鼠的游戏！但时间和耐心确能改变一切，逐渐地，旧石器考古对于王益人来说不再那样枯燥无聊，田野工作也生出了一些野鹤闲云般的趣味，于是索性做下去，心再无旁骛。

王建先生在观察石器

王益人的物理系也不是白读的。在父亲的启发下，他开始将物理学的一些原理运用到对石制品的研究中。1986年以后，父子二人合作完成了《石片形制探究》《下川细石核形制研究》《下川雕刻器研究》等多篇论文。《石片形制探究》一文从石片破裂的物理机理入手，分析了石片形成过程中的规律性因素——背脊控制原理，阐述了背脊对石片形状的控制和影响作用。这一研究成果被贾老赞誉为“世界一流”。这样的分析思路和研究成果对摆脱我国旧石器考古界长期形成的以器物类型划分和标本描述为主旨的研究传统，转而探讨先民的工具制作技术与认知状态，阐释古人类的行为方式及其制约因素，起到很好的引领、推动作用。丁村遗址群是王建先生旧石器考古事业的起点，也是王益人研究员学术成长的摇篮。对丁村遗址做更多探考，对新发现的遗址和大量出土标本做系统的整理研究是晚年王建先生的主要任务，并随着年老力衰而渐成心病。此时的王益人已成为我国旧石器考古界的中坚力量，肩负起了先生的重托和时代的使命。他在丁村遗址及其周边开展了一系列新的调查和发掘，发现了诸多新的地点，尤为重要的是将遗址范围大大扩展，在典型的黄土地层中找到了旧石器时代的文化层位和原地埋藏的特殊人类活动遗迹，引起学术界的高度关注。2014年，五十余万字的大型考古报告——《丁村旧石器时代遗址群1976～1980年发掘报告》由科学出版社出版。该书系统介绍了丁村遗址群地质地貌、动物化石，对4000余件石制品逐一进行了观察测量，用数理统计方法对丁村石器工业做了翔实的技术分析，成为新世纪以来中国旧石器考古研究的一部力作。这部书浸透了王建先生的心血，也洒满了王益人研究员的汗水！

我与先生的几面之缘

作为旧石器考古界的晚辈，我有幸与王建先生有过几面之缘，留下深刻的印象。

第一次是在1986年初秋，我在导师张森水先生的安排下到山西丁村遗址做发掘实习。临行前，导师嘱我到太原后一定要去王建先生处请益。进了山西省考古研究所楼内，首先拜见了当时的副所长、旧石器考古学家王向前先生，并由王向前先生引领前往时任名誉所长的王建先生的办公室。记得王建先生的房间有些昏暗，到处堆满了图书。先生从靠近窗户的办公桌上起身与我握手，我才意识到先生十分高大魁梧，让我这个身材矮小的初学者很有压迫感。先生询问了我的学习情况和研究方向，表示山西与古脊椎所有很亲密的学术关系，欢迎我这个后生来学习和研究，并嘱咐王向前先生做好安排。初次见面，有些紧张，而且对王建先生浓重的山西口音有些懵懵懂懂，我没能抓住机会请教更多学术问题。

1987年6月，王建先生偕同他的公子兼助手、学生王益人来到古脊椎所，做关于石片形制研究的学术讲座与交流。他们是来北京与贾兰坡先生请示、商谈工作的，贾老对他们的研究思路与方法很感兴趣，就安排他们父子在所里做一场学术报告。当时古脊椎所只有一座简易的四层小楼，会议室设在二楼中间的北侧，十分简朴。他们讲述石片因岩石力学原理形态会受到背脊控制的理念和相关分析思路，让人耳目一新，深受启发。

第三次见到王建先生是在1989年10月于北京房山召开的纪念北京猿人第一头盖骨发现60周年国际学术研讨会上。记得会前先在古脊椎所小楼前（那时还未建现在的7层办公楼）见到王建先生坐在一辆吉普上即将开赴房山会场。当时我刚刚陪同参会的部分国外学者做会前野外考察归来，考察地点包括山西丁村和陕西大荔等。见到先生便趋前问候并通报西行考察情况。先生精神矍铄，告诉我他刚刚看望过贾老，很期待在会议上了解古人类学和旧石器考古学的最新发展。会议期间，人多事杂，王建先生与贾老等总被前呼后拥着，我们晚辈很少有与其交流的机会。

其后我在美国游学近8年，与先生自然没有交流的机会。2005年3月，我在主持国保单位中旧石器时代遗址的保护管理调研项目期间行至山西太原，与卫奇老师在王益人的陪同下到王建先生家看望。先生当时有眼疾，但得知古脊椎所朋友来访十分高兴，关切地询问研究所的现状，对山西旧石器考古衰落的趋势表示担心，并希望我们能像老一辈那样给予关注和支持。先生虽然年事已高，但对学术的关心，溢于言表。

2008年9月，中国古脊椎动物学会年会暨中国古人类—旧石器专业委员会年会在山西晋祠召开。会议间歇，我与吴新智院士等在王益人研究员的带领下再次前往王建先生家探望。王建先生与吴新智先生是经年的老朋友，当年在丁村发掘期间曾日夜工作和生活在一起。多年不见，相聚甚欢，二老兴致勃勃地回顾了很多工作的往事和与学科前辈、同仁共事的故事，对新时代青年学人成长和学术的发展由衷地高兴和感慨，还一起分享了养生健身的心得。当时王建先生有病在身，我们不便长时打扰，只能依依告别。不想这竟是与先生的最后一次见面！一年后先生与世长辞。

其后，丁村遗址不断有重要发现和研究进展，我与同事、学生数次到丁村考察。在学习、研讨丁村遗址丰富的旧石器时代文化内涵的同时，也时常感怀王建等前辈在这里打下的学术基业、为后辈留下的学术和精神遗产。有时在遗址的旷野里走着，会意识到脚下曾有先生留下的足迹，脑海中会浮现出先生的音容笑貌；再看看身边在勤勉工作着的王益人研究员，便感受到一种稳固、绵延的传统和踏实、厚重的力量。

中国旧石器时代考古研究，会一代代传递下去并发扬光大的！

（原刊于山西省考古研究所编：《珞珞集——王建先生90周年诞辰纪念文集》，三晋出版社，2018年）

刘东生，中国古人类学新近发展的强力推手

2008年3月17日上午，北京八宝山革命公墓东礼堂外人头攒动，近万名学子和社会人士聚集在这里为大家挚爱的刘东生先生送行。人群中没有了往日熟人相见的欣喜和寒暄，而代之以声声的叹息和脸脸的凝重。进得告别厅，但见鲜花丛中静卧的先生的身形似乎比往昔更加消瘦。想再最后细看一眼先生的面容，却被自己无法抑制的泪水模糊了视线。出得告别厅，但觉天空低沉、灰暗，世界似乎瞬间缩小了很多，改变了很多。

在回返的车上，面对窗外转瞬即逝的街景，与晚年的先生相处的一幕幕，在脑海中渐次浮现出来、鲜活起来。

1999年10月，我从美国亚利桑那大学赶回北京，参加"北京国际古人类学学术研讨会暨北京猿人第一个头盖骨发现70周年纪念会议"。那是我第一次有机会近距离接触先生、亲耳聆听先生的演讲。12日上午，大会开幕式在人民大会堂举行，先生在台上即席讲演，对北京猿人的发现和科学价值做了高度评价。但见先生人已苍老，背已驼起，但精神矍铄，声音洪亮。是日下午，在古脊椎所的报告厅，先生又做了以"黄土与石器工业"为主题的学术报告。先生从黄土的分布特征和反映的气候特点出发，结合中外黄土堆积区发现的旧石器材料，指出黄土的"亲人性"，提出环境与人类演化的耦合关系。先生的报告十分精彩，令我怦然心动：以前只知先生是黄土专家和第四纪地质研究的泰斗，没想到他对古人类学和旧石器考古学也有这样独到的研究和深刻的见地！

几天后得到一本一年前出版的庆贺贾兰坡院士九十华诞国际学术讨论会文集《史前考古学新进展》，内含刘东生先生的重要文章《黄土石器工业》，便如饥似渴地细读、领会。先生在文章中指出："黄土是一个跟随着我们人类发展脚

步而形成的地质体。黄土地层像一部日记，记载了250万年以来的地质变化，很重要的一点是其中也包括了人类的生活和生产劳动的历史。”“在欧亚大陆上有这样一条200多万年以来，由于冰期风力作用逐渐形成的从西到东连绵不断的黄土带”，“如果把这个带的位置和早期旧石器的分布进行对比，可见他们之间的密切关系”。“在这条黄土带中保存了人类和他制造的石器。这是地球上其他地方所没有的。无论从考古学还是从黄土的研究都有他特殊的意义。所以我提出‘黄土地质考古带’来称呼这条横贯欧亚大陆的风成沉积。而对于在这条带上的黄土层中的古人类和旧石器及其他遗迹制作技术的研究则称之为‘黄土石器工业’。”

尤为重要的是，先生在文中对未来开展“黄土与石器工业”研究做了规划：

（1）建立中国黄土/古土壤序列的时代年表；

（2）建立不同时代石器（工业）的形态序列；

（3）研究黄土/古土壤序列、古气候变化对人类演化的关系和人类对环境变迁的响应；

（4）中国黄土石器工业与欧亚黄土地质考古带上及其他地区黄土石器工业的比较研究。

在这里，先生提出了相关研究一横一纵的两个方向：在横向上将中国的黄土及其代表的环境变化和人类生存方式演变的研究纳入国际视野，将不同区域的材料链接起来；在纵向上建立精细的环境变化与人类发展的过程框架，并从中研究二者的互动互馈关系。当时读着先生的文章，在享受先生有关人类演化与环境关系论述的精神大餐之余，深感到先生的意见对中国旧石器考古学专注于形态、类型学研究和具体材料描述的传统应具有振聋发聩的作用。现在重温先生的教诲，回头看近年在知识创新工程背景下中国古人类学研究所发生的视野、重心和方法的重大转变，更敬佩先生高屋建瓴般的前瞻意识和引领作用。

2000年5月底，我结束了海外游子生涯而回到国内，在中科院古脊椎动物与古人类研究所承担了主持旧石器考古研究的重担。因业务关系，与先生的接触骤然增多，从先生身上所受到的教益日渐其显。从以下由刘先生和我本人共同参与的学术活动的不完整记录，可以窥见先生晚年对我国古人类学和考古学工作的参与程度和重大影响。

2000年10月11～13日：在河北阳原参加“第四纪地层古生物专业委员会泥河湾年会”，刘先生发表主题演讲，号召泥河湾考古学和地质学研究普及社会，服务人民，造福地方，加强相关学科领域的协作和整合。

2001年11月3～6日：在深圳参加“中国古脊椎动物学会第八次年会”，刘先生做“鸟类起源的陆岛假说”主题报告，并对古人类学的进展和方向做了点评和指导。当时先生刚从青藏高原考察下来，风尘仆仆，弓曲着的脊梁上背负着沉重的双跨背包，一如他对学科发展导航的重负。

2002年5月12～14日：在南京参加“双沟醉猿国际科学考察年会暨裴文中科学奖励基金会成立大会”。刘先生在大会上做主旨演讲，论述和赞赏了裴文中先生对中国古人类学、旧石器考古学和第四纪哺乳动物学所做的杰出贡献，提出“裴文中现象”这一理念，同时对有些媒体因不了解周口店早期工作历史而忽略裴老贡献的不实宣传提出告诫。

2002年8月20～24日：在“第八届全国第四纪学术大会”（都江堰）上，刘先生积极支持和推动中国第四纪科学研究会古人类—旧石器专业委员会的建立，并提议设立“环境变化与动物、人类演化及文化发展”专题组，亲临分会场倾听有关人类演化和史前考古的学术报告并参与讨论。我的报告内容是从石器文化角度诠释古人类的演化模式，引起先生关注。会下先生主动找到我，表扬我的报告很好，代表了新的方向，还说这样的报告应该被安排到大会去做。

2002年9月15～17日，“第三届中国环境考古大会”在济南举办，刘先生出席会议并做主题演讲，系统阐述了中国更新世以来环境变迁的过程和对人类演化的影响，指出加强考古学和环境学交叉与互动的重要性。

2002年12月2日，“首届裴文中科学奖励基金会颁奖大会”在北京西苑饭店举办，刘先生出席会议，为吴新智、张森水等获奖者颁奖并发表重要讲话，进一步发展“裴文中现象”的理念，鼓励年轻一代以裴文中等老一辈科学家为榜样，在科学的道路上不断攀登新的高峰。

2003年刘东生先生与作者考察水洞沟遗址

2003年9月19～22日，出席在银川举办的“纪念水洞沟遗址发现80周年国际学术研讨会”。会前我到先生家将近年古脊椎所与宁夏考古所联合在水洞沟地区开展的野外工作进展和大会筹备情况向先生做了汇报，先生饶有兴趣地表示一定要到发掘现场看一下。对我为先生拟定的大会开幕式讲稿，先生亲笔做了多处修改，在会上盛赞水洞沟的新近工作是“中国旧石器时代考古学‘文艺复兴’的标志”，对青年一代的工作予以热情洋溢的肯定和鼓励。会间考察水洞沟遗址时，先生驻足当年德日进、桑志华、裴文中、贾兰坡等发掘的剖面前，在野外记录本上工整清晰地勾勒出剖面地层的变化情况。下午的斜阳将先生躬身挥笔的侧影投射在沙地上，也印在一同考察的学人和后辈的脑海中。

2003年10月16日，“纪念德日进逝世50周年国际学术研讨会”在北京西苑饭店举办。刘先生作为大会中方主席主持了会议并发表“德日进与中国地质学”的演讲，系统阐述了德日进在周口店的工作和对中国旧石器考古学的贡献，并倡导开展更多的国际合作。

2004年10月19～22日，“纪念裴文中先生百年诞辰暨北京猿人第一头盖骨发现75周年国际古人类学术研讨会”在北京举办，刘先生出席会议并在19日的开幕式上做了题为“从裴文中看早期古脊椎动物学研究的学术思想”的主题报告。

2005年11月20日，中科院研究生院科技史与科技考古系举行挂牌仪式，刘先生作为名誉主任致辞，强调现代科技的运用对研究古老的人类遗存的重要性，对我国科技考古事业寄予厚望。在此之后，先生还亲自给院领导写信，支持由中科院古脊椎所和研究生院共同筹建科技考古实验室的构想，得到院领导的肯定答复。

2006年8月10～12日，参加在鄂尔多斯召开的“萨拉乌苏国际学术会议”。在10日开幕式的讲话中，先生指出“出土于萨拉乌苏遗址的、曾在鄂尔多斯高原书写过远古人类历史的古人类群体生活在距今7万～3万年前的晚更新世的某一个时期，体质特征属人类进化史上的晚期智人阶段，在探讨亚洲古人类的演化过程、中国乃至东亚现代人的起源等课题方面具有重要的学术地位。”在随后的以“宇宙公民德日进与人类世”为主题的报告中，先生满怀深情地回顾了德日进、桑志华在中国所做的考察工作，指出“八十多年前，他们在中国贫弱和战乱的时代来到这个衰落中的国度。在同来者忙于掠夺和猎奇的时候，他们历尽艰辛，远足穷乡僻壤，在残垣断壁中寻找远古的遗存和科学的信息，成为中国现代地质学、古生物学和考古学的开拓者”。随后先生用诗歌般的语言评述道：德日进、桑志华对萨拉乌苏遗址的发现与研究做出了重要贡献，而鄂尔多斯残阳如血的落日也给了德日进哲学思想的启迪和灵感。德日进在此开始了他科学、灵魂与宗教合而为一的学术与精神探索的生涯，进而提出了由智慧圈、大气圈、生物圈、岩石圈构成的宇宙体系。德日进这种独立探索的科学精神，这种宏观系统的哲学思维，这种对人类未来的强烈忧患意识和社会责任感，对物欲横流环境之下今日之学人，无疑有着重要的启示作用。

关于“人类世”的概念与内涵，先生在《第四纪研究》24卷4期中有清楚的表述：“人类世（Anthropocene）是研究1万年以来人类活动和自然环境构成的地球系统的变化及适应的可持续发展性。”“在某种意义上，Anthropolocene和Holocene在时间上为相同，但在研究内容上，Anthropolocene更为强调人类活动对自然界的适应和改变。‘人类世’的研究应更注重德日进所提出的智慧圈的概念。”

2006年刘东生先生在萨拉乌苏遗址考察

会间先生同会议代表一道参观考察了萨拉乌苏遗址的几处地点。在范家沟湾，先生不顾大家的劝阻，吃力地踏着松滑的细砂爬上山坡，仔细观察了侯亚梅等新清理的剖面，并在野外记录本上认真素描、记录，引得走马观花的参观者们不禁驻足沉思、赞叹。在那个陡斜而荒芜的坡面上，先生的身影是矮小、弯曲的，但他在大家心目中的形象是高大、挺拔的。

2006年10月，中国第四纪科学各领域的数百名学者齐聚南京，参加第九届全国第四纪学术大会并庆贺刘先生的九十华诞。但先生却因病未能出席，这不免使与会者担忧和心焦。由于刘先生的支持和倡议，人类演化成为此次大会的主题，吴新智、周力平和我的三个相关报告都被安排成大会的主题报告。

回忆与刘东生先生接触的片片段段，有几件事让我永不释怀；它们也反映着先生的高尚品格和对中国古人类学发展的巨大贡献。

先生对前辈、学长非常尊重，对他们的学术贡献感念不忘并力图发扬光大。在外国学者中，先生对德日进极其尊崇，不但推动和主持一系列纪念活动，还在《第四纪研究》23卷4期中开辟专栏加以纪念和评述。在他亲自撰写的文章《东西科学文化碰撞的火花——纪念德日进神父（1881～1955年）来中国工作80周年》中，通过引述大量的档案材料，对德日进在中国开展的科学活动做了记述和评价，指出“在这23年中，他对中国的地质、古生物学、考古科学等许多方面进行了大量调查和研究，培养了人才，撰写了许多科学论文和专著，以及重要的哲学著作。德日进神父在中国受到了人们的尊敬和爱戴，被称为中国古脊椎动物学的奠基人和领路人”。先生评述说：“一个人成就的伟大，往往不在于他意料之中，而是在于出乎他的意想之外。德日进神父是中西科学文化交流历史上、20世纪这一旋回中，连接西方与东方之路的无声的开拓者。他是把自然科学和哲学完美联结在一起的一座看不见的桥梁。”为全面反映德日进对中国相关学科所做的贡献，先生亲自向吴新智、李吉均、李传夔、高星、王海燕等写信，布置“命题作文”，使这期的纪念内容十分充实。

对于裴文中先生的学术贡献与品格，刘先生也是推崇有加。在《第四纪研究》24卷3期，刘先生开辟裴老百年诞辰专栏，发表数篇评述、纪念文章。当我与裴申主编《不朽的人格与业绩——纪念裴文中先生诞辰100周年》时，刘先生欣然应允作序。为减少先生的辛劳，我代笔拟定了初稿，先生却不辞辛苦，做了大量删改，增加了许多精华的段落。先生将裴老的创新贡献归纳为“科学长期积累中的发现和开拓性的创新”，“科学的概括，总结提高对科学规律性的认识，逼近真理”，“把区域性的研究提高到全球性的系统，向传统的理念挑战”和“科学研究与普及的双向性”。先生在序言结语中满怀豪情地写道：“2002年我在南京提出‘裴文中现象’这一概念，希冀继承先生此志，发扬先生不断发现、不断创新的精神。2003年在北京为首届‘裴文中科学奖’获奖者颁奖时，我鼓励青年地质古生物学者以25岁的裴文中发现北京猿人的业绩激励、鞭策自己，勇于进取，勇于突破，扩展‘裴文中现象’。今年是敬爱的裴文中先生诞辰100周年，在中国的科学发展步入一个新的黄金时期的当口，我们纪念这样一位具有时代创新精神的伟大学者，用先生的业绩遗产和人格光辉充实我们时代的科学文化，并相信群星灿烂的‘裴文中现象’会不断出现在地质古生物学的东方天空。”可见，纪念先哲以促进后学、推动学科创新发展，是先生一直念兹在兹的情怀。

中国第四纪科学研究会古人类—旧石器专业委员会是在刘东生先生的直接关心和推动下方得以成立的。这一学术组织酝酿于2001年11月深圳“中国古脊椎动物学会第八次年会”期间。当时我与刘武等有了这样的想法，便与吴新智先生商谈，吴先生鼓励我们与前来参会的刘先生请教一下。刘先生听了我们的设想立表支持，指出中国的古人类学十分重要，在世界学术界也是举足轻重，应该有一个学术组织作为平台，一方面便于在国内开展学术活动，另一方面可以与国际相关学术组织建立联系，加强交流。先生还说，第四纪研究会内一些专业委员会并不活跃，未起到相应的作用，如果你们的构想成真，这一组织将富有特色和凝聚力，成为研究会的一个亮点，你们应抓紧向研究会提出申请议案。于是，我们有了信心，有了方向，也铭记了先生对我们的期许和定位。

2002年5月，吴新智、高星、刘武、金昌柱联名向研究会理事会提出设立古人类—旧石器专业委员会的提案，将该机构的宗旨确定为："以贯彻科教兴国的战略方针、推动国家的基础科学研究、促进科学普及工作、造福于社会为己任，团结和联络全体从业人员，开展多方面的学术交流、研讨和合作，组织和协调该领域内的重大研究项目，为国家相关基础科学政策的制定提供咨询和建议，并与国际类似学术机构建立联姻关系，促进中国古人类学和旧石器时代考古学在21世纪的长足发展。"2002年8月20日晚，中国第四纪委员会在都江堰召开全委扩大会议，在刘先生的提议下，我被召到会场就专业委员会申报事宜做简短的陈述报告。记得当时主持会议的安芷生先生曾提议鼓掌通过，但由于有的委员提出与环境考古专业委员会重叠的疑问和国家对民间团体进行重新登记、严格管理而带来的操作困难等疑虑，全委会决定搁置再议。回京后刘先生不离不弃，提醒我们提交补充材料，对相关问题做出澄清，并指示秘书处加强与主管部门的沟通和协商，终于峰回路转，柳暗花明，专业委员会于2003年8月13日正式得到民政部批准注册，成为中国第四纪科学研究会内的一个新生的学术组织，并在其后开展了一系列学术活动，未辜负先生的殷切期望。

2008年4月，国家科技基础性工作专项——"中国古人类遗址、资源调查与基础数据采集、整合"项目启动，成为有史以来我国古人类学领域获得的最大的一个基金项目，这其中浸透着先生的心血。2007年2月7日，中国国家主席胡锦涛在南非访问期间参观了著名古人类遗址斯德克方丹（Sterkfontein）并发表了关于加强人类起源与发展研究、加强两国古人类学界交流合作的讲话，看后深感振奋。两日后在研究所的春节联欢会上，胡长康老师告诉我：刘先生在电视上看到胡主席的讲话，感觉你们有了机遇。受此启发与鼓舞，我于春节前后3次到先生家请教、商讨立项事宜。当时先生正在301医院化疗，只在化疗的间歇回家小住，遵医嘱不轻易会客，但我每次相约，先生都欣然应允。此时的先生在病魔和化疗的折磨下明显消瘦和羸弱，但思路清晰，对事业的关注一如既往。先生认为古人类学应该得到更大的支持，应该像当年在周口店那样派更多的人寻找化石，不信中国就没有更早的材料！野外工作应该学习黄万波。先生对我口授了致总书记的信，其间因呼吸无力而稍事休息，其后用微微颤抖的手在草稿上亲笔做了多处修改。先生着意在信中提到吴新智院士有关中国人类本土演化的理论，并刻意提及高星和刘武的名字，说后续工作只能靠你们做了，言语间流露出老人家的伤感、无奈和期许。2月28日，这封信最终定稿、签字。刘先生在信中提出3条建议：将古人类学的交流与合作纳入中南双边文化科技交流项目；加强中国科学院的古人类学研究队伍；建立我国人类学研究的综合体系。这封信得到党和国家领导人的重视和批复，科技部和科学院也很快行动，加以落实，中国的古人类学研究犹如获得了一个强有力的助推器。

转眼间先生仙逝7个多月了。做着先生为我们争取到的课题研究，循着先生的思路向前探索，在先生帮助搭建的学术机构框架下开展活动，感觉先生并未走远。先生躬身走上古脊椎所的楼梯与我一道在图书馆内查阅有关裴文中的资料、亲笔写信约我为德日进纪念专集撰稿、在家中翻阅我为他制作的近年参与古脊椎所活动所留下的照片影集……一桩桩，一幕幕，时常会浮现在眼帘。一个人的一生能有多大能量？能做多少事情？能产生多大影响？从刘先生身上，我似乎找到了答案。于是，在失意之时我不会颓废，在疲惫之际我不敢怠慢，因为有榜样在那里，推扶自己、督促自己、鞭策自己。

刘东生先生，您永远活在我们心中！

（原刊于中国第四纪科学研究会编：《纪念刘东生院士》，
商务印书馆，2009年）

吴新智院士印象

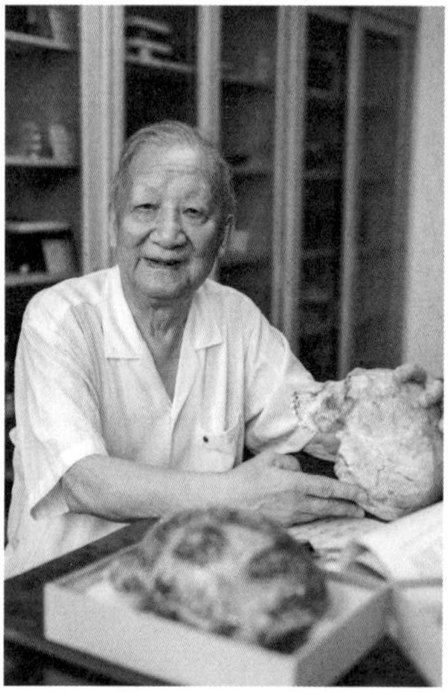

2013年吴先生在观察人类化石

吴新智先生是享誉国际的古人类学家，于1928年6月2日出生于安徽合肥，2021年12月4日在北京逝世。他是我国古人类学领域的第二代领路人，对中国出土的古人类化石开展过系统的研究，是古人类“多地区进化”学说的主要提出者之一，是东亚现代人“连续进化附带杂交”假说的创立者。他于1999年当选为中国科学院院士，著述等身，获得过多项重要奖励与荣誉。我有幸与先生一同在研究所度过近30年的时光，受到先生的多方指导与教诲。在先生辞世三周年之际，谨以此文表达追思和怀念。

我是1985年秋从北京大学考古系毕业，考入中国科学院古脊椎动物与古人类研究所攻读硕士学位并参与相关研究的。当时吴先生是研究所的副所长，一边在兢兢业业做学术，一边在认认真真主持研究所的科研工作。作为初出茅庐的学生，我从先生的授课中得到较系统的古人类学知识和研究方法，但很少敢与先生交流，感觉先生认真、严谨、不苟言笑，晚辈们都对他敬而远之。他的大弟子与他在一个办公室“坐班”，每天在先生的眼皮下规规矩矩、谨小慎微，盛夏也不敢把项下的风纪扣解开。我同级的一位女生在先生门下研读，绝顶聪明但经常诚惶诚恐。我曾经看见她在下班的时间躲在边门内向外张望，怕与先生撞见、挨训。有一次研究所工会发“福利”，每人一筐揪揪巴巴的小苹果。我见先生的那一筐没有取走，就在中午自告奋勇扛起来送到家属楼上先生的家里。先生开门看到后就让我放在地上，也没个笑脸，让我郁闷了许久。

我2000年从美国留学归来，已近不惑之年，胆子有所增大，与先生的交流开始绵密起来。更主要的原因是此时先生的性情变得很随和、亲切，晚辈们愿意与他亲近。那时先生已经提出了“连续进化附带杂交”说，但似乎成了孤家寡人，应和者少。先生除了用人类化石的证据继续完善论述，还想从旧石器时代考古材料中得到支持，于是就跟我交谈，引导我梳理石制品材料，从中寻找中国古人类连续演化发展的文化证据。于是我开始关注现代人尤其是东亚现代人起源的问题。我得出的研究结论是中国、东亚的旧石器时代文化具有强烈的区域性特点和连续性发展的坚实证据，没有被外来文化替代过，也不存在距今10～5万年间的材料空白。其后我主笔写了那篇《现代中国人起源与人类演化的区域性多样化模式》，请先生指教。先生看了很高兴，说你看出了“出自非洲说”的一些弊端，分析得有理有据，同时也指出了文章存在的不足和改进建议，并欣然同意作为共同作者。该文以中英文两个版本在《中国科学》上发表，先生认为是强化了他的“连续进化附带杂交”说，尤其补强了文化遗存方面的证据与论述。

在此期间，与先生有了更多深入的交流。他告诉我，他提出“连续进化附带杂交”假说后十分孤独失落，学术界和媒体似乎一边倒地成为“夏娃理论”或“替代说”的拥趸。但他总感觉现代人类“非洲单一起源说”存在逻辑和证据的弊端。于是他在已过耳顺之年开始恶补该假说所依赖的分子生物学知识。“开始很困难、困惑，因为我的知识老化了，学习能力变差了。”他坦承。但经过钻研苦学，逐渐搞清了其基本原理和方法，于是“我更有信心了，知道那个假说确实存在认识论和方法论的问题”。“这需要哲学思考，要依靠逻辑思维，要能把各方面的证据融会贯通。好在这是我的强项。”先生脸上露出一丝不易察觉的笑容。一天早晨，先生兴冲冲地走进我的办公室，说道：“我的猜想终于被证实了，‘替代说’的擎天柱垮塌了！”原来是Svante Pääbo领衔的德国马普的古DNA研究团队发表了对尼安德特人基因组的测序论文，揭示出尼人并未被彻底替代，现代人身上有该人群1%～4%的基因。先生就此接受媒体的采访，进一步分析“替代说”弊端，进一步强化对东亚古人类连续进化并在与少量外来人群基因交流的过程中发展为现代人的论述。

与先生的交流互动，让我逐渐感觉到先生是有血有肉有情感色彩的。后来我也做了副所长和主持工作的党委副书记，忙忙碌碌，分身无术，患上了高血压。

先生十分关心，开导我要劳逸结合。“休息好、身体好，才会工作好！”这是先生的教诲。他说他有一段时间身体很不好，视力严重下降。于是他每天下午到紫竹院公园健身，独创了“怪走法”。“怎么不正常怎么走，就是让身体各部位得到全面的锻炼，才不管别人怎样笑话呢！”先生脸上露出一丝顽皮的微笑。先生问我是否经常锻炼身体，我说没有时间。先生定神地看着我说：“什么没时间？就是懒！要锻炼总是能安排出时间的！”这让我心悦诚服，也开始注重锻炼了。

先生是医学出身，很注意合理餐饮。看到我有时中午与客人、同事外出吃饭，先生就揶揄我：“你以为吃了赚了？你吃的很多是毒药！”有一次中午陪先生招待客人，我跟先生开玩笑：“您今天也吃毒药了。”不想先生幽了一默：“我的理论又有新的发展：适当吃点儿毒素，有利于增强身体的免疫力！”引得我们一行人开怀大笑。先生在出版社邀约下撰写出版了《探秘远古人类》并获奖，嘱我写篇推介文章。我因故半夜无眠，凌晨写就文稿发给先生斧正，结果先生早晨到我办公室询问：为何起得那样早写文章？是否高血压影响睡眠了？关切之情溢于言表。

2006年1月，我陪同吴新智、张森水先生等到香港考察黄地峒遗址并做讲学交流。先生在国内差旅坚持坐火车，担心飞机不安全。那时从北京到香港，火车行程漫长，我和先生一路畅聊，谈到一些个人乃至私密的事情。先生讲起自己当院士的戏剧性故事。当时他已退休，但每天仍习惯性地到单位上班，并开始学习使用电脑。一天，与他熟识的一位科学院院士工作局的干部给他打电话，询问他为何不申报院士。先生说他没被推荐，他也没想过要申报。那位干部就给他送了一张表格，请他填写基本信息。于是先生被赶鸭子上架，经过初选、终评，成为

2006年吴新智先生在萨拉乌苏遗址考察

2007年吴先生与作者在南非考察

我国古人类学领域的第二位院士。

我大着胆子问先生，为何一贯低调、忍让、与世无争？先生跟我讲：抗战时期，一家人为了躲避战乱搬到了四川乐山脚下，挨过日军飞机轰炸，看着小伙伴在眼前被炸死，从此对地位荣辱就看淡了；非常时期因为不合时宜的言论差点儿成了右派，被整肃过，有过深刻教训；以戴罪之身到丁村参加野外发掘，晚上造反派把刺眼的大灯泡移到他头顶上并打牌吵闹，他无法睡眠，只能心中一遍遍默背唐诗宋词。于是谨言慎行就成了他的处事习惯和座右铭。“有些事情不需要去争辩，去表白，太出格的事情别人也很难得逞！”先生深明这一点，也就淡然、笃定。保持健康，做好自己想做的研究，只要这个大目标能实现，旁枝末节又何必在意！

先生对学术、他人和社会有着强烈的责任感和热情。后几年先生变得非常健谈，每次交流，先生都会讲些有关学科史、研究所历史和科考的故事，一些话题与事件是重复讲述，以至于在忙碌时不敢轻易进入先生的办公室，怕不能很快脱身。有时先生会打趣自己：“我这样絮絮叨叨、老生常谈，是担心来日无多，尽量把有些话、有些事讲给你们，怕你们不知道，怕学术的弦儿断了”。晚年他频繁接受媒体采访，阐述学术思想，呼吁对古人类学科的重视。他在很多文博单位、大专院校做过演讲，普及人类起源与演化知识，呼唤对基础科学的重视和支持；他甚至给人大附中实验小学DI创新思维社团的小学生上过科学实践课，引导孩子们热爱科学、投身科学。他是吴汝康院士的学生，对老师总是恭恭敬敬。他们很多合著的书籍、文章都由他收集基础资料，观测数据，写就草稿，然后坚持把老师的名字署在前头。吴汝康院士去世前数年在医院卧床治疗，吴新智先生不顾自己年迈，经常前去看望、陪伴，并亲力亲为解决家属提出的问题和要求，这让我们这些晚辈钦佩并汗颜。

吴新智院士已经仙逝三年了，目前沉睡在周口店龙骨山下，继续陪伴先行者杨钟健、裴文中、贾兰坡和吴汝康诸君。先生辞世前一位记者曾以《吴新智：以澄净的心灵与远古对话》为题总结了他在中国乃至世界古人学研究领域所做出的杰出贡献。“澄净”一词，很好描绘了先生的心地和品行，但我还想加上淡泊、谦和、执着、坚韧、高尚等赞美之词。不为先生地下有知，只想鞭策自己，激励后学。

2024年12月2日于北京

落红护花　寸草报晖

研究所即将举行建所80周年所庆。80岁，对一个人来说，已是耄耋老者，对一个科研机构和学科来说，却还年轻，还带着青年人的锐意朝气和中年人进取收获的欲望。而在研究所创建、发展的历程中，一代代学子前赴后继，由青年变成老者，由先哲提携后进，周而复始。我有幸成为其中的一员，也循着这样的逻辑，跌打滚爬了近25年，挥洒过汗水，但更多的是收获了果实。忙忙碌碌中小憩片刻，回眸走过的道路，蓦然发现自己其实并非在孜孜独行，而是有多位长者站在身后，推扶自己，鞭策自己。于是方知自己为何总是行色匆匆，为何能够劳有所获。

我来到古脊椎所颇有点儿戏剧性。1985年从北京大学考古系毕业前，一直计划考本校吕遵谔先生的研究生，心无他顾。1984年底在研究生考试报名最后一天从陕西铜川实习工地风尘仆仆赶回北京填报志愿的时候，却被告知吕先生当年要为社会人才办一个旧石器考古研究生班，本科毕业生被排除在外！昏眩之中，从招生材料上看到中科院古脊椎所计划招收一名旧石器考古硕士研究生，导师是邱中郎和张森水两位先生，于是像抓住一根稻草，赶紧填报。在吕先生鼓励下，我在一个晚上敲开邱中郎先生在中关村的家门。以前在北大听过邱老师有关裴文中先生学术贡献的讲座，知道先生很随和、没架子，但这次见到仍有些忐忑不安。先生热情接待了我，但却在考研事上泼我一头冷水。他直言我不该报考，因为这个名额是为研究所一位很优秀的青年人才而设的。我立时傻眼，说报名已结束，不可能更改。于是先生转而很体贴地鼓励、安慰我：既然如此就努力复习考试吧，如果你的成绩比他还好，我们将争取扩招。于是以一种破釜沉舟、背水一战的心态，拼命复习，紧张考试，终于兑现了与先生间的“契约”，在古脊椎所即将关门的那一刹那挤了进来。事后想来，很幸运能有那样阴差阳错的机会，更十分感激邱老师和研究所招生办所做出的额外努力。

当时张森水先生在美国访问，学业的事情都是邱老师做出安排。先生很亲切和蔼，为我选定一些课程，指定一些读物，对一些学术问题耐心分析讲授，还让与他同办公室工作的许春华老师在到河北考察时带上我，以增加野外工作经验。邱老师给我的最大教益是如何做人。这是位朴实、内敛、谦逊、友善、大度、富于公益心和奉献精神的好先生。当时古人类研究室人际关系扭曲变形、错综复杂，邱老师作为研究所的元老之一和研究室的主要领导者，以自己的人格力量成为各方关系的黏合剂，做了很多协调工作。后来我得知，先生参与组织过古人类—旧石器方向的很多科研项目，但多在功成名就之前抽身而退，把成绩与荣誉让给了别人，于是很多出版物上找不到他的名字，很多奖项里没有他的身影。1990年，他主持编辑出版了《裴文中科学论文集》，做了大量工作，自己的名字却只在后记中一带而过。拿到散发着墨香的新书，先生即送我一本，并在扉页上签名留下“高星兄留念”的字样。对此我惴惴不安，以为先生笔误。后来知道古人常用“兄”称呼比自己小的人，以示尊敬，我更感担当不起，也对先生更加敬重。

几年前我分管研究所标本馆工作期间，鉴于石器标本积弊良多，商请先生出山作为顾问指导工作。已逾古稀的先生欣然同意。当时与先生说好不必坐班，但先生却几乎天天来所，与在职人员无异，对研究所只能按“副研究员”标准给他发放返聘费毫无怨言。看着80多岁的先生每天在研究所健步走动，瘦小的身躯穿行在标本柜间，慈祥的颜面焕发着矍铄的容光，我坚信天道酬勤，吉人自有天相，好人一生平安。

当我1986年从研究生院回到所里的时候，张森水先生已从美国回来，接手对我学业和科研的指导。张老师对我学术帮助最大，对我人生影响至深。他是我国旧石器考古学第二代的杰出代表，在野外考察和材料发现方面成就斐然，发文著书成果丰硕，提出一系列有关古人类行为与技术的理论，并在人才培养、科学普及、博物馆建设和遗址保护诸方面多有贡献，受到同行的推崇和社会的好评。

回国时先生已过半百。对被“反右”和“文革”剥夺了青春年华的这一代，这竟是再创业的黄金年龄！先生当时有很多计划，急于将他了解的一些西方先进理念和手段引进并应用，尤其是实验考古学和微痕分析。他甚至想设计一种器械，可以模仿人工打制石器，以便精确记录打击的角度和力道。对后继人才的培养是他的重中之重。他命我尽快熟悉已积累的旧石器考古材料，阅读相关报告和论文，了解西方的新理论和新方法，找到自己的兴趣点和发展方向。他利用暑期带我到东北考察了一系列旧石器遗址，观察了大量标本，并指导我对从昂昂溪遗址地层中采集的标本进行整理研究，帮我完成发表了学术生涯中石器研究的处女作。其后先生派我到山西丁村做发掘实习，又到陕西大荔主持发掘，在此基础上完成了硕士学位论文。1988年初夏我在研究所旧楼二层会议室做毕业论文答辩，事后朋友告诉我：张老师比我还紧张，后背已被汗水浸透。但我知道，在此之前，他为我付出的心血和汗水更多！

我毕业留所之初，先生曾郑重与我谈话：从此后我们不再是师生，是平等的同事，可以争鸣，可以讨论，但要走好自己的路。但我深知“一日为师，终生为父”的道理，日后先生也一如既往，尽心尽力指导、支持我的工作。1992年9月，北京秋风初起。我背上行囊，带着老师的嘱托和希望，来到异国他乡的亚利桑那大学，开始新的学习与研究生涯。在错落有致的阶梯教室里聆听来自世界各地大师们的讲演，在书香四溢的图书馆里博览群书，在古印第安人狩猎的遗址上寻觅当年猩红的风尘和带血的矛头……在这浓郁的学术氛围中，我对人生的价值和学术的真谛有了更深一层的感悟，也对中国旧石器时代考古学产生了新的思考。这期间，先生常与我书信往来，询问我在美国的学业和研究进展，告诉我国内相关领域的发展情况。有时我打个越洋电话给先生，寻求精神上的指导和慰藉。在一封信中我劝患有高血压但仍在忙于东探西考的先生“留得青山在，不怕没材烧”，先生则在回信中以“夕阳无限好，只是近黄昏”作答，并感叹：“你们年轻人在外不归，我辈只能老骥伏枥了！”这使我无地自容。学术思想与情感的纽带，就这样交流着，维系着。我犹如飘远的风筝，但那根线，却在先生的手中牢牢地攥着。

1997年夏秋，我回国半年从事博士论文材料的收集和数据提取工作，选材是周口店第15地点的石制品。这批材料是邱中郎老师提供的，选题是张森水老师帮助确定的。在此期间，张老师与我数度长谈，分析中国旧石器考古学的发展趋势和前景，动员我尽早学成回国，担负起时代的责任。他很坚定地告诉我：“机不可失，时不我待。你的前途，你的未来在这里！”

归去来兮。选择看似简单，实乃十分沉重。当美国的经济正在浪峰之巅欣欣向荣时，当网络经济的泡泡越吹越大、股票投资红利唾手可得时，当周围的中国学生纷纷跳槽、轻易地从计算机行业跃身为美国的中产阶级时，留美发展，为自己和家人筑造个安乐殷实的小窝，似乎是必然的选择。而我依然我行我素，依旧抱着那远离现实、就业无门的专业不肯割舍，实在像是荒唐的堂吉诃德挺着钝矛搏击硕大飞转的风车。在这孤苦彷徨之际，来自祖国发展的佳音，来自研究所领导的关怀和厚爱，来自恩师深情的呼唤和人格的感召，坚定了我对前途的信念，增强了我的责任与使命感。想着耄耋之年的贾老仍然手不释卷，每天用一把放大镜和一支钢笔解读着中国的远古史；年近古稀的张老师不顾疾患，东奔西走，像年轻人一样工作着；又想起1997年底去国前与时任所长邱铸鼎先生的一席长谈、事后他寄给我劝导的长信和研究所为我进入"百人计划"所做的努力……多少个夜晚，难以成眠的我踱上阳台，遥望东方的天际，感受来自那一方热土的引力；多少次辗转反侧之余拨通北京的长途，与恩师倾心交谈，听先生对人生的品味，对局势的分析，对学科的展望。一束光明在我胸中燃起，越来越大，越来越亮；一个决断在我心中生成，不肯再屈服、不肯再动摇。

2000年夏北京骄阳似火，酷暑难当。我携妻带儿，举家回归了这片热土，重新加盟中国旧石器时代考古学研究的队伍。当时张老师已退休返聘。当我进入他的办公室报到时，他因高血压而红润的脸上绽放出开心的笑容，连声说："我终于可以真正退休了！"近得先生的写字台，但见玻璃板下摆放满了我们这些学生从美国寄回来的家庭生活照片。我一时哽咽，知道先生每天都在看着我们，关心着我们，期盼着我们！

于是，师生又朝夕生活战斗在一起！学生也招了学生，先生还乐呵呵地帮着带。课题项目也源源不断，旧石器考古学在研究所乃至全国又红火了起来。先生欣慰之余却更加马不停蹄：带队到浙江调查，"消灭了"最后一个旧石器考古空白省份；指导浙江七里亭、福建万寿岩和云南大河遗址的发掘与研究；考察百色、水洞沟、泥河湾、柿子滩；帮助规划大窑、萨拉乌苏、建始巨猿洞等遗址的保护工作；完成专著《周口店遗址志》；作为国家文物局考古专家组的成员，出席重要会议，为本学科领域争取资源、摇旗呐喊。作为当代中国旧石器考古学的旗手，先生受到业内人士的尊崇和晚辈的爱戴。2001年初秋，30多位同行在石金鸣兄的召集下聚首柿子滩遗址所在的山西吉县，用学术研讨的形式庆贺先生七十大寿，我曾不揣浅陋作对联一副：

考南探北滴水穿石七十耕耘成大业　承上启下点石成金八旬传递续辉煌

2006年秋，借在福建三明召开年会之机，弟子同仁们又为先生举办了一次简朴而热闹的75诞辰生日庆典。那次中国从事旧石器考古研究的人员基本到齐，大家对先生的学术生涯和对后辈学人的指导帮助进行了回顾，讲出了很多逸闻趣事，其乐融融。只是师母不太配合，说朋友们今年已经为他过5次生日了，要折寿的！果不其然，2007年11月27日，先生突然在北京病逝……

但我知道，先生是因劳累过度而去的。逝世前的大半年，先生的日程安排得满满的。会议、野外、评审论文、写作……9月下旬，我们还一同参加国家文物局的一次会议，其间接到吉林大学陈全家教授的电话，请先生到延吉为新发现的一处大型遗址定性。从吉林飞回北京后又登上火车赶赴浙江，到徐新民的发掘工地指导材料整理，在工作中度过国庆黄金周；然后乘火车到山东沂源县，出席有关沂源人研究的学术会议，对山东的史前考古工作提出重要指导性意见。会间先生感觉肠胃不适，出现便血。会后在从沂源到济南返京的路上，先生膝盖部麻痛症状再现，下车时摔坐在地。回京后到人民医院检查，发现患有胃癌，但常年的腿部问题得不到诊断。胃部手术后恢复得很好，我到医院探访时先生还在关心龙骨坡的研究和保护，还谈论对学科发展的一些想法。不想回家几天后却突然发生大面积脑梗。上午发病昏厥，就此一睡不醒！

先生是第二天清晨辞世的。看着挚爱的亲人生命渐趋衰竭，监视屏上的心电图由曲波变为直线，真是心如刀绞。在生命的最后一刻，先生的呼吸越来越急促，胸颈部越来越前挺，双目越睁越大。他的女儿抽噎着，讲着让仙逝者放心家人、安心离去的话，用手指为他合上双眼。不期一只眼睛旋即又睁了开来。我抑制着痛苦，向先生承诺晚辈们一定会继承他的遗志，努力工作进取，将旧石器考古事业发扬光大！然后为先生合上那只眼睛。先生终于瞑目了，安详地走了。于是我知道，人的精神力量有多大！

在我与张老师的接触中，他提及最多的一个人是裴文中院士。张老师颇以自己作过裴先生的助手和学生而自豪。我无缘面见裴老，但受两位导师的影响，读了很多他老人家的著作、论文和别人对他的评述、纪念文章，于是对这位学科之父肃然起敬，奉为精神上的导师和终身的榜样。裴老的学术成就不需我赘述，我只想感叹一个人能在那么多的领域开拓领航，实在让后人难以望其项背。而他的人品和精神力量，更是时时感召着我，给我启迪和力量。在学术上，裴老勇敢、执着并不断创新。他在发现中国猿人石器之时，不顾权威人士的反对，冒着“打饭碗”的危险，进行实验和痕迹观察，最终得到认可；在骨器问题上，他敢于提出与导师步日耶不同的观点，并通过对人工和非人工破碎的骨骼的比较研究开创了一个新的领域。在学风上，裴老勤奋敬业，实事求是，光明磊落。20世纪20年代末，当周口店的发掘进入“鸡肋状态”，裴老在龙骨山“过起孤独的生活”，继续从事发掘，于是有了第一具头盖骨那样惊天动地的发现；70年代末，裴老已年老体衰，时常大小便失禁，但仍拖着病躯前往贵州的穿洞等遗址考察。他曾经将水洞沟和萨拉乌苏两个遗址的材料合并称为“河套文化”，但后经亲自考察、深入研究，认为二者在文化内涵和年代上皆有差异，于是宣布取消“河套文化”的概念；对发现北京猿人第一个头盖骨这一重大成就裴老很少提及，反而对发掘时因急于取出化石而导致头骨一部分被震动破碎秉笔直书，坦诚是自己的“罪名”和“疏忽”。林林总总，不一而足。裴老以自己光明磊落、刚正不阿、淡泊名利的品格和坚持真理、勇于创新、严谨求实的精神为中国史前考古学乃至整个学术界的学风建设做出了榜样。2004年，我和裴申编辑出版了《不朽的人格与业绩——纪念裴文中先生诞辰100周年》一书，以期自己能从裴老的身上汲取更多的学术和精神上的营养，也为激励更晚的来者能把先哲的学识和品德传承下去。

对另一位学科大师贾兰坡院士，我有幸在他晚年与其有频繁的接触，得到良多的教益，对此我曾在《有幸陪师赏晚霞》一文中加以记述。这是位科学界的传奇人物，从中学生演变为三院（中国科学院、美国科学院、第三世界科学院）院士，令人称奇。

刚到所时与贾老并不熟悉。作为一个初入学门的晚辈后生，这样蜚名中外的前辈真是高山仰止，令人生畏。偶尔在走廊中碰到，只敢恭恭敬敬地问声好；聆听先生的讲座只想全部铭记，不敢提问和讨论。到90年代初贾老主持中美泥河湾联合发掘项目时，作为队员和偶尔的兼职翻译，与先生接触渐多，发现先生其实很随和，伟大中透着平实。他要求我们借与美国学者合作的机会抓紧学习，补上因十年“文革”中断交流而落下的课程。“未来的发展靠你们了，可得努力！”贾老时常这样告诫我们。

1997年夏从美国回到北京收集博士论文材料时，我到老人家中拜访，请教周口店第15地点的学术问题。当我迈进贾老家的客厅，年近九旬并患有眼疾的先生竟然凭着声音认出了我这个后生，这使我受宠若惊。当先生听说我将周口店第15地点作为研究目标时十分高兴，详细介绍了该地点的发现、发掘过程、遗物出土情况和标本编号的原理。这些成为该地点研究历史的珍贵资料。从历史谈到现实，先生神色黯然起来。前辈的淡出、“文革”的破坏和开放初期学子的外流，使这一原本生僻的学科出现了严重的人才断层。“我们的家业总不该就此断了香火吧？”先生仿佛在自言自语。临别，贾老握着我的手，声音颤抖而深情：“你们在外留学这么多人，总该有一、两个回来工作吧！”回美国后，这声召唤一直在耳畔回响。

回国工作后，我成了贾老家的常客。每次造访，高龄的贾老总要起身迎接；每次告别，先生总是执手相送，对晚辈的慈爱和对学生的希冀，溢于言表。有两件事萦绕在晚年贾老的心中不能释怀：一是学科的发展，二是人才的培养。为此先生曾与我数度长谈，规划学科的方向与道路。贾老强调要有开放的胸怀，引进国外的先进理论和方法，加强国际合作，加快与世界接轨，同时也要对国内的同行敞开大门，带动地方从业同仁一道前进。为使更年轻的一代能聆听大师的教益，我几次将本专业的研究生带到先生家中，将贾老的客厅变成了课堂。贾老言传身教，娓娓而谈，竭力将自己的所思所学所得传递给后人。在世纪之交，当我带着编辑《中国科学院古脊椎动物与古人类研究所二十世纪旧石器时代考古学研究》一书的设想与贾老商谈时，先生非常支持，但却坚辞主编一职，鼓励说：“你们年轻的一代已经成熟，唱起主角吧，不必再把我们摆在前面挡路了！”2000年初冬贾老92寿辰临近的时候，我们这些晚辈弟子挤坐在他那温馨的客厅里，为先生燃起了生日蜡烛。伴着歌声，映着烛光，望着一张张年轻的面孔，老人家那饱经风霜的脸上绽开了由衷的微笑。

2001年7月8日贾老溘然长逝。中国旧石器考古学第一代大师的身影至此从历史舞台上消失了，但他们的影响、他们的精神将长存，激励一代代的学子继往开来，进取创新。

我们进入了一个新的时代。这是一个推陈出新、融入世界、走向前沿的时代，是一个资源与竞争、压力与成就并存的时代，是一个在学术内外都要打拼的时代，是一个没有大师引领而人人都要争先的时代。拜所领导的安排和师长们的信任，几年来我被拔苗助长到研究所旧石器考古领域学科带头人的位置，带领一班人马在野外发掘，在室内观测，在学报上刊文，在学术会议上演讲。研究项目增多了，经费比以前充足了，论文数量上去了，实验室初具规模了，队伍中增加了年轻的面孔……但心中总不踏实，总觉得做了些琐碎的事情但在学术上并未取得大的突破，总担心辜负了先辈们的殷切希望。有时还会问自己：如果换成裴老，他会怎样做？我坚信，如果已故的师长们生在这样一个好的时代，那一定会更加轰轰烈烈！

在研究所学习、工作已近25年了。25年过去，我由一个懵懵懂懂的青年变成两鬓斑白的“不惑者”，从对学科的略知一二变为“专家”。青春是挥洒了，收获是巨大的。而自己深知，每一步成长，每一点进步，都是源于老师们的培育指点，都是研究所的肥田沃土滋养的结果。虽然也经历过挫折，在横遭闷棍时心灰意冷，萌生去意，但很快便自惭形秽，抖落浮尘，起身前行。因为有大师，有榜样在前方，牵引着自己，督促着自己。想当年裴老在研究周口店北京猿人石器时甘冒“打饭碗”的风险；再想想贾老在翻滚过的汽车中与死神擦肩而过，继续在华北旧石器文化传统之路上开拓；还有，张森水老师那只圆睁的眼睛和不肯散去的游魂……自己还有何懈怠的借口和逃避的理由！

师长们大都远去了，留下知识，留下教诲，留下做人做事的方向和力量。

于是我记起龚自珍的诗句：“落红不是无情物，化作春泥更护花。”

还有孟郊《游子吟》中的绝句：“谁言寸草心，报得三春晖。”

（原刊于高星、陈平富、张翼等主编：《探幽考古的岁月——中科院古脊椎所80周年所庆纪念文集》，海洋出版社，2009年）

谆谆的教诲　深切的怀念

知道严文明先生病了，还是从学生口中。赶紧询问大学同学、严先生的得意门生张弛教授，才知先生已经入院十余天了。肺部感染，吞咽困难，依靠鼻饲，女儿也从国外回来照料了。并说先生身体脆弱，免疫力低下，不允许探望。

从此进入牵挂时间。其间与张弛商量在即将创刊的《史前考古》刊登先生的一幅照片；又得到消息，先生的女儿给他看手机上《史前考古》创刊并刊登先生寄语的消息，先生自己读了标题，并表示知道其内容。于是我满怀希望，认为先生福大命大，会如前两次一样，战胜病魔，回到家里，重返学场，继续指导我们前行。谁知4月14日夜，从微信中接到西北大学校长孙庆伟教授发来的噩耗，先生辞世啦！一霎时感觉错愕，也希望是误传，整晚似睡非睡。翌日晨，看到北京大学发布的讣告："严文明先生因病医治无效，于2024年4月14日20时13分在北京逝世！"于是不再侥幸，悲从心来，感觉天空似乎也为之昏暗、凝重了起来。

我们北京大学考古八一级与严先生交集很多，深受教益，感情很深。刚入学不久，先生就到班里训导讲话，表达对我们这一级的额外关注，因为我们是改革开放后招收学生最多的一届，超过了30人，而且还有9朵金花。对此严先生兴奋地表示：你们这一届是空前的，也可能是绝后的！那时我们在文史楼有专业教室，大家集中上课、自习，严先生等老师们经常会到教室考察学生的学习情况、答疑解惑。严先生给我们的印象是话语不多，很严肃，不怒而威。第二学期，上新石器时代考古专业课，严先生亲自讲授，而且一学期全程没用别人代讲，这真是我们的幸运！严先生那时做过胃部手术没几年，身体很消瘦，但精神很饱满；讲课时非常严谨，字斟句酌，逻辑性强，出口成文，讲基本概念和基础知识，也讲很多遗址和研究案例。先生语调抑扬顿挫，重要的概念与结论会重复强调。先生的板书工工整整，排列有序。记好笔记，就是一部完整的书稿，没有废话，不需要多少润色。

1983年秋，我们进入“生产实习”环节，地点是山东长岛县大黑山岛北庄遗址。这是一处新石器时代的聚落遗址，是严先生开辟的一块新的学术天地。严先生对该遗址的发掘研究和我们的实习安排投入了很多心血，出校前就做了周密部署，讲解了遗址的重要性和前期工作情况，提出了实习任务和纪律要求，并派出张江凯老师和当时在读研究生、比我们高两届的赵辉老师带队，做具体的指导。这是我们第一次从考古课堂走入考古工地，近距离感受田野考古的真谛。

其间严先生到工地检查指导工作，住了一段时间。其中两件事使我印象深刻，可谓终生难忘。一件是严先生在探方间巡视，到了我的探方，看到我扔在探方格梁上的一块石头，便俯下身观察了一会儿，然后询问我，为何把这块石头扔出来？我有些紧张，想了一下，回答说，这块石头上没有人工痕迹，就是一块自然的石头，不是文物。先生就提醒我：这么大一块石头怎么会突然出现在土体地层里？两面都看过吗？我于是把石头翻转了一面，霍然发现另一面是平整的磨面，原来是个石磨盘！这让我十分愧疚。晚上召开班会，严先生就这件事对我提出了批评，并以此案例提醒大家在田野工作中务必要精细，要观察，要思考。声调不高，语速缓慢，但让我无地自容！日后带队发掘我时常会想到那个场景，时常以此提醒学生注意地层中的各种迹象。另一件事是兄弟院校的一个年级到遗址参观学习，晚上两个班在一起听严先生讲课。课后听到那个学校的一位学友感叹：原以为咱校的×××先生就是天棚，一骑绝尘，没想到天外有天！敬佩之情溢于言表。可见严先生的讲授给大家留下多么深刻的印象，我们也因为能在先生身边耳濡目染而无比自豪。

离开北大后我先是到中科院古脊椎所攻读硕士，然后留所工作，再后到美国访问、读博，于2000年初夏返回古脊椎所工作，又恢复了与严先生的接触。有时是在会议上，有时是在差旅中，还偶尔相遇在燕园里。我在研究所主持的学术会议，严先生参加过几次，每次都有高屋建瓴的指导意见。一次请几位考古大家到所里研讨周口店遗址移交给北京市管理的利弊，严先生态度明确，周口店这样的世界文化遗产地和重要科研基地，必须有科研单位在保护、管理和利用方面予以把关和指导。举办裴文中科学奖励基金会成立和首届颁奖大会，严先生也应邀出席，对裴老的学术贡献表达敬意与缅怀。当时科学院率先开展“知识创新工程”，采取课题制，赋予课题负责人责权利。一次与先生出差在飞机上同坐，先生便问起相关情况，我力所能及做了介绍，先生听后很感兴趣，打趣说你们那才叫课题制！虽然我也是课题负责人，但一分钱都不掌握。所幸后来全国也都逐渐实行了那套延续至今的制度。

与先生接触最多的还是在各种会议上。在讨论国家文物考古政策和相关工作安排时，严先生话语不多，但一旦发言便是深思熟虑，字字珠玑，深为大家折服。那几年的全国十大考古新发现评选，在评委讨论环节都由几位德高望重的先生分时段做点评、汇聚共识。严先生负责史前部分，每次都先让我对旧石器时代的项目做介绍、点评，然后再发表自己的真知灼见，最后的评选结果大家都很信服，不像现在这样有很多疑问、杂音。先生对旧石器考古十分关注，在构思和写作中华文明起源的理论与文章时，有时会向张森水先生和我询问对相关发现、研究进展和特定问题的看法，并嘱我多关注旧—新石器时代过渡的材料与问题，不要画地为牢，要做宏观思考。我曾随先生考察老奶奶庙等旧石器时代遗址发掘现场，先生看得十分认真，问得非常仔细，很多提问、点评对我们深有启发。

在与严先生出差和开会的场所，多次听到先生回忆裴文中先生的故事。裴老作为北大“黄埔四期”培训班的发起者和班主任，也作为北大考古专业的重要推动者，给严先生所在的年级上过课，严先生非常尊重，感念不忘，会讲述一些裴老的故事。说到动情、有趣的地方，会哈哈大笑，与平日的严谨形象判若两人。其中一个故事是裴老在北大主持培训班，新来的一位学员不认识裴老，早晨到教室看到一个老者在生炉子，就吩咐：“老头，去帮忙打一壶开水！”一会儿老头拎了一壶开水到教室。上课了，这位学员万分惊诧地发现“老头”竟然是赫赫有名的裴老！近几年我在主持中国科协发起的杰出科学家学术成长资料采集工程中的裴文中项目，为此将严先生列入主要访谈对象。无奈因为疫情和先生生病，直到2023年5月26日才得以实现。

严先生于2023年5月26日在《史前考古》“寄语”稿件上签字

事先通过电话联系好后，便带着科协派出的摄制组到先生家。大病初愈后的先生有些羸弱，说话有些困难，师母十分关切地叮嘱访谈的时间要尽量短一些。但开始讲述后，先生逐渐陷入了对裴老的缅怀和对过去岁月的追忆中，恢复了生机和活力，谈笑风生起来。先生深情回忆起裴老带他们那一级学生到内蒙古实习的过程，乘火车、换卡车，一路颠簸。乘卡车时，先生坐在副驾位置，司机不知道身边的老人是赫赫有名的科学家，竟然大不敬地摸了几下裴老为洗漱方便而新理的光头，裴老也笑呵呵地消受了！理发也有故事，裴老带领学生中途在一个城市停留过夜，学生们簇拥着裴老逛街散步，见到一个街边剃头匠，裴老就跟学生们说："哥们儿，你们逛吧，我要理个发"。等学生返回，霍然见到光头讪笑的裴老。裴老对学生、司机和蔼，对官员可不客气。到了赤峰，地方政府因裴老的盛名和地位而设宴款待，饭菜很丰盛，严先生和同学们大快朵颐。地方领导向裴老敬酒并献殷勤：这样的菜饭还可以吧！没想到裴老沉下脸来，说了一句：这都是民脂民膏！搞得地方领导下不了台，学生们也面面相觑。还有先生教学生们如何在住店时防止被虱子缠身，如何带着石器标本和陶片给地方干部和百姓普及考古知识……如数家珍，娓娓道来。等我想到先生可能太累了，该终止访谈了，时间已经过去了一个多小时。

其实，20天前的5月6日下午，为了创刊《史前考古》，我和张弛曾到先生家拜访、求教过。当时先生刚出院不久，长时间住院变得很消瘦，走路有些困难。我询问他是否可以每天到楼下散步锻炼，他指指写字台上的笔砚纸张，打趣说现

严先生与作者于2023年5月6日合影留念

在主要靠写写毛笔字给大脑做锻炼。我介绍了《史前考古》的创刊计划，说明是由张弛、陈星灿和我共同策划、主编这本期刊，征询先生对办好刊物的指导意见，请先生为创刊号写寄语。先生略微沉思，很快提出刊物要办出特色，与目前已有的刊物要有所区别，要致力阐释中国史前文化的特点和成因，强调中国独特的地理地貌和环境的影响，强调文化、文明的连续性和继承性，强调重瓣花朵的文化—文明格局，强调旧石器—新石器时代考古的整合思维与研究，强调要调动全国的史前考古力量，尤其是古脊椎所、考古所和北大的三股领军力量（特别指出分别由高星、陈星灿、张弛为代表），建议循序渐进，先季刊，再双月刊、月刊，先国内，后国际。先生的思路很清晰，对期刊的定位、风格、前景已有完整的思考。

先生还谈到对俞伟超先生早逝的惋惜与怀念，赞赏俞先生思想开放，才思敏捷，是一个“走在时代前列的人”。先生还透露了一个“秘密”：苏公的学生们在编选《苏秉琦考古学论述选集》时附上了一篇后记，开明宗义提出“中国考古学派”，竖起苏秉琦先生的大旗。文章由俞伟超写就，然后找他商请共同署名。他感觉有些针对夏鼐先生的意味，便婉拒了。俞先生于是找张忠培先生共同署名。此文曾引起夏先生等的强烈反弹，成为中国考古史学上的一件大事。

一席谈，很亲切。但怕先生疲惫，只好告辞。临别前先生签名赠书三本：《浚哲诗稿：附亲友诗选》、《长江文明的曙光》和《中国史前艺术》。晚上，我根据先生谈话要点代先生草拟将在《史前考古》创刊号上刊登的“寄语”。先生的声音萦绕耳畔，我一气呵成，基本是“实录”先生的话语。其后经过张弛的把关和星灿的首肯，发给先生。先生看后十分满意，表示都是他想说的话、说过的话。

在此谨将先生在《寄语》中表达的殷切希望附录在文末，一来表达对先生的崇敬和追思，二来表达我们的决心与对自己的鞭策：

“一个好的学术期刊可以成为学科发展的引擎，可以成为学术成果的孵化器，可以成为展示学科成就、拓展社会影响力的窗口与抓手。我衷心希望《史前考古》能起到这样的作用！”

2024年5月于北京

遗址纵横

周口店：是资源，不是负担

一、媒体炒作：周口店成了负担和皮球

周口店，这个在20世纪二三十年代产生中国科学界第一块金牌、轰动国际学坛的地方，近来再次成为新闻媒体和社会各界关注的焦点。不过这一波热浪的起因不是惊天动地的发现，而是对该遗址保护现状的担忧和其被列入“濒危世界遗产名录”可能性的忧患。这些报道和讨论涉及对遗址所在单位保护不力的批评，不乏管理单位无可奈何的解释和其频频发出的要求政府投入、社会支持的呼吁，也有学者对周口店辉煌历史的追忆和其学术地位的肯定。从这些报道和讨论中似乎可以得出这样的结论：周口店虽然戴着耀眼的历史光环，虽然拥有崇高的学术地位，但一切已经成为过去，时下只剩一些挖空、残破的山洞和荒芜的剖面供人参观和凭吊，现在需要的只是保护，因而它便成了政府和社会的负担，甚至成了一只皮球被不同的单位反复地踢着。

这实在是认识上的严重误区！事实上，周口店不仅因在过去出产过丰富的人类化石和文化遗物、遗迹，为科学研究做出过杰出的贡献，为国家争得过巨大荣誉而需要大力保护，而且周口店现在仍然埋藏着丰富而珍贵的科学资料和信息，蕴涵着科学研究的巨大潜力。如果能科学规划，合理开发，它定能再次释放出巨大的能量，为研究人类的起源、行为和历史做出新的贡献，并将国际古人类学的目光再次聚向东方，聚向中国。总之，周口店绝非负担，绝非包袱，而是资源，是从事科学研究和产生社会效益的风水宝地。

二、周口店的历史与地位：辉煌而崇高

世人关注周口店，首先是因为周口店出产过珍贵的古人类化石和包括石器等丰富的旧石器时代文化遗物、遗迹。1929年12月，周口店在裴文中先生的主持下发掘出土第一个猿人头盖骨，轰动国际学术界。这一发现解决了有关人类起源与演化的长久争论，确立了猿人（现称直立人）这一演化阶段，为人类正确认识自己的由来和历史进程做出了极大的贡献，被誉为我国学术界获得的第一块世界科学的奥林匹克金牌。1936年11月，周口店的发掘工作在贾兰坡先生的主持下又连续发现三个猿人头盖骨，再次创造科学的奇迹。事实上，这只是周口店辉煌历史的一部分。在周口店有系统编号的地点共26个，其中在第1地点（即北京人地点或称猿人洞）发掘出40个个体的直立人阶段的头骨和肢骨化石，在第4地点出土一枚早期智人的牙齿化石，在山顶洞出土代表8个个体的晚期智人头骨和体骨化石。同时在第1、第4、第13、第15、第22地点和山顶洞出土十几万件石器、大量的更新世动物化石和丰富的用火遗迹，在山顶洞还出土目前我国最早的墓葬和装饰品。

周口店是世界上同时期古人类遗址中材料最丰富、最系统和最有科研价值的

周口店第1地点出土的部分石制品

一个。它是世界上唯一保存纵贯50万年史前人类活动遗迹的遗址，并保存了人类最早的有控制的用火的证据。同时周口店还是我国北方的一处第四纪标准剖面，在第四纪地层划分和时代对比及动物群演化的研究方面蕴藏着巨大的信息资源。最近二十年间由于分子生物学的介入，现代人类的近祖来自非洲的推断呼应者众，在中国发现的远古人类作为东亚人类祖先的地位受到前所未有的挑战。然而，正是因为拥有周口店这样的遗址和丰富的资料，中国的古人类学仍能在国际学术界独树一帜，使人类多源的理论得以建立和发展。可以这样说，周口店是一座中国乃至世界科学发现与研究的丰碑，是一处有关人类演化与发展的科学信息与资源宝库，是一部跨越久远、内容翔实的无字的人类历史传记。在世界范围内，尤其是东亚地区，直立人和智人的演化与生存模式在很大程度上是在周口店的基础上建立起来的；有关人类起源与演化的学术著述和历史教科书都要对周口店浓墨重抹。一些到访的外国专家、学者可以不去参观长城和故宫，但一定要登周口店龙骨山；可以不去欣赏京剧与杂技表演，但一定要看一眼周口店出土的化石和石器。周口店，实在是崇高而神圣！

三、周口店：仍然蕴藏巨大的科学资源，前景依然灿烂

国内外学术界对周口店的青睐和社会各界对周口店的关爱不仅仅是因为她有着辉煌的过去。事实上周口店仍然蕴藏着巨大的科学资源，依然是学术考察的黄金地带，科学发现与研究的前景还会光明和灿烂。

周口店地处西山山脉与华北平原的交会地带。这里地形复杂，地貌多变，地质沉积丰富，自然条件优越，适合各种生物的生存、繁衍和演化并将其遗骸保留下来。从19世纪末这里便成为西方科学界关注与考察的地域。在过去的一个多世纪里，在地下沉寂了数万年、数十万年的第四纪古生物化石和人类遗存不断从洞穴裂隙中、河流阶地上和各种地质埋藏介质内探出脸来，诱导着科学家们去做惊人的发现。今天，当曾经喧闹的发掘工地早已沉静下来，科学家们已经转入室内进行悉心的研究时，来自周口店地区的新线索和新材料仍然时断时续跟踪而至，促使科学家们再次抄起地质锤前去探访。说不准哪一次这样的出行又会掀起一场科学的巨澜！

周口店不是单一考古遗址，而是一组古人类学和古生物学地点群。在出产北

京人的第1地点还有近1/3的堆积原地矗立；其他诸多重要地点的发掘工作多是浅尝辄止。1996年法国电力公司（EDF）曾应邀对周口店龙骨山进行物理勘探，证实在石灰岩山体内的诸多洞穴和裂隙中存在丰厚的土状堆积，预示着该地仍然蕴藏着巨大的科学资源和研究潜力。我国的学术界对周口店的研究一直没有停止过。20世纪50～70年代间中国科学院古脊椎动物与古人类研究所曾恢复对周口店的发掘，取得了丰硕的成果。近二十年间在周口店地区没有进行大规模的考古发掘，这绝非因为她的资源已经穷尽，而是要将其留给后人，留给科学技术更加发达的明天。这是源于对科学负责、对人类的历史负责、对子孙后代负责的考量。在此期间，小规模的试掘，对剖面的清理和取样，对年代、环境和沉积学的研究一直没有间断，其成果不断深化着对人类这一漫长历史阶段的认识。

周口店第1地点2009年考古发掘

国际学术界一直将研究的目光瞄准周口店。自改革开放以来许多西方学者和研究机构表达出与我国学术机构合作研究、重开周口店发掘的强烈愿望。因为中国政府和学术界对遗址采取保护第一的态度，西方学者在望山兴叹之余便打擦边球，利用访问与交流之机取得有限的资料和样品，然后在有影响的学术刊物上推出有关周口店的最新发现和成果，每每产生轰动的效应。在这样的零敲碎打中一些学者在诸如北京人对洞穴的占有与使用、有控制的用火证据的真伪、北京人狩猎行为的真实性等问题上提出质疑，涉及直立人演化、生存模式和行为方式的主要方面。这些对周口店不断提出的学术质疑和不断产生的新的困惑，非但不能降低周口店的价值，反而说明她仍然站在国际科学研究的前沿，仍然能源源不断地为古人类学、旧石器时代考古学和第四纪地质学提供发展的契机和学科增长点，仍然埋藏着破解古人类演化过程与适应生存方略的密码。

周口店的主要发掘工作是在20世纪二三十年代完成的。随着时代的发展和科学研究的深入，过去的工作和材料积累已不能满足新的和更高层次的研究需要（更不用说许多珍贵的标本和原始记录已在战乱和动乱中丢失），并遗留下若干学术问题悬而未决，例如各地点的关系（尤其是第1、第4和第15地点）和人类对不同地点的利用方式、各地点的埋藏状况、古人类在该地区活动的空间和时间范围及其体质与文化的发展变化、古人类与古环境的协同演化等。要对古人类生产、生存和演化行为的细微过程做观察和阐释，并确凿地证实人类在该遗址实现了有控制地用火并成功地进行过狩猎，不仅要有实物资料，还必须对遗物与遗迹的空间分布关系进行详细的记录，并在原生层位取得各种样品进行分析和测试，这些只能在新的发掘中实现。因此，保护好周口店这一科学信息宝库，通过科学规划与合理开发采集和获取以前遗失而现在又很紧缺的资料和信息，并在此基础上针对目前的国际学术热点开展人类体质演化，石器技术发展与人类行为变异，人与环境的耦合关系，以及埋藏学、动物考古学和年代学的专题研究，定将使周口店焕发出科学研究的新的生命，为人类更好地认识自己的历史，普及科学知识，推动精神文明建设做出更大的贡献。

四、保护周口店：全社会的责任

周口店如此重要，如此具有科学的价值与潜力，那么谁应该来保护她呢？

众所周知，周口店在1987年被联合国教科文组织列入“世界文化遗产名录”。这说明周口店是全世界的财富，是全人类的财富。对于这样一笔珍贵的人类遗产，地球村中的每一位村民、每一个政府机构和社会组织都有对她爱护的义务和保护的责任。

周口店既是世界文化遗产，也是全国重点文物保护单位。她既然落户中国，中国各级政府和社会各界对其保护便责无旁贷。类似周口店这样的被联合国钦定的全人类遗产，国际组织会给予一定的经费支持，但主要的保护与维修费用要由所在国、所在地政府承担。北京市政府曾投入大量资金关、停、并、转了周口店附近的一些采石场、石灰厂等对遗址造成严重污染和破坏的企业，但遗址周围的环境未能得到根本的改善。而对遗址内部的保护和维修各级政府鲜有投入。国家用于遗址与文物保护的经费在文物系统内拨放，只因周口店的管理单位隶属科学院，而非文博系统，周口店便无缘沐其恩泽。

周口店的管理单位——中国科学院古脊椎动物与古人类研究所因对遗址保护不力备受媒体的指责。该单位作为遗址的发现、发掘、研究和管理者，其本身又是在周口店的工作中孕育和建立的，于情于理，对遗址的管理、维持与保护具有不可推卸的责任。对日常管理、维护不善，该单位有深刻的自责和反思，并将出台具体的措施；但对“谁使用，谁修缮”这样的说法，他们有着难言的苦衷。严格地说，该所并非周口店的使用单位，他们不在那儿设址办公，也不利用那一方土地开展产业活动。该单位在周口店设有管理处和博物馆，负责遗址的日常管理及接待参观者和游人，并保障周口店作为北京市青少年教育基地和中小学生社会实践基地发挥其应有的作用。因而该所在周口店从事的活动全部为科研、科普和教育的社会公益事业，将如此大规模的遗址保护的重担完全压在这样一个小小的学术单位的肩上，实在是勉为其难。

毫无疑问，体制不顺、责任不明、责任心不强严重影响了对周口店这一珍贵文化遗产的管理和保护。政府机构和社会组织应能认真地检讨，停止扯皮，分工协作，共同制定方案，彻底解决周口店的保护问题。那么我们个人呢？对于这样一处埋藏着人类之根、民族之根的圣地，我们应做怎样的思考，做怎样的动作？当我们在豪华的餐桌上一掷千金，我们可曾想到祖先的家园正因缺少保护经费而面临危境？当各种名目的彩票摇奖的转轮令人目眩地飞转的时候，有谁可曾想过对周口店的保护做一份捐献，建一个基金？当各种游艺场中人头攒动，而周口店却常常是门可罗雀的时候，我们是否意识到我们可能在沦落为一个脱根忘祖的群体？

周口店牵动着新闻媒体的神经，也牵动着每一个有社会责任感的公民的心。世界在关注着周口店，也借机观察、评判着拥有周口店的中国和生活在这里的人类。他们想知道当这个社会已无温饱之忧后，政府和人们是否愿意在文化建设方面做些投入？当这个国家快速步入经济大国的时候，这个社会的精神财富是否也能有所积累？当中国在现代化的大潮中引领风骚的时候，这个民族是否还尊重自己的历史，是否还为自己悠久的历史而自豪，是否还愿意保留一份祖先的家业？周口店的境况，已经成为测试政府和国民的社会责任感、衡量整个民族文化素质和社会发展水平的试金石。

让全社会都来关心周口店、爱护周口店、保护周口店吧！

（原刊于《中国文物报》2001年5月23日第5版，略有改动）

世界遗产视角下的泥河湾盆地

近来党和国家领导人刘云山、李长春等同志先后视察位于河北省阳原县的泥河湾旧石器时代遗址，对遗址的科学价值、遗产地位和社会意义予以高度重视和评价，对我国古人类学、旧石器时代考古学研究和遗产保护、利用提出更高和更具体的指示与要求，引发媒体和政府部门、科研单位的高度关注与积极行动，评论、报道纷纷见诸报端，相关的研究立项正在酝酿之中，一股“泥河湾热”正在形成和加温。2012年9月底，联合国教科文组织世界遗产中心在韩国举办世界遗产专家会议，主题是加强古人类化石地点和史前遗址作为世界文化遗产地的论证与推介。我收到大会邀请，并向与会专家们提请关注中国的泥河湾和水洞沟遗址，认为泥河湾盆地非常符合世界文化遗产的标准，应该被优选。本文即想从世界遗产的角度谈谈泥河湾盆地的学术价值和遗产地位问题。

根据联合国教科文组织于1972年缔结颁发的《保护世界文化和自然遗产公约》，世界遗产是具有科学、审美、文化价值的自然景观与人类历史遗存，对其遴选和审定具有极高和严格的标准：它必须具备杰出的科学或审美价值；其价值必须具有普世性和广泛的认可、关注度；它必须具有真实性，即遗址、景观和文物是原生的，不是后天再造或未经过明显的改造；它必须具有完整性，即遗址、景观或文物能在一定程度上揭示自然过程或历史事件，并得到有效的保护，不是残缺不全、支离破碎，而且周边环境能与之和谐辉映。

让我们用这样的视角来审度泥河湾盆地。

泥河湾盆地具有重大、杰出的科学价值：这里迄今已发现数百处旧石器时代的古人类遗址，出土内容丰富、数量庞大的文化遗存和动物化石，时代从更新世早期断续延伸到全新世，涵盖旧石器时代早期、中期、晚期和新石器时代、历史

泥河湾小长梁遗址远眺

泥河湾遗址地层一瞥

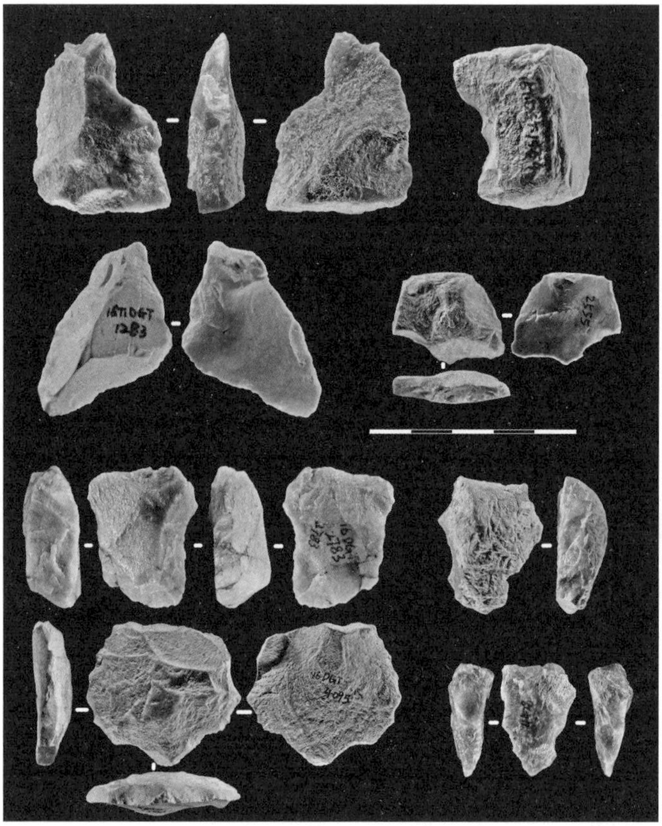

泥河湾东谷坨遗址出土的部分石制品

泥河湾许家窑遗址出土的部分石制品

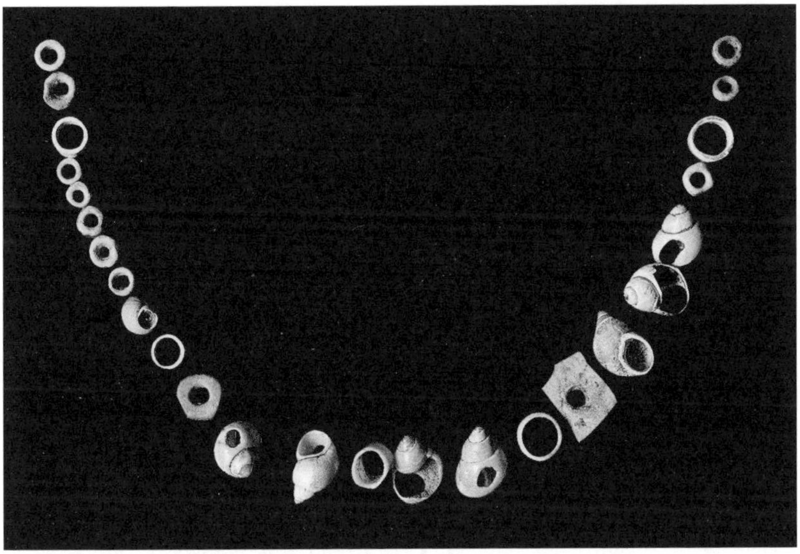

泥河湾于家沟遗址1995年发掘出土的装饰品

时期的各个文化阶段，被誉为东方的奥杜威峡谷，对研究亚洲古人类的起源—演化过程、技术与文化发展、古环境变迁和人类适应生存模式变化，提供了得天独厚的材料和信息，具有不可替代的研究价值。

泥河湾盆地的科学价值还体现在地质学和古生物学方面。1948年，泥河湾盆地的河湖相地层下界便被国际地质学大会确定为亚洲更新世起始时期的标志性地层。泥河湾盆地连续、深厚的湖相沉积和华北黄土高原的黄土堆积是第四纪地质信息最重要的载体，二者相互补充和验证，共同演绎着探究沧海桑田变迁和环境变化的美妙的科学乐章。这里出土丰富的古生物化石对研究特定动物种群的演化过程和对环境的适应弥足珍贵。而盆地内沟壑纵横、错落有致、千变万化、如梦如幻的奇异景观和火山灰、叠层石等自然造物，使这里具有了独特的自然之美，能给生活在喧嚣的城市中的现代人类以陶冶和净化。

这些科学价值具有普世性。从20世纪20年代的巴尔博、德日进到泥河湾考察以来，包括杨钟健、裴文中、贾兰坡、克拉克、刘东生等很多国际知名学者前来考察研究，对泥河湾盆地的学术价值给予高度肯定，而且这些价值还体现在发表于国际期刊上的很多研究论文和学术专著中。泥河湾的研究成果已经成为全人类有关自身演化历史知识的一部分，对研究亚洲人类的远古历史，对开展世界各地旧石器时代区域文化和地质现象、环境变化的比较研究做出了不可磨灭的贡献。

泥河湾的遗产价值是真实的。这里的旧石器考古地点和第四纪地层堆积都是原生的，基本没有后期人类的干预和破坏，在层层叠叠的地层深处保留着先祖生存和演化的珍贵原始材料与信息。

泥河湾盆地具有科学价值的系统性和保存的完整性。泥河湾盆地是一个相对独立完整的地质地貌单元；这里的文化遗存涵盖漫长而基本连贯的历史序列，从地层、文化遗物遗迹、动物化石，到地貌和环境背景，构成完整的科学信息体系；遗址面积大，古人类遗存深埋于地层中，暴露并被发掘的部位和面积有限，整体保存状况良好；周边环境协调，没有喧宾夺主的现代建筑，遗址的人文和自然属性得以完整保留和体现。

另外，泥河湾的研究工作十分充分，许多地点经过多次系统的调查、发掘，积累了大量的标本、样品和丰富的成果、数据；科研论著和科普作品的制作、发表使泥河湾具有很高的知名度和公众认可度；近来遗址保护规划的制定颁布和博物馆的建设落成，使泥河湾的各项工作更成体系，更有章可循，具有了更加坚实的软、硬条件。这些都使泥河湾散发着充盈的活力和健康的气息，展现出光明的前景。

泥河湾博物馆展陈一角

泥河湾公众考古活动（2013年）

经过这样的审视，我认为泥河湾盆地完全符合了世界遗产地的条件，而且是文化遗产与自然遗产比翼齐飞。

目前中国已有41处世界遗产，居世界第三位。但必须看到，中国的文化遗产清单极度不均衡不合理：在类别方面，建筑、墓葬和造像居多，遗址分量不足；在时代归属上，历史时期的遗产居多，史前遗产严重不足，而占据人类历史99%的旧石器时代遗址更是凤毛麟角，仅有周口店一处！

在这一问题上中国并非孤例。一段时间以来，学术界和遗产工作者认识到，史前遗址非常重要，保留人类历史最漫长时段的记录；今天的人类共同拥有那段重要的演化过程，这是将我们肤色各异、语言迥别、文化不同的人群凝结在一起的历史根基和纽带；史前遗址的一些特点，例如保留更多的自然属性、不像人造物那样恢宏可视、不易划清边界、分布偏远不利管理、旅游吸引力差导致大众关注度低、研究的专家少致使相关信息缺乏等，导致这类遗址虽然重要但不受重视，被各个国家提名的机会低，管理薄弱，各种破坏的隐患很大。2008年7月，在加拿大召开的第32届世界遗产会议制定了“为使世界遗产名录具有代表性、平衡性和权威性的全球策略”的决议，要求对史前史在世界遗产中的地位开展专题研究。2008年11月，世界遗产中心在巴黎举办名为“史前史与世界遗产公约：行动计划与相关主题研究”的国际专家研讨会。2009年3月，世界遗产中心在西班牙再次召集主题为“人类演化与世界遗产公约”的国际专家会议。2012年9月底在韩国召开的会议进一步强调古人类化石地点和史前遗址作为世界文化遗产地的论证和推介这一主题。如此频繁的强化对古人类化石地点和史前遗址成为世界文化遗产地的专题会议，反映了这类遗址所面临问题的严峻性和相关学者与遗产官员的决心和努力，也使这类遗址不再被忽略，能在世界遗产名录中占据恰当的位置露出一线曙光。

远古遗址是人类的诞生地，是人类演化成长的摇篮。这里埋藏着人类之根，文明之根，埋藏着99%的人类历史。研究、保护和管理好先祖的家园是我们的神圣使命。最近河北省公布了泥河湾遗址保护规划，相信以此为契机，相关部门和文物工作者会加倍努力，推进与遗址相关的各项工作，为申报世界遗产创造更加成熟、有利的条件。

（原刊于《中国文物报》2012年11月7日第3版，略有改动）

水洞沟，历史在这里流淌

水洞沟遗址位于宁夏回族自治区银川市以东约19千米，西距黄河10千米，行政区划隶属灵武市，地理坐标为东经106°29′，北纬38°21′。从空中鸟瞰，该地区生态环境多变，丘嵴沟壑纵横，地貌支离破碎，在一片灰黄的主色调中偶尔沿河谷出现窄长的绿带，给人以历史的沧桑之感。这里地处鄂尔多斯地块的西缘，是银川平原、毛乌素沙漠与黄土高原的交会地带。自白垩纪中期至古近纪初，该地区长期遭受剥蚀。至渐新世，银川盆地与河套盆地的沉降范围扩至本区，形成厚近100米的棕红色土体沉积。此后该地区长期处于隆起剥蚀状态，发育出开阔的剥蚀平原。至上新世，一条河流开始在平原上游荡，侵蚀和改造早白垩纪的砾岩，形成广泛分布的河流砾石层，这便是今日之黄河。

登极而望，水洞沟一带的地形地势是错落有致的，5级黄河阶地顺势排开。在被河流切割的一些地段，阶地地层从上到下得以暴露，像被利刃切开的千层饼，红、白、黄相间的堆积平行叠压，循环交互，层层色色似乎争相诉说着桩桩段段有关地球变迁和生命演化的故事。至低处，由于劲风和雨水的侵袭剥蚀，原本由粉细沙构成的台地被分割成槽垄、沙丘，又被雕磨成千姿百态、神秘莫测的诡异造型，学名叫“雅丹地貌”。

现在看到的水洞沟遗址被一条名为边沟的河谷分割为南北两部分。边沟是一条发源于遗址东约28千米的清水营附近的常年有水的小河，自东向西流淌，沿途将鄂尔多斯台地南缘冲蚀切割成两壁屹立的深沟峡谷，景色壮美。边沟在遗址西约800米处折向北流，穿越明代修筑的土长城而最终汇入黄河。据说边沟在穿越长城时形成水洞，故此段河道被称为“水洞沟”，旧石器遗址由此得名。水洞沟遗址的崖面高十余米，由砾石层和粉细砂层组成，古人类的文化遗存就埋藏在这些砂石层中。

乍看之下，这里荒凉沉寂，人烟稀少，仿佛被先民开发后遭到了遗弃。但近得前来，却不难发现在贫瘠的表象之下潜藏着勃勃的生机。即使在荒芜的毛乌素沙漠，仍然时常可见飞鸟爬虫，牧人的羊群偶尔也会光顾。低处土石裸露的台地上不时会冒出黄灿灿、红艳艳的野花，一支支、一簇簇的，让人惊艳的同时更赞叹她们生命力的顽强！如若天降小雨，灰黄的土地瞬间就会换上一身绿衣，尤其是遍地的沙葱顶着粉红色的小花争奇斗艳。至低处河谷，则忽然进入绿洲的景象！这一切要归功于涓流不息的边沟河。边沟的水灌溉着河谷中的娇杨翠柳，滋润着坡脚上的灌木花草，养育着喜水的飞禽爬物。在这条荒漠中的绿色走廊里，红山湖、鸳鸯湖交相辉映，水中鱼儿成群，水面野鸭成队、白鹭双飞，沟谷湿地芦苇丛生、蒲草茂盛、蜻蜓飞舞，河边长城之上呱呱鸡列队高唱，一幅世外桃源的景象。

在这既苍茫荒凉而又色彩斑斓的地表之下，一段久远的人类历史被掩埋着、封存着。大约4万年前，一支生活于西伯利亚阿尔泰地区的先民受末次冰期严寒气候的驱使，辗转千里来到这里。他们被这里的湖水、绿树、草地和生活在其间的各类动物吸引，放下行囊，安营扎寨，生息繁衍。他们是熟练的石叶工具制造者，在山岗上和河滩里拣选合适的原料制作长薄锋利的石器，狩猎采集，生儿育女。数千年后，这支人神秘消失了。近3万年前，生活在华北的一支人群来到这里，续写生命的故事。他们用不规范的小石片工具和磨制骨器获取生存的资源，佩戴着用鸵鸟蛋皮制作并被染成赭红色的精美串珠，在居址上升起一堆堆的篝火，围火而作，围火而歌。这样的迁徙演化时断时续，至2万年前骤然画上了休止符。那时，地球正进入末次冰期的高峰，天寒地冻，食物难寻，动物南迁，人群避离。1.2万年前，大地回春，生机盎然，一支人群翩然而至，以此为家。他们娴熟地从燧石块上剥下规整细长的细石叶并将其装在木把骨柄上，以此做成锋尖利刃的复合工具，把骨材打磨成精美的骨锥和骨针，点起长燃不灭的熊熊篝火，将烧得红烫的砾石投放到混合了野生谷物和动物骨肉的汤水中，烧出一窝窝香喷喷的佳肴。这些遗物和遗迹，在不同地点、不同时代的地层中沉睡着，等待考古学家的探寻和破译。

光阴荏苒。进入有史以来，水洞沟仍在继续人文的积淀。在其南约400米处，一条不知何时开辟出来的由银川通往陕西、山西的交通要道自东而西绵延伸展，承载着过往的商旅和政要。一条修建于明成化十年（1474年）自横城至盐城的土体长城横亘在遗址北缘，既用来阻击北方剽悍游牧民族的侵掠，又保护着古道上东来西往的商旅不受劫盗之虞，顺便将北边不断南侵的毛乌素沙漠阻隔在遗址之外。1697年，康熙皇帝为平息噶尔丹叛乱，亲率文武百官和骠骑悍将，出北京，经山陕，循长城南侧古道穿水洞沟而过，旌旗摇曳，留给当地百姓几代流传的话题。在第1地点与长城之间有一座废弃坍塌的庙宇，不知建于何时，也不知毁于何年。从孤寂凌乱地躺卧在地上的断壁残石上的精美雕饰判断，它应该是有些来历、有过荣耀的。物换星移，现如今历经数百年沧桑的斑驳古道还依稀可辨。

边沟河静静流淌，南来北往的人行色匆匆。1923年6月，法国古生物学家桑志华、德日进根据别人提供的线索前来探考。他们下榻"张三小店"，并在月白风清中信步踱到哺乳动物化石裸露的断崖边，获得了一项重大的科学发现。他们发掘出大量哺乳动物化石和远古先民的石器、用火遗迹，并认为在整个水洞沟盆地的黄土状地层中，"埋藏着许多完全一致的旧石器时代制作场遗址。这是由黄土形成时期住在该地区的居民所留下的"。这是在中国首次系统发掘的一处旧石器时代遗址，并就此写就了首部有关中国旧石器时代文化的著作，将史前人类在这片广袤土地上生存繁衍的历史推前数万年。上裹尘封的人类历史，被徐徐揭开了。

法国学者在水洞沟遗址初期的考察和研究只是揭开了一场伟大学术活动的序幕。其后，水洞沟遗址便成为一块学术的圣地和热土，刨根问底式的探考和炽热的争论不断在这里上演。1960年夏，中苏古生物联合考察队在这里开展第二次发掘；1963年夏，中国旧石器考古学之父裴文中率队前来，开展对遗址的第三次发掘；1980年，宁夏博物馆与宁夏地质局联合考古队在遗址开展四次发掘；2003—2007年期间，宁夏文物考古研究所和中国科学院古脊椎动物与古人类研究所联合组队，对遗址进行新一轮的系统发掘，并将发掘范围扩展到第2、3、4、5、7、8、9、12诸多地点。

除系统的发掘之外，还有贾兰坡、汪宇平、孙建中、周昆叔、黄慰文、袁宝印、夏正楷等学者的考察，有对水洞沟遗址地层环境和文化面貌等课题的专题研究。还有更多的爱好者和社会贤达前来参观和追思。当我们的国门重新向西方世界打开的时候，美国、法国、韩国、日本诸国学者的身影又时常在水洞沟的残垣断壁前徘徊，希冀能延续桑志华、德日进的科学神话。

岁月如梭。水洞沟古人的时代已经与我们渐离渐远。他们留下若干遗物与遗迹，让后人去寻觅，去凭吊，去遐想。今日的人们偶尔会驻足凝望埋葬着先人的遗址，但很快又会踏着先人的足迹匆匆前行。我们每个人都是历史的过客，但同时也是历史的创造者，都会在历史上留下或轻或重、或浓或淡的一笔。

水洞沟，历史在这里流淌。

（原刊于《化石》2013年第2期）

水洞沟遗址与“水洞沟模式”

中国是文明古国，是人类的发祥地之一。华夏大地埋藏着数千处旧石器时代遗址，既是构筑人类远古历史的珍贵遗产，也是造福当代社会发展的文化旅游资源。如何让那些无字的历史被解读，让先祖的遗物遗迹活化起来，这是考古工作者和文旅资源开发者必须破卷的命题。在宁夏水洞沟遗址上所发生的故事，或许对我们破解上述难题提供了有益的经验与启示。

学术价值重大的水洞沟遗址

水洞沟是国际学术界赫赫有名的史前遗址，是国家重点保护单位。东距银川19千米，北有明代长城蜿蜒延伸。这里埋藏着以黄河文化为代表的中华文明的根系，具有深远、厚重的文化底蕴。4万年前，一群狩猎—采集者来到这里，开始书写水洞沟的古史；其后陆续有人群到此驻足，续写史前文化篇章。至5000年前，新石器时代先民仍在这里打石制陶、薪火传递。该遗址由若干地点组成，所埋藏的遗物与遗迹勾画出一幅幅先民迁徙交流、勤勉劳作、生存繁衍的鲜活历史画卷。

第1地点在1923年被发现和发掘。法国学者桑志华、德日进于1925年在国际学术界率先发文，宣布遥远的东方存在旧石器时代文化遗存；这里的石制品具有欧洲莫斯特文化与奥瑞纳文化的混合特征，表明4万年前发生过东西方人群的远距离迁徙。这里出土的石叶制品被认作早期现代人的文化标识，多分布在欧亚西部和西伯利亚，有学者据此认为东亚人群是旧石器时代中晚期在非洲诞生并自

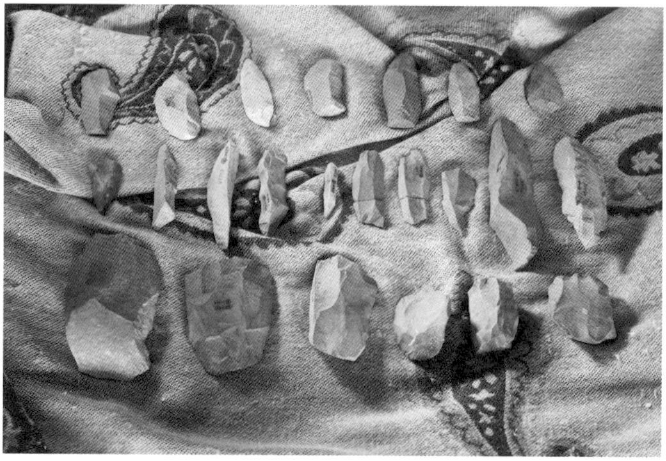

水洞沟第1地点1923年出土的石叶类产品

水洞沟第1地点2022年考古发掘

西向东迁徙的早期现代人的后代。

第2地点则展现另外的图景。这里出现距今3万年前后的多个层位和丰富多彩的文化遗存，显示出与第1地点不同的风格，回归在华北延续百万年的小石片文化传统，但一些石器加工精细，说明技术与文化在发展和跃变。还出土磨制骨器和用鸵鸟蛋皮制作的串珠，表明当时这里生活着一群爱美的“水洞沟人”。精致的石器、磨制骨器、装饰品这些被看作早期现代人文化标记的出现，表明这里本土的古人群也已进入现代人的行列，并未被外来人群替代。该地点有密集分布的火塘，证明当时人们已经形成聚落社群，以火塘为中心劳作生息，复杂社会的基因已经诞生。对石器的分析表明，当时先民已在对特定动植物资源做着深度利用，农业的种子也已种下。

水洞沟第2地点2004年考古发掘

第12地点已迸发出文明的火花。这里出土1.1万年前技艺精湛的细石叶制品、精美的磨制骨器、骨柄石刀、石磨盘与石磨棒等。骨器中的梭形器说明当时先民已会织网，以此捕捉飞鸟和快速奔跑的羚羊、野兔。石磨盘、石磨棒在后期农业遗址中常见，农业雏形在这里已乍现。还有一项重要发现：该地的先民已在使用石煮法，即将石头烧热，放到水中使水沸腾，把浸在水中的食物煮熟。这些遗存使我们得以窥见特定历史进程的流光溢彩：旧石器时代在向新石器时代过渡，狩猎—采集生计在向农业迈进，迁徙游动的栖居模式在向定居转变，文明在加速孕育！

这些重要的历史节点和证据，都埋藏在水洞沟漫漫的黄沙和层层的褐土下！

文旅融合发展的水洞沟景区

2015年7月，水洞沟遗址古色古香的大门上添加了一块金色牌匾：国家5A级景区。这是国内首个以史前遗址为依托打造成功的5A景区，对遗址利用是一次跃变，迈上了文旅融合发展的新台阶。

众所周知，旧石器时代遗址可视性和观赏性差，旅游吸引力不强。虽然该遗址在考古界早已闻名遐迩，但很长时间内这里人迹罕至，一片荒芜。明长城那时也无人问津，因为是土体建筑，年久失修，低矮残破，只有几座烽火台在顽强地展示着不屈的身姿。

该局面在2005年开始改变。那一年，来自鄂尔多斯的企业家王亚伟开始与水洞沟结缘。这位阅历丰富的北方汉子果断、坚毅、崇尚文化、对历史痴迷。他坚信远古遗产会成为当代人的精神财富，历史与文化会产生社会效益，决心为这处古遗址的利用、发展做一番尝试，愿做第一个吃螃蟹者！在政府支持下王亚伟组建了水洞沟旅游开发公司，带领员工开始了艰辛的创业之旅。

文化旅游是个投资大、见效慢、风险高的行当，当时的领导、专家、亲朋都不看好在这里发展旅游、创造收益的前景，员工更是信心了无。好不容易引来少许游客，结果却流传起这样的段子：“不来水洞沟后悔半辈子，来过水洞沟后悔一辈子！”2006开局之年，平均每天接待不到一位游客。

坚持、改变、创新！王亚伟带领一班人决心要让文化遗产活起来，让大众看得懂、感兴趣，让游客在这里既能得到文化的熏陶，也能获得休闲娱乐的快慰。整修道路，美化绿化，建立网站，增加导游和解说环节，创造整洁、舒心、服务周到的游览环境，这是常规动作。

但这些远远不够！在专家的建议下，王亚伟决定打造水洞沟遗址博物馆，而且是有特色、有生命力的博物馆！为此他遍访国内外相关博物馆考察、取经，并与鲁美艺术学院和文博单位的专家反复研讨、推敲，最终形成了博物馆建筑与展陈设计方案。2011年6月的中国文化遗产日，水洞沟遗址博物馆正式落成。这座耗资5600多万元打造的博物馆外观为石核造型，展陈面积3100平方米，系统展示了遗址发现、发掘和研究的历史，再现了4万年至5000年间先民狩猎—采集、生存繁衍的情境。博物馆内最具创意和吸引力的是沉浸式远古生活体验区，用声、光、电、幻影成像、动漫、地震平台对接等科技手段和实景、古环境艺术再现等方式，让游客置身于史前环境中，近距离观赏先民迁徙交流、制作工具、狩猎采集、载歌载舞的一幕幕片段，身临其境体验狂风骤雨、地震、泥石流等自然灾害对人类生存的影响。这样的动感体验场馆是国内史前博物馆的首创，得到国内外专家和游客的高度评价。

观众参与、寓教于乐是现代文旅的方向，旅游公司对此做了多方探索，力图让枯燥的史前知识鲜活、灵动起来。他们虚心向专业人员学习，培养自己的技术能手，设立远古生活体验区，为观众表演先民工具制作和资源获取的技艺，让游客体验打石制器、拉弓射猎、用石器剥皮割肉、用钻木取火得来的火种烧烤熟食，让游客在大快朵颐中体验先祖生存的艰难与快乐。国家推出中小学研学项目以来，这里的仿古体验成了孩子们的最爱，他们在欢声笑语中体味祖先的生活，领悟人类演化征程的坎坷和卓绝，在模拟区学习精耕细作的考古发掘流程，了解科学家撰写人类史书背后的故事。

一个传说让水洞沟文旅拓展有了新的抓手：在遗址东面幽深的峡谷南侧有藏兵洞！长城是军事防御设施，若存在藏兵洞，对长城的作用和相关军事文化可以做更完整的展现与诠释。于是文物工作者和公司员工在断壁残垣中搜寻，果真发现数处藏兵、储粮、存放火药的洞窟，得到守卫长城的官兵在洞内驻守的些许线索。他们根据历史记载和文学故事，历经数载，将这些洞窟凿通，依地势复制出坑道、水井、陷阱、储藏间、机关暗器、官兵休息室等，与尽头的红山堡和对面的长城相呼应，打造出一个神秘莫测、玄机重重、妙趣横生的古代立体军事防御体系，让游人在此有独特的探险、溯古体验。水洞沟旅游线路上的一个新亮点就此诞生！

如今水洞沟景区可供游览的项目丰富多彩。人们可以到古遗址前寻觅先人的足迹，登上修缮过的明长城远眺大漠、回溯历史，泛舟红山湖观赏白鹭、鸳鸯和湖岸奇异地貌，邂逅鸵鸟、驯鹿和多角神羊，观看“北疆天歌”令人目眩的精彩骑射表演……经过15年4亿元投资的开发建设，昔日荒凉的水洞沟如今已是宁夏乃至中国旅游的文化名片，成为中小学研学和爱国主义教育基地，被认定为中国

水洞沟考古遗址公园向社会敞开大门

驰名商标，年收入8000多万元，为近千人提供了就业机会，并带动了周边生业发展。这些成就和光环书写了水洞沟文旅拓荒者创业、发展的传奇。

机制创新与互益共赢的“水洞沟模式”

新世纪以来，水洞沟遗址各项工作取得瞩目的成就，学术地位与社会影响力日益提升，成为史前遗址的一面旗帜。在这一过程中，机制创新与互益共赢的“水洞沟模式”悄然生成。这个模式可以被概括为：政府、学术机构与企业密切合作，各自发挥优势和专长——政府做政策把握和宏观指导，承担遗址保护和管理责任；科研单位负责遗址发掘、研究、价值阐释并为遗产利用提供咨询；企业开发文旅资源与市场，创造就业机会和经济效益，并为遗址保护提供信息。在这一模式下，遗产保护与利用并重，科研与科普比翼齐飞，文化与旅游高度融合，科研科普成果反哺遗址保护、利用与创新，互益共赢，共同为保护与传承文化遗产、增强文化自信而在各自的岗位上尽职尽责，创造科研、文化产品和经济、社会效益。

在遗址保护方面，政府主导了《水洞沟遗址保护规划》的编制与实施，使遗址保护、管理、利用和研究有章可循；修缮长城，使水洞沟遗址和明长城这两处国保单位交相辉映，为旅游资源开发提供了助力。在学术方面，中科院古脊椎动物与古人类研究所联合宁夏文物考古研究所在遗址设立工作站，从2002年起做持续的调查、发掘和研究，不断拓展遗址的文化内涵；将最新的野外发掘和信息技术及理念运用到考古实践，以遗址为田野学校展开专业人才的系统培训，一批批具有国际视野、前沿意识和创新精神的青年才俊从这里走出；围绕遗址发表了大量论文和专著，提出具有重要影响力和创新性的观点和论述；还以纪念遗址发现80、90周年为契机举办过两次大型国际学术研讨会，提升了我国相关学科的地位和影响力。这些学术成就被国家最高科技奖获得者刘东生院士誉为“中国旧石器时代考古学文艺复兴的标志”。在宣传普及方面，宁夏电视台制作、播放了6集水洞沟遗址专题节目；学术机构与旅游公司联手推出文图并茂、制作精美、中英双语的《水洞沟——穿越远古与现代》画册。2018年，第二届旧石器时代文化节在这里成功举办，通过面向公众的科普讲座、石器制作与使用演示、先民生产生活艺术再现、小小讲解员大赛等多种形式普及旧石器时代知识，诠释人类演

水洞沟文化节（2018年）

化的历程和伟业，传递珍爱文化遗产、增强文化自信的理念。旅游公司还与考古队合作，发起文化扶贫公益活动，将西部山区的孩子请到遗址和博物馆，为他们传授人类演化知识，讲述科学家成长的励志故事。

在实践中形成的“水洞沟模式”的最主要创新是企业承担遗址的利用和旅游资源开发。政府部门与企业在准确把握政策法规的基础上明确了相关方的责权利，制定了清晰、合理的运行规则，发挥了各自的优势，保障了遗址保护与利用的双赢。2020年国家文物局颁布的《大遗址利用导则》明言“鼓励机关、团体、企事业单位、集体和个人参与宣传推介、设施建设、游客服务、文化策划、产业发展等大遗址利用活动”，这使“水洞沟模式”有了进一步的政策依据和保障，为围绕遗址的各项工作提供了强力助推。

水洞沟埋藏着珍贵的远古文化遗产，是绵延5000多年、具有强大生命力的中华文明根基的一部分。习近平总书记指出，“历史文化遗产不仅生动述说着过去，也深刻影响着当下和未来”，水洞沟遗址上的实践证明了这一点。在实践中闯出的“水洞沟模式”对同类遗址的保护、研究与利用提供了有益经验与启示。希望这一模式能得到推广，使我国文化遗产的保护、传承与利用登上习新的高度。

（原刊于《化石》2023年第2期）

丁村遗址发现的意义及其在中国旧石器考古发展中的地位和影响

丁村遗址的发现、发掘和研究在中国古人类学和旧石器考古学史上占据十分重要的地位，对学科的发展和相关问题的研究产生了重大和持久的影响。

丁村是中华人民共和国成立后在华夏大地上首次发现和发掘的旧石器时代遗址，标志着中国旧石器时代考古学独自走上了国际学术舞台。此前中国古人类学和旧石器时代考古学尽管因为周口店遗址及相关材料的发现与研究而声名鹊起，但在中国所发现的遗址屈指可数，材料十分有限，对这一区域远古历史还只能是管中窥豹。但丁村遗址群出土了丰富的人类化石和文化遗存，使对神州大地人类演化历史的重建向前迈出了一大步，而且该遗址给了中国学者独自开展科考工作、证明自己研究能力的契机。以前包括周口店、水洞沟和萨拉乌苏等遗址的发

丁村遗址地层远眺

掘与研究，或由西方学者操刀，或由西方人主持。裴文中、贾兰坡作为中国旧石器考古的奠基者，也是在西方学者的指导下进行，在西方的学术体系下工作。丁村的考古工作首次由中国学者独立承担，裴文中和贾兰坡亲临现场，主持发掘与研究，及时出版了发掘报告（《山西襄汾县丁村旧石器时代遗址发掘报告》，裴文中主编，科学出版社，1958年），开启了在该遗址长期发掘与研究的先河，也带动了日后在山西乃至全国范围的许多重要旧石器时代遗址的发现与发掘，发表了一系列研究成果，引起国际学术界的高度关注和重视。

丁村遗址群的材料与成果对构建中国旧石器时代文化序列起到关键的作用。裴文中先生在1937年发表的《中国的旧石器时代文化》一文中，将来自泥河湾的一件石制品和周口店第13地点的石器遗存作为"最早的人工制作的迹象"，将周口店中国猿人文化称为"旧石器时代早期的早段"，将周口店第15地点称为"旧石器时代早期晚段"，将"河套文化"定位为"旧石器时代中期"，将山顶洞文化界定为"旧石器时代晚期"。这是中国旧石器时代文化序列的最早雏形。1948年裴文中将其修订为：早期为周口店第13、第1、第15地点，中期以"河套文化"中的水洞沟和萨拉乌苏为代表，晚期为山顶洞遗址。随着丁村遗址的面世，裴老在1965年发表的《中国的旧石器时代—附中石器时代》一文中，将中国猿人文化、蓝田猿人文化和匼河文化作为中国旧石器早期的代表，将丁村文化作为旧石器中期的代表，而将萨拉乌苏、水洞沟、山顶洞遗存作为旧石器时代晚期的代表。这样的分期方案以后虽有微调（包括将周口店第15地点列为中期遗

丁村遗址出土的部分石制品

址），但基本框架得以保留并沿用至今。丁村遗址，成为中国旧石器时代文化序列中的一个关键环节和重要链接点。

丁村遗址对构筑中国旧石器考古学体系起到过重要的影响和积极的促进作用。作为一个舶来的学科，在起步阶段难免对西方的学术体系照单接收。但裴老等很快发现中国和欧洲的石器类型与技术有很大区别，尤其是丁村的文化遗存被发现后，裴老认为在欧洲旧石器文化中没有可以比较者，开始尝试摒弃照搬欧洲石器类型学的做法，进行建立符合中国材料特点的类型学探索。于是将丁村的石器划分为石核石器和石片石器两大类，在大类之下又定名了“球状器”“单边形器”“多边形器”“厚尖状器（三棱尖状器、鹤嘴形尖状器）”“小尖状器”等。这样的分类更多依据器物的形态特征，而疏远传统上以人为判断的功能为标准的分类原则，应该说更具客观性和可操作性。不但与欧洲的旧石器文化迥异，裴老等还发现丁村的石制品与中国已发现的周口店、水洞沟、萨拉乌苏等遗址的出土标本皆有不同，于是将其命名为“丁村文化”，并开始思考中国旧石器文化的多样性和复杂性问题。贾老更是在此基础上提出华北存在两大并行的旧石器时代文化传统的假说，并将其中的大型工具传统定名为“匼河—丁村系”。在对丁村石制品的分析中，研究者进行了一定程度的打片和使用实验，在此基础上提出“碰砧法”“使用石片”等概念，这对以后我国实验考古学的发展和类型学研究产生了深刻影响。研究者还注意到古人类在该遗址广泛使用角页岩作为石器的原料，而这种材料的特殊性与丁村独特的文化面貌具有很大的相关性，这也使日后学术界更加关注原料对石器技术与类型、形态的影响。这些成果与影响，使丁村成为新中国旧石器考古学科体系形成过程中的一座里程碑。

丁村遗址的发现推动了对中国与欧洲旧石器文化的比较研究。与当初水洞沟遗址被发现时学术界对其与欧洲石叶体系存在关联的认知和对周口店北京猿人独特的本土文化的认识不同，丁村的石制品使中外学人产生了长久的争论，对该遗址是否存在预制石核程序和系统规范的剥片技术，是否存在以手斧为代表的阿舍利技术体系，学术界莫衷一是。少数西方学者认为丁村遗址出土手斧，表明远古东、西方人群间曾经发生过迁徙与文化交流。中国也有学者认同这种观点，认为中国的第一件手斧出自丁村，并以丁村的材料为基础提出汾渭地堑是中国旧石器时代手斧富集的三大区域之一。对丁村手斧的争议，发端于一件特殊的标本（P.1889），在原始报告中被称为“似‘手斧’石器”。其实该标本与丁村遗址、

“丁村文化”没什么直接的关系，是从丁村东约5千米的沙女沟的地面上捡到的。丁村遗址的原始发掘报告对此作了清楚的交代，但有的学者或许不明就里，误将其当成丁村遗址的出土物乃至代表性的器型，直至今天还在此问题上继续引申和发挥。

丁村遗址的发掘与研究巩固了中国古人类学和旧石器时代考古学多学科交叉与协作的传统。这一传统源于周口店遗址的科考工作，化石人类学、考古学、脊椎动物学、地层学、年代学皆参与其间。这一传统在新中国未被否定并得以维持和发展，丁村功不可没。因为遗址出土了人类化石、石制品、软体动物化石、脊椎动物化石，研究时这几个领域的专家便顺理成章参与进来。又由于遗址埋藏于黄土和河流相沙砾层中，地质学家和年代学家也卷入其中。一些石制品受到磨蚀，表明一定程度的搬运和再埋藏，于是埋藏学也在这里找到了用武之地。这样，多学科协作便由舶来品变成我们自己的研究传统，在元谋、大荔、金牛山等很多遗址的发掘与研究中被发扬光大。

丁村遗址还对新中国相关学科的人才培养做出了贡献。该遗址由贾兰坡、裴文中先生主持发掘与研究，包括吴新智、邱中郎、王建、吕遵谔、张森水等很多第二代学人参加了发掘工作和后续研究，他们又继续指导学生和后辈学人在此学习和工作。作者本人在攻读硕士学位期间，就被导师张森水先生安排到丁村遗址做发掘实习，与李占扬兄同吃同住同劳动近两个月，打下了旧石器考古的田野基础并初步掌握了对石制品的分类、测量和分析的技能。如今，王建先生的公子王益人兄仍在遗址挥洒汗水，延续学科的血脉。

当然，当年丁村遗址的发掘与研究也不是尽善尽美。由于是配合基本建设，也由于工作点多，发掘面积大，当时的发掘较之裴文中等在周口店工作时期建立的田野规范，有些粗放和急躁，没能对遗物的位置和埋藏情况给予足够的关注，野外记录也不如周口店那样详细、完备，在发表的发掘报告中，野外工作仅用半页纸寥寥带过，未能提供翔实的信息。这可能开了“大干快上”的风气之先，使周口店时期建立的精耕细作的传统被摒弃，以致直到20世纪90年代我们才在野外发掘和标本、信息获取方面重新与西方接轨。另外，发掘报告和后续研究文章效仿古生物学研究中选择“模式标本”的范式，只选取少量“典型标本”加以描述和研究，未能提供更全面、客观的材料与数据，以致很长时期内人们误认为“丁村文化”是以大型砍砸器、大三棱尖状器等为主导，碰砧法为古人类在该遗址的主要剥片方法，无法对其文化面貌获得全面、合理的认识，也使贾老的华北两大旧石器文化传统的假说陷入误区。类似的做法，在很长时期内，对中国旧石器时代考古学特色的形成和发展产生了不利的影响。当然，这是后人站在先哲的肩膀上所做的观察与思考，并不意味着对前辈的丰功伟绩和滋养了学科发展的丁村这方热土所做出的历史贡献的否定。

（原刊于《砥砺集——丁村遗址发现60周年纪念文集》，
三晋出版社，2016年）

鸽子山，史前遗址中的一颗璀璨明珠

2017年4月12日，中国文物考古界和新闻媒体热切关注的2016年度全国十大考古新发现评选结果揭晓，宁夏青铜峡鸽子山遗址的考古发掘成果从25个入围项目中脱颖而出，成为文物考古界一颗耀眼的明珠。

在此之前，鸽子山遗址并不知名。虽然它在2006年被确立为全国重点文物保护单位，但即使在考古界，也鲜有人知道它的名字、位置和学术价值。2014年，中国科学院古脊椎动物与古人类研究所和宁夏文物考古研究所联合组队，在第10地点开展抢救性考古发掘。连续4年的系统发掘和多学科协作，取得了令人瞩目的重大成就，让考古人惊喜，让学术界震撼。

这项田野工作不但解决了困扰学术界30余年的有关鸽子山遗址地层、年代和文化性质等若干基础问题，还带来了一系列令人惊奇的重大发现和突破性成果。通过精耕细作的发掘，辅之以现代科技手段的精密记录和高分辨率的测年技术，发掘队在约200平方米的区域内辨识出三个年代分别为距今4800年、10000年和12000年的史前文化层位，揭示出旧石器时代晚期向新石器时代演变、过渡的文化序列，获取数万件石制品和大量动物化石，还发现一批用石料、兽牙和鸵鸟蛋片制作的精美装饰品。

出土的石制品包括小巧精致的细石核、细石叶和用细石叶加工而成的工具，精美、对称、两面加工的尖状器，形制多样、用于研磨的磨盘和磨棒，刃口锋利的刮削器、端刮器和锯齿刃器等。在最下面的文化层中揭露出两组呈条带状分布的柱洞，柱洞内多有木炭、石块，应为简易居住性建筑（窝棚）的遗迹。这种建筑遗迹在我国旧石器时代遗址中尚属首次发现，在整个东亚地区也十分罕见，为窥探当时人类的适应生存方式提供了弥足珍贵的资料。数枚直径不足2毫米、难

鸽子山第10地点地层剖面与年代

鸽子山遗址出土的精美细石叶石器

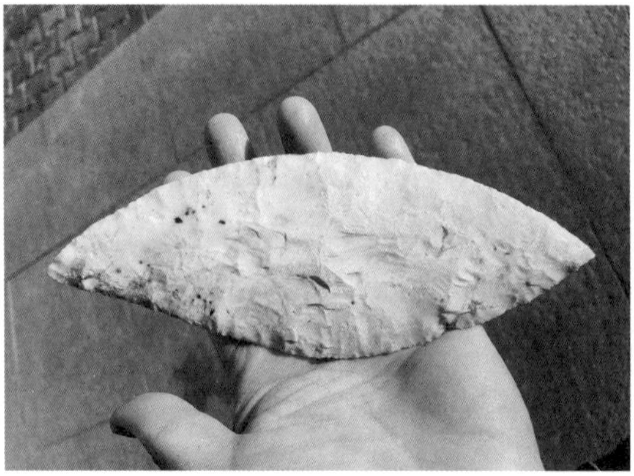

鸽子山遗址出土的精美两面器

以捏拿的串珠用鸵鸟蛋片加工而成，形圆周正，中心钻孔，造型美观，工艺精巧，是目前世界范围内旧石器时代同类装饰品中的最小者，在昭示制作者独特的匠心和高超的工艺水平的同时，也彰显了发掘工作的精细和缜密。在同层还揭示出一系列用火遗迹，遗迹范围内分布着密集的炭屑、灰烬和烧骨、烧石，有的遗迹显示出火塘的复杂结构，表明当时的人类对火和热能具备了娴熟地控制、利用能力。该遗址出土的磨盘—磨棒数量巨大，造型多样，在同期遗址中鲜有可比者，表明对工具、食物、颜料、皮革等的研磨加工在当时人们的生产生活中占有重要的地位。目前已从部分磨盘、磨棒和石器上成功提取到植硅体、淀粉粒等微体植物遗存，系统的浮选工作也提取到大量炭化的植物果壳和种子。

这些植物材料以及丰富的动物化石是当时人类食物的残留吗？当时这里的人类是否已在狩猎—采集过程中积累了足够的动植物和生态知识，对可以被开发利用的动植物资源进行过某种程度的管理乃至驯化？那些火塘中泛着油褐光泽的木炭、沙土是否包含着更多古人类食谱的信息？相信通过对这些材料的科技检测、分析，未来的研究将会为我们描绘出生活于贺兰山脚下的先民们一幅幅生息劳作的鲜活画卷：他们穿着兽皮衣饰，佩戴着串珠项链，在喷涌的泉水边制作工具、搭建营地、构筑火塘，在炊烟与火光的映衬下分享食物、载歌载舞……

需要指出的是，鸽子山是一个大型旷野遗址群，目前已经发现和标记了15处地点。上述重大发现仅仅来自第10地点。其他遗址，或仅做过有限的试掘，或仅在地表做过调查、采集，地下的文化宝藏和学术谜底，尚待被发现、发掘、研究和破译。因而，目前在第10地点的考古发掘仅仅揭开了鸽子山遗址远古文化遗产和学术价值的冰山一角；未来还会发现什么，不可估量。

“12000～10000年前”，这是鸽子山遗址的关键词，是其最重要的文化遗产与学术价值所依托的时代。这一时期，环境变化和人类演化，都在向“现代”的方向快速奔跑着。当时大自然刚刚挣脱末次盛冰期严酷气候的桎梏，冰雪消融，大地回春，虽然还有新仙女木事件的短暂波折，但自然环境总体上一路向好；人类在这样适宜的气候和生态中，带着百万年文化的积淀，犹如脱缰的骏马，从旧石器时代一头闯入了新石器时代，文化的发展和文明的孕育在加速进行着：许多新的技术被发明和创造，更多工具、用具被制作出来，打制石器开始让位于磨制石器，陶器呈现星火燎原之势，精美的骨器、装饰品成为人类的新宠，迁徙游动的狩猎—采集生计模式渐被定居的农业生产所取代，人口增加，社会复杂化，人类演化进入了一个崭新的时代！

生活在旧石器时代晚期贺兰山脚下的“鸽子山人”就是在这样的背景下登上了历史的舞台。这里山前盆地开阔的地貌环境和生态多样性，不远处的黄河所带来的水汽和石器原料，区域内汩汩流淌的泉水，在丰盛的水草中觅食的动物和丰富的可食性植物果实、种子、根茎，吸引着先民来此制作工具，狩猎采集，宴饮小憩，进而安营扎寨，劳作繁衍，生生不息。随着时光的流逝，他们生产、生活的遗物、遗迹被一层层的沙土掩埋、封存，成就了今天考古学家的业绩，也成为子孙后代珍贵的遗产。有了这样的文化遗产，今天的人们才得以了解、研究古人，才得以凭吊纪念先祖，才得以知晓现时在历史长河中的短暂与渺小，并得以在文化建设和社会发展中注入一份健康、有深厚底蕴的基因，发挥它们知识积累、科普教育和社会名片的作用。过去的历史，正在造福于当代人类！

鸽子山，这颗史前遗址中的珍贵明珠，定将更加璀璨夺目！

（原刊于《光明日报》2017年10月30日第5版）

庙后山随想

坐落于辽宁省本溪市的庙后山遗址是东北亚一颗璀璨的远古文化明珠。

这处洞穴遗址在旧石器时代早期被先民发现和利用，成为他们的家园。洞内埋藏着古人的化石，他们制作和使用的工具，用火遗迹，以及被他们猎杀、肢解、分食的肿骨鹿、三门马、犀牛、鬣狗、水牛、硕猕猴等40多种哺乳动物化石。这些文化遗物、遗迹留有先民的血汗、指纹和工具切割的痕迹，犹如古人写下的歌词；而地层的沉积音律和时间流淌的节奏则成为他们生命之歌的曲调。先祖断续生活在这里，开疆扩土，狩猎采集，生儿育女，谱写了一曲曲激越、苍凉、悠远的生存演化之歌。这些“词”“曲”就尘封在洞穴内层层叠叠的沙土中，而先祖的遗骸，在经历数十万年风霜雨雪的洗涤、风化、磨砺后，只剩下零散的

庙后山遗址

头骨残片、牙齿和肢骨，宛如佛祖的舍利，化为神奇，化为不朽。

1978年，辽宁省的文物考古工作者在开山取石的残迹中发现了这处重要的遗址，随后在中国科学院古脊椎动物与古人类研究所专家的指导下开展了多次考古发掘，出土珍贵的人类化石、动物化石和丰富的文化遗物，深藏了数十万年的先祖遗存得以穿时面世，远古文化的宝藏绽放出耀眼的光芒。经过科学家30多年的潜心研究和科学分析，庙后山遗址文化遗存的面貌被逐渐揭示，其学术价值与意义日渐显露。2006年，经过专家的推荐和论证，庙后山遗址被国务院列为第六批全国重点文物保护单位，跻身我国旧石器时代遗址35强，与蜚声中外的周口店、泥河湾、水洞沟等遗址处在了同一个方阵。

庙后山遗址的学术价值和遗产地位是多重的。其一，遗址出土的材料十分丰富，包括人类化石、与人类伴生的动物化石和富有特色的石制品及用火痕迹，为研究古人类技术能力，行为方式和生产生活状况提供了珍贵的材料；其二，遗址的古人类遗存历史久远，延续时间长，在四五十万年前初露端倪，以后断续出现，是东北最古老的人类驻足地，对复原先祖在该地区的演化过程和生存历史弥足珍贵；其三，庙后山是一处洞穴遗址，人类活动的遗物遗迹集中分布，原地埋藏，为学术研究保留了一个几近完整、未经扰动的科学信息体系，使科学工作者能像刑侦学家一样在一处未被破坏的现场充分提取物证，做各种分析检测，还原历史的真实；其四，遗址地处北温带地区，受亚洲季风气候影响显著，环境变化在这里有敏感的反映，这对分析先民演化发展的环境驱动力和适应生存方式，提供了难得的观测平台；其五，遗址位于东北亚的核心部位，上联蒙古戈壁、草原和俄罗斯西伯利亚、远东地区，下接朝鲜半岛和日本群岛，西邻关内华夏腹地，对探讨东北亚地区史前人群迁徙、族群融合和文化交流，具有特殊的意义。于是乎，我国的考古工作者不断来此发掘和考察，寻觅古人的遗迹，凭吊先祖的英灵，找寻东西南北重要发现的链接点……

2012年夏、秋，辽宁的考古作者和中国科学院的科研人员再次来到这里，揭开了最新一轮考古发掘与研究的序幕。他们将残存的堆积精耕细作式地一层层剥离，将一件件标本小心翼翼地清理、测量，将特殊的遗迹现象精细提取、送交实验室化验分析，将一个个数据、图像输入电脑，分析、解读。在全新的现代研究理念的引领和高科技手段的支撑下，庙后山遗址又出土了更翔实的材料，产生了更精确的数据，展现出新的文化内涵和科研潜力。同时，在国家文物局和相关专家的指导下，本溪市政府和辽宁省文物部门启动了遗址保护规划的制定和实施工

庙后山遗址（作者于2023年考察留影）

程，勾画着遗址作为一处重要遗产地、科研基地、科普教育和旅游胜地的保护、建设、发展的壮美蓝图。

可以想见，在《规划》的指引下，未来的庙后山遗址将展现一幅崭新、美好的图景：遗址的核心部位得到更好的遮蔽性保护，保护棚与山体有机地融为一体，先祖的家园不再遭受风吹雨淋日晒的侵扰；残破的洞穴得到加固和修复，埋藏祖先遗存的堆积得到更好地保护和清晰地展示，古人的生产生活场景得以复原；因早期开山取石破损的遗址上方山体得到整修，绿色植被重新覆盖在裸岩上；周边的环境得到整治、美化，遗址区小径通幽，绿树成荫，山花烂漫，古人类和古动物的塑像身影若隐若现；山下道路通达，小河清澈，鱼儿遨游，柳枝垂岸，野果飘香，动物在河边饮水，古人在岸边渔猎和采集；附近的遗址博物馆造型别致，古色古香，与遗址山体和周边景观浑然一体；馆内陈列着从遗址发掘出土的人类化石、动物化石和各类文物，实物、图片、雕塑、文字介绍、技术模拟、场景复原、声光电演示……或静或动，或明或暗，全方位展示、解析远古时期的环境和先人的生活。悠闲的访客在遗址内漫步观赏，耳濡目染，身临其境，实现今古的穿越；雀跃着的学生们将遗址当作露天课堂，对洞穴做素描，在特定区域做模拟发掘，在博物馆里潜心做笔记，聆听专家讲述远祖的故事，自己动手体会古人制作工具的艰辛和分享食物的快乐……

庙后山，远古人类的家园，东北先祖的祭坛。本溪有了这样一处遗址，文化的底蕴得以厚积；东北有了这样一处遗址，历史的根系得以延伸；中国有了这样一处遗址，文化的实力得以彰显；世界有了这样一处遗址，遗产的版图变得更加开阔。

我们期待着庙后山遗址对学术研究、科普教育、社会发展做出更大的贡献！

（本文是作者为《庙后山——东北第一人的故乡》所作的序，
该书于2014年由辽宁民族出版社出版）

人字洞遗址释疑

引　言

1998年5月，在安徽省繁昌县孙村镇癞痢山，人字洞遗址被金昌柱、郑龙亭、徐繁等科考工作者发现。这在中国乃至亚洲地区人类起源与演化研究史上是一件大事，尤其在旧石器时代考古学界。然而在该遗址发现与研究的前十年，人字洞最重要的发现与成果——古人类的石制品与骨制品，却在学术界引起一场轩然大波，学者纷纷表达不同的看法，肯定者的论述与否定者的质疑频见报端，一时风生水起，在提升了对早期人类起源、扩散与工具制作能力的关注度的同时，也引起学界对相关研究理念、方法与能力的担忧。近十年来，围绕人字洞遗址的争论几近烟消云散，但问题并未得以彻底解决，而是被搁置了起来，几乎成了一桩悬案。在人字洞遗址发现20周年之际，本人对人字洞遗址文化遗存研究的历史做一简略的回顾，并结合新的同类研究成果提出浅陋的思考，一则纪念这一重大的学术事件，二则希望引起学界的进一步重视，推动相关的学术研究和学科发展向前迈进一步。

文化遗存的发现与研究

人字洞遗址之所以引起关注，是因为发现了200多万年前的人类文化遗存——石制品与骨制品。在国际学术界主流观点认定人类起源于非洲、大约180

万年前才从非洲向欧亚大陆扩散，而中国政府在20世纪末设立国家“九五”攀登专项，支持学者在中国境内寻找距今400万～180万年的古人类遗存以解决东亚人类起源这一重大问题的背景下，这一发现自然引起国内政府部门、学术界和国际学者的高度关注，媒体出现很多报道和讨论。

在《人类学学报》2000年第3期上，张森水先生等发掘与研究的核心成员发表首篇研究论文《繁昌人字洞旧石器遗址1998年发现的人工制品》，公布了对该遗址首批出土的文化遗存的初步研究结论。作者从516件“非灰岩质标本”中遴选出59件“具有人工基本要素”的石质标本做了描述，辨识出石核、石片、刮削器、雕刻器等类型，提出这些石制品由锤击法产生，具有转向打法特征；多为小型者，原料以铁矿石为主，兼有硅质泥岩、硅质灰岩等材料；类型简单，加工粗糙；未见长距离搬运或急流碰撞的痕迹。同时还记录了几件具有片疤的骨制品，“表明人类早期工具原料组分的多样性”。作者指出“对这批材料的处理存在一定的难度……要掌握铁矿石的人工痕迹各方面特征，必须加强这种‘不同品质’材料的打击试验研究……开展对石制品、骨制品的功能研究”。对于文化遗存的年代，该文指出：“依共存的哺乳动物化石，应归早更新世的早期，可能在距今200多万年前。”

2009年，《安徽繁昌人字洞——早期人类活动遗址》由科学出版社出版。这是有关该遗址全面研究的阶段性成果。第三章“文化遗物研究”显系该书的核心部分，由张森水先生领衔撰写（本人虽然忝列作者，但并未参与实质性的研究）。该章指出：“1998～2000年积存下来的材料包括非灰岩质石制品以及从碎骨中选出的骨和牙制品……非灰岩石质标本初步估计要超过1000件，骨和牙制品10余件”，并对这些标本做了较详细的观测和描述，提供了较翔实的数据和资料。

该章第四节对于石制品做了专门研究，记述的标本共174件，包括初级产品和成品。对于石制品的主要特征，除了2000年文章已经提及的外，又增加一些新的论述：有些原料产在距遗址数千米以外；石片与石核都缺乏相对稳定的形态；雕刻器与钻器只有形态意义而无法判断其功能；对石器刃角的加工控制能力差；存在一定数量的使用石片；石器制作技术属于模式Ⅰ，即不规范的原始技术。

该章描述了12件骨制品，其中6件被定为骨器，包括尖刃器、边刃器和双端刃器，其修理方式有三种：向骨腔壁、错向和复向，“修理工作清楚”。还描

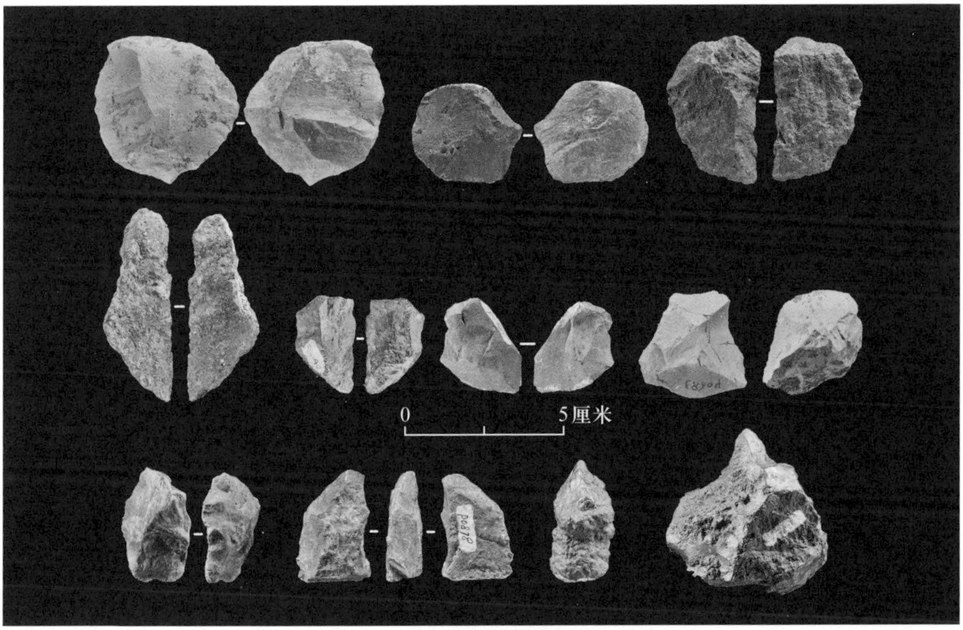

人字洞遗址出土的部分石制品

述了5件象牙制品，类型包括“牙片、核和工具”。作者观察到出土的动物碎骨常见啮齿类咬痕，还有小型食肉动物的咬痕、化学腐蚀、风化痕迹等，并指出：“碎骨能提供古人类许多信息，至今未能对它进行系统研究。”

人字洞遗址出土的部分疑似骨器

对于遗址的时代，该书的表述是：“其地质时代为早更新世早期（可能为距今200万年~240万年前）。”2006年，人字洞遗址被国务院公布为第六批全国重点保护单位之一，标志着其性质、价值与意义得到文物考古界和官方的认可。

硝烟弥漫的争论

然而，人字洞遗址的文化遗存在发现伊始就存在质疑与争论，讨论激烈，正反方意见针锋相对，一时学场上硝烟弥漫。

2000年1月26日，吕遵谔先生在《中国文物报》上发表《寻找人类祖先以及文化问题的几点认识》一文，对人字洞石制品的人工属性提出质疑：以铁矿石为主要原料的石制品在旧石器时代遗址中前所未见；铁矿石沉重、坚硬、尺寸小，很难打下石片；骨片上有大型动物的咬痕，人工打击痕迹不清。2000年2月16日，陈淳先生在《中国文物报》上撰文讨论人字洞的“文化遗存”问题，也对用铁矿石作为打制石器的原料加以质疑：“无论在中国还是世界上，用铁矿石作为原料的史前石工业还没有听说过。”卫奇先生在《文物春秋》2000年第二期上发表《中国早更新世旧石器》一文，同样对人字洞的“文化遗存”持质疑和否定的观点，认为“人字洞的发现明显想象多于实际”，因为人字洞的石质标本的人工痕迹非常不清楚，许多动物骨骼埋藏有序，无人类肢解迹象，观察不到人工切割痕迹，而且这样早的人类遗存在东方出现有违人类起源于非洲的共识。

对于上述疑问与否定，韩立刚先生与郑龙亭先生分别于2000年6月7日和2000年12月6日在《中国文物报》上做出了回应。他们从文化遗存出土的地层和埋藏学角度给出了更多的信息与解释，指出用铁矿石制作石器并非首次发现，并列举了一些国外学者参观遗址、观察标本后所发表的意见作为佐证，说明该遗址出土的文化遗存的人工性质是明确可信的。2008年，纪念人字洞遗址发现十周年国际古人类学术研讨会在繁昌召开，更多的国内外学者考察了遗址，观看了出土标本，对该遗址的学术意义与研究价值各抒己见。在此之后，对该遗址的研究和讨论进入了一个相对沉寂期，如同火山休眠。

围绕人字洞“文化遗存”的上述讨论是正常的，对于推动相关研究是有积极意义的。对这批材料存在不同意见，学术界难以达成共识，是有多方面原因的。其一，对早期人类文化遗存的辨识具有高度挑战性。当人类技术处于十分原始的状态，对自然的改造能力十分低下，所生产的工具、用具与自然造物的界限在很多时候难以分辨。这种现象不唯在中国，在世界其他地区同样存在，“曙石器”问题仍在一定程度上无解；其二，该遗址发掘本身存在局限。人字洞原先的结构已被破坏，是洞穴还是裂隙存在争议。残留的地层堆积可供发掘与研究的空间有限，所能揭示的现象和出土的遗物残缺不全，很难提供完整的证据链；其三，对遗址的埋藏学和动物考古学研究尚未展开。在石制品和骨牙制品本身的人工属性被质疑的情况下，这方面的研究缺失无法提供遗址性质和人类行为的辅助性信息；其四，目前人类在非洲起源的时间已经被推前到距今700万～600万年，200万年前的人类遗存基本出自非洲，古人群在距今200万～180万年间才从非洲向外扩散对多数学人来说是定论，超出此时限的人类遗存在非洲之外被发现，很难被接受。

他山之石，可以攻玉

初始阶段人类工具与用具的辨识是个世界性难题。除了当时人类改造自然的能力有限，其作品难以与自然的产物做有效的区隔外，近来的研究表明，其他动物，尤其是非人灵长类，也能在某种程度上制作和使用工具，这就更增添了问题的复杂性。

2016年，发表在英国《自然》杂志上的一篇文章引起有关人类工具的特质、如何区分人工与非人工“石制品”的讨论。巴西卡皮瓦拉山国家公园的野生卷尾猴被观察到随性敲打石头的行为，偶然打击出有一定形态规律、具有贝壳状断口、边缘锋利的石片和碎块，与人类的石制品有类似之处。作者据此提醒：猿猴类可能具备类似石器制作的能力，虽然他们的作品是无意间创造出来的；考古遗址中出土的“石制品”也许并非都是人类的产物，据此做出的有关人类行为、技术、工具功能等的推断需要慎重。

科特迪瓦4300年前黑猩猩砸击坚果留下的“石制品”和相关遗迹，为研究非人灵长类与人类行为结果的异同提供了珍贵的资料。考古学家用规范的田野考古方法对这处黑猩猩生活过的地点做了发掘、测年和分析。共206块“石制品”被发现和研究。这些“石制品”集中分布在三个区域，是当初砸击坚果的现场。从破裂特征观察，他们使用的花岗岩石块（片）基本不具备贝壳状断口，而少量石英类石块（片）具有曲面、波纹和贝壳状破裂特点。研究表明，这些石头是黑猩猩从别处搬来，用投击方式砸击大型坚果所遗留下来的。这说明黑猩猩和人类在行为上具有一定的相似性，包括将石头搬到特定地点，根据需求对石头做选择，重复利用一些地点而使“石制品”有集中分布的区域，有特定的制作与活动区域，使用附近易于得到的石头等。

大自然的鬼斧神工也会造出一些足以以假乱真的假石器，学术上称之为“曙石器”。这些自然营力包括地层的挤压错动，河流的搬运碰撞，高处石头的滚落撞击，冰川作用，风化破碎，动物的践踏等。人类一些非制造工具的活动，尤其是机械的碾压作用，也会产生一些形似石器的碎石。中国旧石器考古之父裴文中先生在20世纪30年代便对曙石器问题做过专门的论述，一些曾经引人关注的“考古遗址”的“石器”后来被证明是自然所为。必须承认，人类初期的一些石器，无论是对自然石片的短时使用还是对石块进行过零星的加工，乃至在更晚时期人们为某种需求而临时使用或简单加工的石器，与自然碎裂、破损的石头和其他动物制作与使用的“石器”在一些情况下是难以区分的，因为石头破碎的机理是一致的，在没有经过一定程序的加工、留下具有规律性痕迹的情况下，任何人的经验性判断都可能失之偏颇。

那么人类最早的石器是什么样子的？目前发现最早的石器来自肯尼亚西土卡纳地区的Lomekwi 3的遗址，年代被测定为距今330万年左右。2011～2012年，考古学家在该遗址的地表和地层中采集、发掘出149件石制品，类型包括石核、石片、石砧、石锤、断块与碎片等。主要原材料是包括玄武岩和响岩在内的当地可以找见的大型火山岩砾石或岩块。大多数石核只在一个台面和一个工作面上剥片，留下相邻或叠压的向一个方向延伸的片疤。从石核上的痕迹判断，打片时经常出现石片折断，表明有的剥片尝试并不成功。模拟实验表明，该遗址的石器制造者使用了类似碰砧和砸击的方法剥离石片。石片和断片、裂片上清晰、具有重复性的形态特征清楚表明它们是从石核上被有意剥离下来的。研究者针对这批石制品发明了“Lomekwian Technology”一词，认为其技术与产品介于黑猩猩等用砾石砸击坚果、敲打石头和后期人类剥制石片、加工工具的中间状态，显示其技术的原始性、随意性和操控能力的低下，但当时人类对石料的选择、对石头破裂特性的认知和为某种用途而制作的意图已经显现。

沉寂后的思考

对其他动物的“石制品”及自然力产生的曙石器和目前人类最早的石制品的

对比研究表明，即使最初级阶段的人类石制品，与其他非人类的石质产品也有明确的差别：人类对石器原料具有明确的选择性，只有硬度、质地、大小、形态和受力破裂状态适宜的石材才会被使用，而非人工制品所依附的材料则往往缺乏这种选择性；人类以特定、相对复杂的方式对石料做改造和加工，主要是碰砧法、砸击法和锤击法，而其他动物对石头的改造则简单得多，主要是敲砸；人类对石头的加工和使用只在特定部位留下痕迹，而非人工制品上的破损痕迹多是散漫、随机的；人类剥片和加工具有一定的方向性，而动物的敲砸和自然的破碎大多方向不定；人类的打片、加工痕迹具有关联性，或叠压、或平行、或相邻成组出现，而非人工制品上的破损痕迹多杂乱无章；人类的工具会因为特定需求而被修理出锋尖利刃，使用后在尖或刃上会出现破损或磨圆，而非人工制品往往缺乏这样的特定功能部位或形态。

当然，上述人工与非人工“石制品”的区别特征具体到某些标本或某批材料，可能并非一目了然，黑白立现。特殊的、难以判断的情况总会出现。在缺乏像手斧、盘状石核、莫斯特刮削器这样人工属性确凿无疑的标本的情况下，不能把目光局限在少量疑似标本上，仅凭经验与主观臆测做出解读和判断；对于标本组合总体特征的观察和与其他信息共同构建可相互支持的证据链，会使我们得出更全面、更客观准确的认识。

就对人字洞文化遗存的争议而言，近些年不断报道在非洲之外超过200万年的考古发现，包括最近热炒的陕西蓝田上陈地点发现的可能为212万年前的早期人类石制品，会使对人字洞这样古老的地层中埋藏早期人类活动证据的质疑有所减弱。问题还在“文化遗存”本身。用铁矿石作为加工石器的原料不构成质疑这批材料人工属性的前提，笔者曾经对从遗址附近地下开采出来的铁矿砾石做打片和加工实验，制成一件规整的手斧，用这种原料进行更简单的剥片和加工当更不在话下。毋庸讳言，从该遗址发掘出土的疑似石制品与骨牙制品大多处于似是而非的状态，尤其缺乏具有明确的打片阶段或技术特征的标本；少数片状标本上连续的疤痕被解读为人类的加工似乎更加合理，但该组合中缺乏具有一锤定音效力的标本和特征，这将使相关争议无法轻易消弭。

在没有新的标本进入研究视野的情况下，解决“文化遗存”性质这一问题的出路应该是超越这些“文化遗存”本身。通过微形态分析等现代科技方法分析出土“文化遗存”地层的成因，通过埋藏学研究复原地层包含物的来源和埋藏过程与机理，用动物考古学理念与方法观察动物上可能的人类痕迹，根据动物种类、死亡年龄、骨骼破碎状态和部位分布来判断人类、肉食动物、啮齿动物和其他自然营力对这批动物化石搬运、埋藏、改造的作用，进而判断人类是否曾经在该遗址生活过，都会为人字洞遗址“文化遗存”的证实与证伪提供证据和启示。

据悉，2024年该遗址的发掘取得新突破，或许对破译人字洞遗址的性质谜团，提供了重要的材料和信息。让我们拭目以待！

（原刊于《化石》2018年第4期，原标题为《对人字洞遗址文化遗存研究的回顾与思考》，有所删节和修改）

那道埋藏着人类根脉的梁子

2022年9月28日，国家文物局在北京发布“考古中国”重大成果，湖北省十堰市郧阳区学堂梁子遗址出土第三具直立人头骨化石的新闻被重磅发布，引起学术界和社会的广泛关注，中外媒体做了密集的采访和报道。

作为学堂梁子考古专家组组长并已在遗址连续工作了4个多月的我，有幸成为该成果的发布人，并在其后受邀央视“新闻1+1”节目，对该头骨的发现过程与研究价值做了进一步的说明与阐述。一时我因“郧县人3号头骨”而成为“网红”。

其实，我与“郧县人”结缘更早。1989年10月，我刚研究生毕业留在中国科学院古脊椎动物与古人类研究所工作，在参加于北京房山举办的“纪念北京猿人第1头盖骨发现60周年国际学术大会”期间，听说在湖北郧县（现在改称郧阳）发现一具古人类头骨化石，而且被湖北省考古研究所副所长李天元先生带到了北京，参会的少量专家有幸瞻仰了“郧县人”的尊容。我彼时尚不属于“专家”，无缘看到标本。由于当时一些地方单位对研究所的一些先生存有戒心，这具珍贵的人类化石未被拿到会上展示，有机会一睹芳容的人员很少。后来听闻一向对地方同事热心帮助的“考古好人”贾兰坡先生观察了标本，根据化石上保留的齿弓形态初步认定属于南方古猿，并亲笔题写了“郧县人”三个遒劲的大字。这让我对该发现充满了羡慕和好奇，因为在中国乃至非洲之外发现南方古猿化石，那可是石破天惊的重大事件！

第二年，我听说从曲远河口（后正式命名为“学堂梁子遗址”，俗称“郧县人遗址”）又发掘出第二具“郧县人”头骨，愈发觉得神奇和向往。后来该发现入选当年全国十大考古新发现，一时风头无两。1992年6月4日，国际权威学术期刊《自然》(Nature)发表封面文章，宣告在湖北郧县发现两具成年古人类头骨化石。文章认为这两具头骨可能属于男性个体，异常硕大，保存基本完整，但有一定程度的变形，具有直立人与早期智人的混合特征，是亚洲大陆迄今发现年代最早、保存最完整的中更新世人类头骨化石，对于研究当时人类体质形态的多样性和不同地区古人群的演化关系，具有重大意义。这两具百万年前先祖的头骨就这样以扭曲的原生态登上了国际顶级学术期刊的封面，出现在文章的显著位置中，无需美颜和整形，自然而然成为学术明星，并被诸多期刊和传媒转载、跟进。自此，“郧县人”走出了国门，在国际学术界和新闻界被广而告之。

悠忽二十载，我与“郧县人”的缘分终于近了一步。2009年初夏，适逢郧县人第一个头骨化石发现20周年，我作为中科院古脊椎动物与古人类研究所的副所长，参与组织“纪念郧县人头骨化石发现20周年国际学术研讨会”。会上了解了更多有关化石发现、发掘与研究的“内幕”，对其学术价值与地位有了更深度地理解。会间参观考察遗址时得知该道梁子（山岗之意）上原先有一座学校，故得名“学堂梁子”，悠然间对这个地方的文化底蕴肃然起敬。当时梁子上长满了庄稼，田间一条通向遗址的狭长土路虽然刚被修整过，但仍然泥泞不平。初夏的天气已经炎热，烈日当空，炙烤的热度一如内心的向往和憧憬。眺望梁子南侧下方的汉江，汩汩东流，不免感叹这长天碧水间送迎过多少南去北来的历史过客？人类在漫长的演化历程中，始终喜爱逐水而居、与水为伴。水孕育了人类生命，也流淌出人类悠长曲折的历史。到了第一个“郧县人”头骨化石的出土地，凝视着发掘翻起的历经百万年积淀的老土和泥沙中星星点点的化石残迹，顿时产生一种回到祖宅老屋般神圣肃穆的庄重感。

2020年11月，“纪念‘郧县人’头骨化石发现30周年学术研讨会”在郧阳召开。会议的一项重要议题是如何推进对学堂梁子遗址和“郧县人”及其文化遗存的发掘、研究及保护与利用，建设考古遗址公园、开展新的考古发掘被提到议事日程。我主持撰写的《关于古人类遗产研究、保护与利用的共识和倡议》成为大会的重要成果。该倡议指出：“学堂梁子遗址是国家重点文物保护单位，是国际知名的一处重要文化遗产地，是郧阳乃至江汉地区远古人类的家园。这里出土2具近乎完整的直立人头骨和伴生的哺乳动物化石、石制品。这些材料是研究旧大陆早期人类迁徙、扩散和东方古人群生存、演化及其后续发展的珍贵科学资源，对于延伸华夏大地的历史轴线十分重要”，强调“‘郧县人’遗址及其出土材料仍然有一些不甚明晰的学术问题，包括确凿的年代，‘郧县人’头骨的精确解剖学特点和内部结构，石制品的技术特点和功能属性，动物资源被人类利用的方式和程度，古人类的适应生存方式等。这些遗留问题都应该通过新的考古发掘、研究以及对已有材料的进一步整理、分析加以推进和解决。应充分利用现代科技手段加大信息提取和分析的力度，加强学科交叉与合作，夯实学术基础，使相关的研究结论更精确、更有说服力，并不断探寻未知的领域，取得新的突破与创新，为遗址和相关遗产的保护利用及科普传播提供更多的素材与信息”。

2021年初，为配合考古遗址公园建设，学堂梁子新一轮考古发掘申请获得国家文物局的批准。5月中旬，遗址发掘研讨与规划会议在郧阳召开。会上湖北省文物考古研究院方勤院长邀请我担任学堂梁子遗址新一轮考古发掘与研究的专家组长。我盛情难却下，带着与“郧县人”三十载若即若离的缘分应允了下来，随即与陆成秋领队及核心队员研讨、策划发掘计划与技术方案，至此我与“郧县人”终于以念念不忘终有回响的模式缩短了距离。5月18日，参会的一行人来到学堂梁子举行开工仪式，用系着红丝带的铁锹为新一轮考古发掘挖土开铲。仪式后，我与方勤院长、陆成秋领队到刻有“第一个郧县人头骨化石出土地”的碑前合影留念。当时方勤院长脚穿醒目的红袜子，显然是希望给新的发掘带来好彩头。他自己可能也未曾料到，“再发掘出一个古人类头骨”的碎碎念，竟然一语成真！

2022年5月18日，正在北京被新冠疫情搅动得心烦意乱的我接到陆成秋领队从学堂梁子考古工地打来的电话，得知当天上午在已经发掘了一年多的探方中出露“郧县人”3号头骨化石！在详细询问、观看图片、视频、确定无疑是人类头骨化石的情况下，我立即兴冲冲地电话通知研究所的古人类学家邢松研究员和化石处置技术高手罗志刚高级工程师，准备开赴湖北郧阳学堂梁子遗址！5月20日，在“520”的浪漫时节，我们三人为了所爱的“郧县人”驱车南下，一路奔袭，朝发夕至，在落日的余晖中抵达了学堂梁子考古工作站。

接下来是7天7夜“躲进小楼成一统”的防疫封控和与先祖“郧三”相隔咫尺却无法相见的虐心等待。好在云淡风轻，病毒未侵，解封后第一时间随领队来到遗址探方，拜谒半埋半露、端落在古老的土体中、目视东北方的先祖的头颅。那一刻，我们深深体味到作为考古人的幸运与神圣，内心激荡着对先祖的崇敬和对其慷慨馈赠的感恩。其后，我们便在“郧三”的注视下搭建考古方舱，在探方中精细发掘，在新建成的教室里为旧石器考古高级研修班授课，在梁子的坡坡坎坎上勘察、采样，直至做“考古中国”的新闻发布。

学堂梁子发掘现场（2022年）

春去、夏来、秋临、冬至，学堂梁子上的考古发掘经历了两年的四季轮回。如今的遗址已经旧貌换新颜，3000多平方米温湿可控、功能齐全的考古方舱矗立在梁子中央，为考古队精耕细作地发掘和数字化观测记录提供了优异的条件；原先的土路已经拓宽并铺上了石子，车辆可从梁下的考古工作站直达方舱。早晨，考古队员步履矫健地行走在这条平坦的路上，迎着东方天际光芒四射的一轮旭日，望着江面随风飘浮升腾的团团白雾，内心充满对新发现、新成果的憧憬；傍晚，迈着坚实的脚步回营，俯瞰着波光熠熠的江面，欣赏着远方秦岭山顶绚烂的夕阳和殷红的晚霞，心中充满收获的喜悦和对未来的希望。春天，这里遍地樱桃、枇杷，吃得队员们不思餐饮；夏天，棵棵桃树、枣树果实累累、蜜汁芬芳，下了工的考古队员钻进果林，大快朵颐，满载而归；秋天，山坡上柿子树的硕果黄澄澄金灿灿，秀色可餐，让人无酒而醉，无肉而欢；现在是初冬时节，漫山遍野的野菊盛开，满地金黄，争奇斗艳，队员和乡亲们采来制成饮品，一口喝下，满腹芳香！在这里工作，仿佛置身世外桃源，忘了世俗的功利，忘了尘世的喧嚣。

学堂梁子真是一个神奇的地方！这里埋藏着至少三具直立人的头骨化石，出土丰富的第四纪哺乳动物化石和一批古人类制作与使用的石器。这些材料，是先

学堂梁子考古方舱远眺

学堂梁子考古方舱内景

祖的遗珍，是远古人类生存演化的实证，是书写悠长历史的神秘字符。有了它们，我们才知道在文字诞生之前尚有超过99%的史前历史，才有可能去探寻人类的由来及其演化脉络，才会在一次次地探考与思索中一步步破译人类自身的奥秘，总结文化发展与社会演变的规律，从而知古鉴今，为现在和未来的发展提供来自历史的参照与智慧。学堂梁子的神奇还在于一系列数字的巧合：第一具头骨化石发现于1989年5月18日，新一轮考古发掘启动于2021年5月18日，第三具头骨化石又恰好在2022年5月18日重见天日！这一系列的巧合或许并非有所寓指，但给了考古人欣喜、回味、传诵与遐想的空间，也为学堂梁子的发掘与研究增添了些许神秘的色彩。

这道埋藏着人类根脉的梁子，保存了100多万年来不同时期的地层堆积、阶地序列和古环境信息，出土的人类化石、生物化石和旧石器时代文化遗存极为珍贵，具有极高的学术价值。发掘期间我们在附近开展了广泛的考古调查，在该梁子的多级阶地上发现古人类生存的蛛丝马迹，在江对面的大树垭村所在的梁子上发现更多、保存更完好的旧石器时代石制品和丰富的动物化石。这些遗存表明该地区在远古发生过不同时期、不同人群频繁的迁徙与狩猎—采集活动，汉水是孕育华夏民族和东方古文明的另一条母亲河。

学堂梁子遗址所在的秦岭及汉水中上游河谷是我国也是世界非常重要的人类演化圣地，在陕西蓝田上陈村附近发现的约212万年前、非洲之外年代最早的石制品，距今163万～115万年间的公主岭蓝田猿人头盖骨，在湖北境内发现的约100万年前的郧县直立人和大约同期的梅铺直立人、约50万年前的白龙洞直立人，约10万年前的黄龙洞早期现代人和150余处旧石器时代各时段的考古遗址，都分布在这一地区，构成200万年以来人类迁徙演化的廊道。在这漫长的历史进程中，我们的祖先在这一山川地域适应生存、劳作繁衍，谱写了一曲曲开拓奋进的凯歌，埋下了一层层实录历史的珍宝。

学堂梁子，注定会有更多的历史遗产和文化宝藏，等待考古人去探索，去发现，去破译。

2022年11月于学堂梁子遗址

萨拉乌苏，一道蕴藏人类历史与学术思想的沟湾

萨拉乌苏，意指“黄色的水”，是黄河支流无定河在鄂尔多斯高原乌审旗境域的称谓。因河谷沿岸生长着红柳，该河又被称为红柳河。该段河流由范家沟湾、邵家沟湾、滴哨沟湾、米浪沟湾、杨四沟湾、清水沟湾、三岔沟湾、杨树沟湾8个沟湾组成，像一串由河水串起的珍珠项链，折曲迂回，镶嵌在黄河北拐东流又南折所形成的几字形河套塬地中，在黄沙漫漫的毛乌素沙地上鹤舞蛇行，硬生生地在荒芜的鄂尔多斯台地上切割孕育出一片片苍翠的绿洲。这里沟壑深邃，蜿蜒曲折，地形多变，景色壮美，注定是一方多姿多彩的世界，注定是产生精彩故事的诗与远方。

这里发生的故事，书写了一段科学史、思想史的传奇，记录了中外科学家探索未知、求真本源的艰辛过程，播下了日后多个学科繁盛的种子，也被今日的学术发展与社会进步所继承并被续写和不断升华。

萨拉乌苏之杨四沟湾

苏庆溥供图

物换星移百余年

思想深邃的德日进

1918年5月，五年前来华科考的法国植物学家、北疆博物院（天津自然博物馆的前身）的创始人桑志华（Emile Licent）先生历尽千辛万苦，根据得到的线索踏上萨拉乌苏这片热土，在野外考察中发现“龙骨”，“采集到一些漂亮的标本”。1922年8月，桑志华带领科考队辗转千里再次到此踏勘，于邵家沟湾安营扎寨，在当地牧民旺楚克一家的协助下正式开始对萨拉乌苏遗址的发掘与研究之旅。当年发掘的最大收获是从地层中采集到一枚人类牙齿，神州大地的古人类遗存乍然惊现，由此揭开了东方人类故乡先祖化石发现与研究的序幕。

1923年夏，桑志华再次率领古生物考察队莅临萨拉乌苏的沟沟湾湾。这次他有了一位强有力的合作者——同样来自法国的古生物学家德日进（P. Teilhard de Chardin）先生。他们在大沟湾的若干地点开展发掘与化石采集工作，分工合作，强化了对化石出土地层的控制和记录，做了仔细的拍照、测绘和描述，一些手工绘制的地形、地貌、地层图犹如工笔画。这些资料记录、保存了当时萨拉乌苏区域特定时段的物候风貌，成为珍贵的学术资料和文化遗产。该年度最重要的收获是在A地点（又称“旺楚克剖面”）发掘出一些有明确加工痕迹的小型石器，以燧石和石英岩为原料，同时还采集到大量破碎的动物骨骼。这处地点被认为是一处“旧石器时代的火塘”。这样，萨拉乌苏遗址的动物化石、人类化石和石器诸要素聚合起来，其学术价值与重要性得到多角度、立体化的揭示。

1924年、1925年、1928年，桑志华、德日进、步日耶、布勒等法国学者陆续发表文章与专著，公布了来自内蒙古萨拉乌苏和宁夏水洞沟、甘肃庆阳的重要古生物与考古发现，宣布：“过去，我们曾认为中国最早的古人类出现于新石器时期。而现在我们可以证明，早在黄土堆积形成伊始便已有古人类在中国活动。接下来，我们应把目光转向……三门系红土中，去寻找更早的古人类遗存。”可见，他们在重大发现的基础上又有了更宏大的目标。他们还大胆推测："在旧石器时代中国的古人类可能属于一支规模很大的人群，这支人群不止一次形成迁徙的浪潮，向西到达欧洲。"（引文出自M. Boule，H. Breuil，E. Licent, P. Teilhard. Le Paléolithique de la Chine. Paris：Masson, 1928）这些材料与论断用法文发表，引起国际学术界的广泛关注，萨拉乌苏（Sjara-osso-gol）的名字也就此走出乌审旗，走出内蒙古，走出中国，成为一个世界性的文化符号。

物换星移。桑志华、德日进转身离去后，萨拉乌苏的科考在战乱中停摆，风沙和洪水的侵袭使大沟湾变得贫瘠和荒凉。那些出土过珍贵古人类化石、石制品和动物骨骼的发掘坑位被夷平、掩埋，古人类的遗存又被尘封起来。直到1956年，它们才又迎来得见天日的契机。

这一年的春季，内蒙古考古事业的奠基者汪宇平先生循迹专程到此考察。乘卡车、赶驴车、徒步远足，穿河流、越沟壑、过沙地，历经艰辛波折，终于来到向往已久、几乎是传说中的萨拉乌苏大沟湾，寻访桑志华、德日进早先留下的足迹。在当年前后两次的考察中，汪宇平先生发现了重要线索和材料，其发现的范家沟湾成为萨拉乌苏遗址的一处重要地点，从中采集到一批石制品和动物碎骨，还在滴哨沟湾采集到人骨标本。1960年、1961年，汪宇平先生不辞劳苦，又两次来到萨拉乌苏考察，发现更多的地点和人骨、石制品，这预示着萨拉乌苏流域的人类遗存资源远未因法国学者的早期发掘而穷尽。

汪宇平先生的探索与发现开启了萨拉乌苏科考与研究的新浪潮。1963年、1964年，著名考古学家裴文中院士在汪宇平、张森水等的陪同下专程前来调查，并组织队伍在萨拉乌苏河域开展第四纪的全面考察。其后贾兰坡、汪宇平、卫奇、吕遵谔、黄慰文、祁国琴、袁宝印、李有恒、董光荣、李宝生等陆续前来考察，开展了发掘和地层清理、采样分析，对于萨拉乌苏区域的地质地层、哺乳动物化石、人类骨骼、石制品、古环境与年代开展了系统的研究，发表了一批论文与专著，建立起"萨拉乌苏组""萨拉乌苏动物群""河套人""河套文化"等术语体系，萨拉乌苏作为一处重要的旧石器时代遗址和国家重点文物保护单位，被国内外学术界关注，被国家铭刻进历史档案。

近些年，我国考古事业和文化遗产的保护与利用进入黄金时代，萨拉乌苏遗址的各项工作也得到加速发展。为实施国家考古遗址公园建设计划，2021年，萨拉乌苏遗址新的考古发掘被启动。时隔百年，该遗址区已经在岁月的洗涤下改变很多，一些地标已经荡然无存，对于当年法国学者发掘出"鄂尔多斯牙齿"（The

笔者（左）与陈福友（右）在范家沟湾研讨工作

Ordos Tooth）和首批石制品、“火塘”的位置，长期以来众说纷纭、莫衷一是。在领队陈福友的带领下，考古队对遗址区的地形地貌做了仔细勘察，与早期法国学者留下的照片、线图和文字资料做对比研究，惊喜地发现多年来被标记为“王氏水牛出土地”的地点正是当年桑志华、德日进发掘出文化遗存的核心——“A”地点，一段历史公案尘埃落定。考古队在范家沟湾、邵家沟湾定点布方，用现代田野考古理念和科技手段精细发掘、精准记录，取得重大收获。他们在层层叠叠的粉细砂层中剥离出不同阶段的文化层位，提取到丰富的大型哺乳动物化石和一批个体细小、制作精良的石制品，还发现加工与使用证据确凿的骨角器，在一些动物骨骼上观察到人类肢解、敲砸的工具痕迹。这些材料和现象，生动地描绘出当年“河套人”适应环境变化、利用河流水域和周边资源生存演化的一幅幅历史画卷。北京大学的周力平教授也参与其间，亲自到遗址从新挖掘揭露的剖面中提取沉积样品，用释光手段做年代测定。这样，当初人类在萨拉乌苏河域生活的时间框架被精准标定，古人类在这里生产生活的轴线和图景变得精确、鲜活。

岁月不居。萨拉乌苏遗址的发现与研究历经百年历程。百年中，这里被诸多中外学者探访、考察；百年中，遗址的各方面科学资源被系统地发掘和研究。该遗址赋存的学术价值与社会意义，也逐渐被揭开蒙尘，变得清晰、明确起来。

萨拉乌苏等遗址具有重要的学科开拓与奠基价值

百年前的中国正逢战乱，西方现代科学的思想与方法开始渗透进这个古老、落后的国度。桑志华、德日进等在甘肃庆阳、内蒙古萨拉乌苏、宁夏水洞沟等地

从萨拉乌苏遗址发掘出土的石器

区的重要发现和开拓性研究，将田野考古、地质古生物学的理念、方法引进中国，与其后的周口店早期工作一道，建立起地层、古生物、古环境与古人类遗存密切结合的研究模式，将人类遗存纳入特定的地质地层、时代和环境背景中加以研究，并与欧洲的材料做关联性比较，奠定了中国古人类学—旧石器考古学、古哺乳动物学、生物地层学的基础框架。德日进等在周口店的早期发掘与研究中还帮助培养了裴文中、贾兰坡等中国第一代古人类学、旧石器时代考古学者，铺下了相关学科后续发展的坚实基石。

萨拉乌苏等遗址出土的材料延伸了华夏人类生存与演化的历史

在20世纪20年代初于上述几处遗址发现旧石器时代文化遗存与人类化石之前，学术界对于中国乃至东亚人类历史可以追溯到多远完全没有概念，在人们的认知中三皇五帝就是中华大地人类历史的肇始。而当1921年瑞典地质学家、考古学家安特生在河南渑池发现5000年前的仰韶彩陶时，他本能地认为这是来自西方的文化，“西来说”甚嚣尘上。直到庆阳、萨拉乌苏和水洞沟的材料公诸于世，人们才幡然醒悟，原来华夏大地有更早的人类历史！从这些遗址拓展开去，才有了日后更早、更多的发现，东方故乡200万年的人类演化史才得以构建和书写。

萨拉乌苏遗址具有古人类学研究的价值与潜力

该遗址在桑志华考察伊始最重要的发现是在地层中采集到一枚人类牙齿。该枚牙齿由1923年初来中国的德日进从动物化石包裹中“再次发现”，并根据石化程度推测其年代属于更新世晚期。其后经过当时担任北京协和医学院解剖系主任、加拿大人类学家步达生（Davison Black）先生的研究，确认是8岁左右儿童的左上外侧门齿，并称之为“The Ordos Tooth”，成为在中国首次发现的有地层依据的古人类化石，裴文中先生后来将该牙齿所代表的古人类称为“河套人”。在桑志华、德日进等的早期调查中，还采集到几件人类头骨、肢骨，其后汪宇平、董光荣等也陆续从该地区收集到一些人类骨骼。其中一些人骨经过吴汝康院士、吴新智院士等古人类学家研究，认为他们保留些许古老型人类的解剖学特征，有少量尼安德特人的特点，但更多表现为现代人的性状。由于这些材料并非出自严格规范的考古发掘，地层关系与埋藏位置并不清楚，所处的年代也就存疑。在^{14}C质谱加速测年技术出现后，其中的几块骨骼被直接取样测年，结果表明他们属于历史时期的人类，并非古人类化石。但这并不意味着采集自该遗址的人骨都是全新世的人类遗存，里面包含与石制品同期的人类化石的可能性是存在的。或许未来的发掘会获得来自原生地层、与文化遗存相伴而生的重要古人类遗骸。

萨拉乌苏遗址出土的石制品和骨器具有重要的文化遗产和研究价值

该遗址最重要的学术资源与文化遗产是具有鲜明特点的石制品及用动物骨骼、鹿角制作的工具。这里出土的石制品小巧精致，用打击技术制作，类型包括刮削器、尖状器、石钻等加工成型的工具和石核、石片、废块等在制作石器的过程中产生的边角料。经加工的石器多用小石片做毛坯，在边缘上向一侧打击加工出用于切割、刮削的刃或用于穿刺、划钻的尖。这些石器之所以纤细小巧，是因为当地没有适用的石料，古人类将从远处采集的原料和粗加工的半成品带到遗

2003年笔者（左三）带领研究生考察萨拉乌苏遗址

2006年笔者（右二）与吴新智院士（左三）、张森水先生（左二）等在萨拉乌苏考察留影

2022年范家沟湾发掘现场

址，制成工具，并在使用过程中不断加工、维修、改造、再利用，以使珍稀的材料得到充分的利用。这表明古“河套人”具有对当地环境和原料资源的稔熟认知，知晓可以从哪里获得生产生活资料，如何最大化利用不易获得的资源，具备了“节约资源”和“精细加工”的意识与能力。用动物材料制成骨角器，也意在弥补石器原料的不足，为种群的生存繁衍创造物质条件。

这些石器的类型组合、形态特征和加工技术属于在中国北方长期流行的小石片石器体系，具有明确的技术渊源和传承关系。这一文化传统约170万年前初现于河北泥河湾盆地，约70万年前的北京猿人延续了这一技术体系，直至数万年前的河套人、山顶洞人、水洞沟人都在制作和使用这套工具。它们随时代发展而不断进步，不断精细化和多样化，但技术、类型与组合一脉相承，表明华夏大地的先民是连续演化、薪火相传的，可以循迹追溯东亚现代人（黄种人）的祖先。由此可见，萨拉乌苏遗址是我们祖先的一处驻足地和生存演化的家园，这样的遗址在研究东亚古人类生存演化过程、现代人群的由来等重大学术问题上具有非常重要的学术价值和社会意义。

萨拉乌苏遗址的地层堆积和哺乳动物化石具有重要的古环境研究价值

该遗址埋藏在河相地层中，层层叠叠的粉砂细砾是沧海桑田变迁的结果，是气候与生态变化的记录，是古人类生存演化环境背景的信息载体。它们的层序记录了无定河、黄河、毛乌素沙漠的演变历史，也标注出古人类、古哺乳动物在此生息繁衍的时间轴线。遗址出土大量食虫目、兔形目、啮齿目、奇蹄目、偶蹄目、长鼻目、食肉目化石，河套大角鹿、赤鹿、王氏水牛、原始牛、普氏羚羊、普氏野马、野驴、野猪、诺氏驼、披毛犀、古棱齿象、虎、狼、最后斑鬣狗等大型动物当时都在这一带林地、草丛、河畔觅食、饮水、生息，它们中的很多种类既是“河套人”的肉食来源，也是古人类生存的环境指示器，并与古人群和古植被一起组成生物链，相互依存，相互竞争，共同演绎出一场场天地生耦合演化的大戏。

萨拉乌苏遗址是科学精神和哲学思想的孵化器

早期到遗址考察的桑志华、德日进先生既是科学家，又是传教士，他们在苍茫、寂寥的鄂尔多斯高原和毛乌素沙地追溯遥远的过去，也在思考人类及其他生物的当代与未来。萨拉乌苏的长河、落日、浩瀚的荒漠、过往的生物和生命的轮回，让德日进沉下心来思考上帝的创世和大自然的演化之间的矛盾和是非，思考自然与人类、物质与精神、肉体与智慧的关系，思考生命为何会孕育，人类如何在茫茫宇宙中定位，思想如何发端于自然并进化出智慧圈。在这里他写出了《献给世界的弥撒》这一华美诗篇，构思出《人的现象》等不朽名著。日后他成为独树一帜的杰出哲学家，至今被学术界研究和传颂，至今对宗教与哲学产生着深刻的影响，萨拉乌苏的苍穹、风物、通联古今的景致和丰厚的自然与人文底蕴，无疑给了他思想的营养和启迪。

斗转参横，时节如流。桑志华、德日进在萨拉乌苏栉风沐雨、挖沙问地，已是百年前的历史了。他们在一片乱象中来到这个积贫积弱的古老国度。当时列强国家各形各色的人物涌到中国从事探奇和掠夺，而少数西方学界精英却在这片贫瘠的土地上开展了艰苦卓绝、扎扎实实、兢兢业业的科考活动。由于他们的工作，西方近现代先进的科学技术和理念得以传入这个衰落中的国家，一些有志的中国青年得以吸取外来的知识与精神营养，中国得以铺垫一块未来振兴发展的基石，这实在是国家之幸，民族之幸，科学之幸！

如今的萨拉乌苏已旧貌换新颜，远非当初破碎河山中的一块不毛之地。这里发展了生态农业，建设了国家考古遗址公园，遗址博物馆业已矗立在河岸沙地中，人类演化的历史和遗址的科学价值正在博物馆内铺陈、展示，而考古学家则正在遗址上发掘研究，挥洒着汗水和智慧。这里已经成为遗产的圣地、科学的殿堂和研学基地。先祖馈赠给我们的遗产正在服务于当代发展，也必将传承、造福于子孙后代。科学的故事在这里续写，科学精神也在这里传递，继往开来，发扬光大。

这些，应该是对桑志华、德日进等开辟了萨拉乌苏事业的先贤们最好的告慰和纪念！

（原刊于《化石》2023年第3期）

船帆洞中保存的旧石器时代“室内装修”遗迹

2025年元旦，我国旧石器时代考古界老少同仁齐聚福建三明，举办纪念万寿岩遗址群发现25周年学术研讨会、第四届旧石器时代文化体验周并成立了史前洞穴遗址联盟。在辞旧迎新的气氛中，大家参观了万寿岩山体中的主要遗址点，讨论了遗址的重要学术价值和社会意义，回顾、分享了围绕遗址所发生的诸多曲折、感人的故事。

在中国史前洞穴遗址中，万寿岩无疑是一面耀眼的旗帜，其发现、发掘、研究、保护与建设、利用历程创造了让文物考古界啧啧称奇的“万寿岩奇迹”，被中国考古学会推选为我国考古百年史上遗址保护与利用的样板。该遗址承载着丰富的历史文化价值，为后人了解史前文明提供了珍贵的材料与信息。尤其是帆洞中特殊的文化遗存——旧石器时代晚期的“室内装修”遗迹，令人叹为观止，加深了参观者对远古人类生存演化状态和适应改造自然能力的理解与认识。

万寿岩遗址远眺

船帆洞遗址位于福建省三明市三元区万寿岩西坡岩脚，相对高度3米，洞口朝西，洞宽30米，进深约49米，高7米。洞内堆积的上部包含宋元以后的历史时期遗存，下部为旧石器时代晚期的文化层位。旧石器时代文化遗物、遗迹被埋藏在上、下两个文化层中。

下文化层出土石制品近400件，原料均为河滩砾石。剥片以锤击法为主，偶用锐棱砸击法。石核不见预制台面迹象，单台面石核居多，利用率较低，剥下的石片多宽大于长。石器修理以向背面加工为主，反向加工次之，兼用复向加工。成型的器物包括石锤、石钻、刮削器、尖状器、砍砸器等，其中以刮削器所占比重最大，砍砸器、尖状器较少。该层出土的动物化石有巨貘、中国犀、鬣狗、鹿、竹鼠、棕熊、虎、犬科、灵长类等，多个AMS ^{14}C测年数据指向距今3万年左右的时段。

上文化层出土石制品80余件，器类包括石锤、石砧、石核、刮削器、砍砸器。还发现一定数量的骨角器，包括骨锥、骨匕、角铲、角饰件等类型，其中前两类均以动物肢骨为毛坯，经打制、刮削和磨制等工序制成。角铲以鹿角为原料，截取其中一段，破开后将一端磨制成铲形刃口。该层文化遗迹有烧土、灰烬和炭屑，并出土一批有明显烧烤痕迹的兽骨。本层出土的动物化石有鹿、麂、熊、牛类、竹鼠、豪猪、野猪、犬科、猕猴等种类，其中以鹿和麂的数量最多。未发现华南地区常见的绝灭动物种类。

在下文化层发掘出露的最重要的遗迹现象是一处古人类用石头铺就的活动面，被称为“石铺地面”。石铺地面在洞口内侧第7层底部保留最好，其平面呈不规则的凸字形，西部向洞口方向突出，出露部分东西长5米，南北宽4米。洞室其他部位也存在这层石铺地面，探明部分的南北长约22米，东西宽约8米。铺筑地面所用的石料主要是大小不一的砂岩卵石和灰岩块。石块多以单层铺就，一般是平整的一面朝上，排列较为随意，缺乏特定的方向性，整体表面略有起伏。局部地段不见铺石而是出露原生的钙板和基岩，与用于铺垫的石块共同构成一个基本平整的地面。石铺地面中部局部出露密实的土质地面，含较多的石英砂粒。第7层埋藏的石制品大多数紧贴在石铺地面上，并在中部的砂土质地面上集中出现，说明这些石制品是古人类在用石头铺垫平整的地面上打石做器、使用而留下的。

上述迹象说明这些石头和砂土是从洞外被搬运进洞内，被有意铺垫在人类经常活动的地面上的。在近洞口处北侧洞壁的下方，洞壁与地面接触处有沟槽，通

船帆洞内石铺地面局部

向洞外方向，被推测是古人类开沟排水的遗存。该洞穴开口很低，洞口外即是河道，在数万年前洞口与河道的高差应该更小，生活在洞内的先民在洪水期一定会经常受到河水倒灌等水患的困扰。目前该洞穴内部在雨季经常滴水成洼，在史前人类居住时期可能也是如此，甚至更甚。石铺地面分布于洞口宽敞明亮处，是古人群经常出入的必经之地和活动中心，因而该场所被铺垫改造有其现实需求和合理性。石铺地面和排水沟槽的出现，应该是生活在船帆洞的先民用石头铺筑平整、干爽的活动面的结果，是洞穴的占据者用铺石抬高地面、用沟槽排出积水以减少水患侵扰的遗迹。当时的石铺地面上或许铺盖茅草、连片成席，为穴居的家族形成舒适的卧榻，古人在夜晚或席地而坐，遥望洞外的星月谈天说地，或躺卧其上，鼾声大作，为翌日的狩猎采集积攒能量……历史已远去，痕迹也大多消失，我们只能遐想、凭吊。

这是在中国、东亚旧石器时代遗址中首次发现的对居住环境做改良和防水改造的遗迹，可以说是目前发现的最早的“室内装修”工程的残存，虽然相对现代的室内装修缺少炫目的灯具和花哨的装饰。该项发现表明，旧石器时代晚期的人类已经具备了丰富的知识和经验，有了复杂的思维活动，发展出了很高的认识自然、适应环境、改善生存条件的能力，不再满足于用迁徙移动等简单方式被动地适应环境，而是能主动开发资源、采取措施对栖居条件加以改变，使生存环境变得对自己友好和有利。

生活在船帆洞的旧石器时代晚期先民对居室做改造的工程，涉及对生存环境不利因素（洞口位置低，雨季水患，洞室潮湿，地面凹凸不平）的认知（环境特点和形成原因）；对周边可用资源的了解（附近河滩上的卵石及动植物食物资源）；改善环境的策略与方式（拣选、搬运附近河床上的卵石到洞内，将日常活动的地面垫高、铺平，开凿排水槽将积水导向洞外）等。这一工程涵盖了生活在那里的先民一系列、组合性的思维与计划活动和具体的施工行为，需要在成员间达成共识并做有效的组织协调，这只有在人群已经发展出较高的社会复杂性与绵密性、有一定的组织协调机制和分工体系的前提下才能做到。因此，船帆洞残存的供先民出入的洞口成为我们藉以窥探远古人类思维活动、生存策略、行为方式、社会组织的窗口，对研究先民的认知水平、心智活动、计划和组织行为、社会关系以及适应、改造自然的能力，提供了弥足珍贵的素材和信息。

2025年春节期间于北京

旧石器时代遗址价值的国际视角

世界文化遗产是举世公认、对人类起源与演化和文化发展具有重大学术与社会价值的遗址，它所具备的普世性、学术性、审美性、真实性、完整性等禀赋，成为对考古遗址做价值评判与对其保护、管理的标准和导向，对旧石器时代遗址的价值认定和阐释具有重要指导意义。

旧石器时代遗址的特点

旧石器时代是人类演化最漫长的时段，占人类历史的99%以上。在整个旧石器时代，人类生存的地域不断扩张，可供生存的角落皆留下先祖的遗物与遗迹。该阶段人类不断迁徙流动，不同人群及其文化的碰撞、交流经常发生，致使远古文化的关联性很强。在生产力低下的原始社会，人类生存高度依赖自然环境中赋存的资源，工具制作受制于自然材料的特性，可施展的技术有限，文化遗存具有高度普遍性和趋同性。这些因素，导致旧石器时代遗址及其埋藏的考古学文化的共性很强，普遍的价值认同及研究理念和方法放之各地而皆准。因而，旧石器时代遗址的学术、遗产价值，更适合以国际视角做关联性挖掘、评估与阐释。

中国经发掘和记录的旧石器时代遗址超过2000处。这些遗址是人类遗产的重要组成部分，对于勾画人类演化、迁徙的世界版图和追溯东亚人类的起源与发展不可或缺。其中周口店北京人遗址是我国首批世界文化遗产，其价值得到充分的阐释并获得国际学术界的广泛认可。现在我想谈谈另外两处遗址，河北泥河湾盆地和宁夏水洞沟遗址群，尝试从国际视角诠释它们的重要学术与遗产价值。

泥河湾盆地

泥河湾盆地位于河北省张家口和山西大同地区，迄今已发现数百处旧石器时代遗址，出土丰富的石制品和动物化石，涵盖旧石器时代的各个时段并向新石器时代、历史时期延伸，被誉为东方的“奥杜威峡谷”。

这里目前发现最早的遗址是马圈沟，包含多个文化层位，在约166万年前的文化层中出土用简单技术生产的石片工具和大象留下的骨骼和足迹，一些象骨上保留石器切割的痕迹。这些材料描绘出生活在古湖畔的旧石器时代早期人群狩猎和餐食的生动场景。该层位之下还有更早的文化遗存。小长梁遗址出土大量约136万年前的小石片制品，开启了华北小石片石器技术体系的先河，被铭刻在中华世纪坛的基座上。东谷坨、岑家湾、麻地沟、飞梁等遗址被测定在距今120万～100万年之间，出土丰富的石制品和动物化石。马梁—后沟遗址群则构筑起距今80万～30万年的文化序列，与早期文化一脉相承。许家窑—侯家窑、新庙庄、板井子等遗址记录了距今20万～4万年间先民生存演化的历史，出土古老型智人化石和不同时期的石制品及动物化石，体现出在早期文化传统的基础上有所创新的发展趋势。而4万年前的下马碑遗址出土先民研磨赭石颜料和将小石片镶嵌为复合工具的遗存，早期现代人行为得到明确的标记。距今3万～1万年前的油房、西沙河遗址和虎头梁遗址群则埋藏了以细石叶工具为利器的高度流动人群的文化体系。

该盆地重大、普遍认可的遗产价值在于其罕见的漫长人类历史记录，长尺度的环境变化记录和早期人类适应生存的物质文化表现，丰富的石制品记载了东方古人群石器技术的发展过程、特点并反映了旧大陆古人类文化与行为的多样性。该盆地连续、深厚的湖相沉积和上覆的黄土地层及丰富的古生物化石在国际地质界是确定第四纪的起点、划分第四纪层和记录第四纪环境变化的支撑体系和最重要的信息载体。这些文化与自然遗存被封存在巨厚的沙土层中，保留了完整、真实的科学信息。盆地内沟壑纵横、错落万象、如梦如幻的奇异景观和火山口、叠层石、雅丹地貌等自然造化，使这里具有了独特的自然之美，在学术价值之外又增添了审美价值。

泥河湾的遗产价值得到国际学术界的高度认可。该盆地的早期科学探考是桑志华、巴尔博、德日进等西方学者启动的，其后中外学者不断前来考察研究，取得大量的考古发现和研究成果，很多学术著述发表在国际期刊上，书写了人类演化历史的重要篇章。

水洞沟遗址

宁夏水洞沟遗址群坐落在苍茫的毛乌素沙地和滔滔东流的黄河之间。这里分布着12处旧石器时代遗址，埋藏着技术特色鲜明、发展序列明晰、学术价值重大、国际学术界高度关注的史前文化系列。

该遗址于1923年由法国学者桑志华、德日进发现并首次发掘，其后又经历一系列发掘与深入研究。这里的旧石器时代文化始于4万年前，出现带有勒瓦娄洼遗风的石叶技术遗存，在中国、东亚罕见，与欧亚西部和西伯利亚旧石器时代晚期初段（IUP）的遗存属于同一体系，被认为是早期现代人的文化标识，这使该遗址成为研究旧石器时代东西方人群迁徙、融合与文化交流及东亚现代人起源的一方热土。相邻的第2地点则显示截然不同的文化面貌，这里在始于3.7万年前的多个文化层里出现用石片制作的小型刮削器、尖状器等类型，回归华北长期流行的小石片文化传统，但一些石器加工得规整、精细，说明技术与文化在发展和跃变。该地点还出土少许磨制骨器和逾百枚用鸵鸟蛋皮制作的经磨圆、穿孔、染色的串珠，保留热处理、营地火塘等复杂的用火遗迹。在传统的小石片文化体系中出现精致的石器、磨制骨器、装饰品、复杂用火等被看作早期现代人文化标记的遗存，表明这里本土的古人群也已演化入现代人的行列。

第12地点已在迸发着文明的火花。该地点出土约1.2万年前的丰富文化遗存，包括技艺精湛的细石叶制品、精美的磨制骨器、骨柄石刀、石磨盘与石磨棒等。骨质梭形器的出现表明当时的先民已会织网，以此捕捉飞鸟走兽；石磨盘与石磨棒在后期的农业遗址中常见，表明农业的种子已在这里种下。这里的先民还使用石煮法烧水熟食，即将石头烧热，放到水中使其沸腾，把浸在水中的食物煮熟。这些遗存使我们得以管窥旧石器时代向新石器时代过渡期历史进程的流光溢彩：狩猎-采集生计在向农业转型，文化在快速发展，社会在加速复杂化……

该遗址的重大学术价值在于它保留了中国—东亚旧石器时代晚期肇始的记录，书写了早期现代人群沿着北方路线迁徙、扩散、交流、融合、适应、发展的历史篇章。该遗址在国际学术界具有重大影响力，是最早被推向西方学术界、宣告中华大地在遥远的旧石器时代就存在人群生存和文化发展的遗址，也是最早得到世界学术界关注并将中国、东方与西方世界紧密链接在一起的珍贵文化遗产。该遗址得到妥善地保护和阐释、利用，成为我国唯一一处以史前遗址为核心的国家5A级景区。保护、研究与利用有机结合及政府与企业分工合作、互益共赢的“水洞沟模式”也十分契合世界文化遗产的认定标准与发展理念。

须提升对旧石器时代遗产的重视

目前中国已有56处世界文化遗产，居世界第一，但旧石器时代遗址仅有周口店一处，这极不合理，严重失衡。在这一问题上中国并非孤例，世界文化遗产名录上的旧石器时代遗址凤毛麟角，成了历史时期遗产的点缀。人类共同拥有漫长的旧石器时代历史，这是将肤色不同、语言迥别、文化各异的现代族群凝结在一起的历史根基和纽带。远古遗址埋藏在自然堆积中，不像后期建筑那样恢宏可视，且多位于偏僻荒芜之地，旅游吸引力差。这些因素导致旧石器时代遗址普遍不受重视，被提名为世界遗产的机会很低。联合国教科文组织数度举办专题研讨，力图改变遗产名录的不平衡性，希冀史前遗址得到更大的关注。就中国而言，像泥河湾、水洞沟这样的旧石器时代遗址学术价值重大、国际认可度极高，一旦被提名，进入世界文化遗产名录将不存悬念。

旧石器时代遗址埋藏着人类的根脉。研究、保护和管理好先祖的家园是我们的神圣使命。将它们中条件成熟的遗址推荐为世界文化遗产，会体现出我们的视野、价值取向和对人类遗产负责任的态度，以此无愧于祖先的艰辛付出和慷慨馈赠。

（原刊于《中国文化遗产》2022年第6期，原标题为《笔谈：突出普遍价值命题下的中国考古学话语建构》，有改动）

学术杂谈

谁是人？

——科普传播中有关“人”或“人类”的界定与误区

谁是人？初看之下，这似乎是一个愚蠢、奇怪的命题，但在学术研究和科普传播中，它却是一个需要较真儿的问题。网络上多次出现过这样的报道：

> “最古老的石器并不是‘人’造的”——科学人/果壳网2015年5月22日对*Nature*于前一天发表的有关发现于肯尼亚的距今330万年的石器的研究成果的报道；“最古老的石器并非人造”——历史吧/百度贴吧2015年5月23日。
>
> “关于尼安德特人4大疑问：人类是否与其杂交？”——凤凰科技2013年4月3日；“研究表明人类与尼安德特人的交配活动比设想得更早”——资讯网2016年2月28日对*Nature* doi：10.1038/nature16544发表的有关现代人类的祖先与尼安德特人于10万年前发生过混血的学术成果的报道。这两则报道显然在说：尼安德特人不是人！

这样的新闻标题很能吸引眼球，增加点击率，但更多的是让人困惑：到底“人”或“人类”的概念是什么？谁才是“人”？

其实，这样的带有误导性的标题的出现，有的是因为作者或编者缺乏与人相关的分类学或演化学知识，不了解一些专业词汇的含义与语境，犯了常识性错误，有的则是明知故犯，以谬误或混淆博关注，结果是传播了错误信息，造成读者的混乱与疑惑。

要回答或澄清这样的问题，有几点必须明确。首先，人或者人类的概念是清楚的，即人类是灵长类动物中能直立行走的一个类群；其次，人类经历了漫长的演化过程，这一历史被人类学界划分成几个阶段：约700万年前出现撒海尔人，约600万年前出现原初人，约580万年前出现地猿，约420万年前出现南方古猿，约250万年前出现能人，约180万年前演化出直立人，约20万年前出现智人；再次，人或人类的概念是有层级的。在生物分类中，人属于动物界—脊索动物门—哺乳动物纲—灵长目—人科—人属—人种。这样的分类体系蕴含着人类这个物种从古到今的演化信息。人科包括人类大家庭的早期成员，撒海尔人、原初人、地猿和南方古猿，也包括大猩猩和黑猩猩。能人是最早的人属成员，其后演化成直立人。人种的出现是距今20万年以内的事情，以前把这一期间出现的人类分为早期智人和晚期智人，后者约5万年前出现，也被称为现代人，属于真正的人种。新的研究认为早期现代人大约在20前就出现在非洲，在距今10万～6万年间向欧亚大陆扩散。目前围绕现代人起源问题，存在“出自非洲说”“多地区演化说”和“同化说”等理论流派。人或人类是一个通俗的称谓，是人类大家庭的总称，起点是直立行走，因此涵盖了撒海尔人以来的所有成员。目前人类学界所讨论的“人”的起源涵盖了两大科学问题：人类的起源，即直立行走能力出现的时间

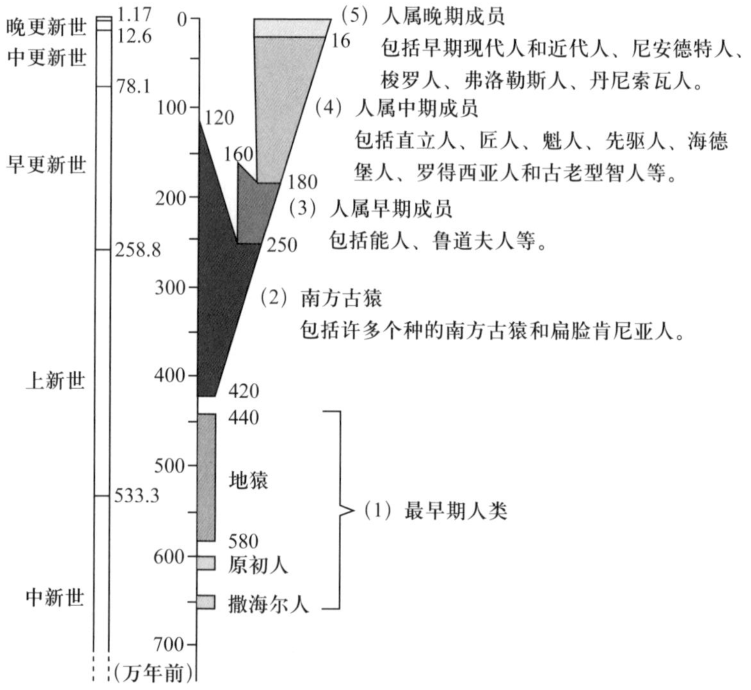

人类演化参考图谱

引自吴新智、徐欣：《探秘远古人类》，外语教学与研究出版社，2015年

节点，实际上是指人类与其灵长类近亲黑猩猩的分异过程；现代人起源：特指人种的起源，也就是我们直系祖先的来源。这是两个事件，两个概念，经常会被混淆，导致学术传播的混乱与错误。当然，新的材料发现和新的研究进展也会不断改写人类的历史，改变一些术语，会让行业外人士与传媒无所适从。

目前媒体传播中最大的问题是对最早石器制造者的身份定位和对尼安德特人的身份认定。在搞清上述的人类演化过程和对不同阶段人类所使用的专业术语后，这样的问题就迎刃而解了。2015年5月21日，*Nature*报道了在肯尼亚西土卡纳（West Turkana）附近的一处遗址发现的一批石制品，年代为距今330万年。这批目前年代最早的石制品具有十分原始的特征，兼具打击与摔砸的技术特点，但与猩猩类敲砸出来的石块、石片已有明显的差别。这一发现引起学术界和媒体的高度关注，原因之一是它将人类工具制造的最早纪录从原先的260万年前（发现于埃塞俄比亚的Gona遗址）提早了70多万年，原因之二是它打破了人类只有到了能人阶段才会制作工具的认知（能人的名字就是因为能制作工具而获得的），因为330万年前生存的人类是南方古猿，能人还未演化出来！于是，铺天盖地的媒体报道的题目就成了“最早的石器不是人制造的！”其实，英文原文用的术语是人属（*Homo*），即最早的石器不是人属制作的，而是南方古猿的作品。将“人属”写成“人”，偷换了概念，各家媒体纷纷转载，以讹传讹，给读者造成了困扰，也为该条新闻博得高点击量制造了噱头。

尼安德特人与早期现代人印象图

尼安德特人的“人类”身份本来不是问题。这是一个存活在距今20万~3万年的特殊人群，生活区域主要是西亚和欧洲，在西伯利亚也有发现，在中国的少量古人类化石上也有他们的一些性状。他们具有增大的大脑（平均脑量甚至比现代人还大）和健壮的身躯，能制作精美的莫斯特石器，留下人类史上最早的墓葬和雕塑。在人类演化史上，尼安德特人属于早期智人。主流学术界曾经认为他们完全灭绝了，被从非洲迁徙出来的早期现代人替代，但近几年的古DNA分析发现，尼安德特人并没有真正灭绝，而是与早期现代人发生过基因交流，我们身上都或多或少有尼安德特人的基因。这就是前面引述的关于“尼安德特人与人类是否杂交过”的报道的由来。将尼安德特人排出人类大家庭是有悖科学常识的。他们与我们具有很近的血缘关系，在人类演化史上占据重要的地位。

非业内人士可能会对古人类学界所使用的一些有关人类演化的术语不得要领。其实这些术语都有特定的含义，反映着学科发展和认识深化的过程。比如“南方古猿”，当初发现于南非汤恩地区，在很长时间里被认为是一种古猿的化石，因此得名。其后发现他们属于早期人类，但名字已经产生，按照生物命名法则不能更改。“直立人”也是这样，因为爪哇人和北京猿人的发现而命名，当初以为他们是最早能直立行走的人类，故而得名，但后来知道在此之前的南方古猿和能人就能直立行走了，但“直立人”的学名已经生成了，只能继续叫下去。

本文提到的新闻报道涉及人、人类的界定问题。虽然传媒的错误不会影响学术界的相关研究和认识，但对社会大众却会产生很大的误导和混乱，需要澄清，需要纠正。在知识与文化成为国家与民族软实力的体现和社会发展水平的标尺的当代社会，科学知识传播的作用不可小觑，所传递的错误信息的影响也不可低估。试想，如果这样的信息被用到博物馆展陈上，被印到教科书或科普著作中，会产生怎样的效果！因而，科研工作者和科普传播者，一方面要全面准确掌握学科动态和学术知识；另一方面要树立严谨求实的作风和对社会、对职业高度负责的精神，不马虎，不浮躁，不故弄玄虚。

谨以此文与媒体朋友共勉！

（原刊于《光明日报》2017年1月12日科学版）

北京猿人是我们的祖先吗？

1929年12月2日，北京猿人第一个头盖骨在周口店龙骨山被裴文中先生发现。90年来，北京猿人化石及其文化遗存在研究人类起源与演化中的地位与作用被学术界广泛认可，并在很长时间内被普遍认为是中国乃至东亚人类的祖先。但近来随着有关现代人起源不同观点的争论，北京猿人是否是我们的祖先成了一宗悬案。

谁是北京猿人？

北京猿人是在北京周口店第1地点（俗称猿人洞）发现的已经变成化石了的古人类，在演化上属于直立人，生活在70万～30万年前。在该遗址共发现由体骨和牙齿代表的40个左右的北京猿人个体，包括5个头盖骨。

根据人类学家的研究，成年北京猿人脑子的平均重量为1088 毫升，介于黑猩猩和现代人之间；头部扁平，眉脊粗厚，没有下颏；他们的四肢骨与现代人差异不大，只是骨壁较厚；女性身高大约为 1.56 米，男性稍高一些。在猿人洞还出土了数万件石器和用火遗存，说明他们已经能够制作和使用工具，并学会了用火，因而是具有文化能力的早期人类。

很多人可能没有意识到，北京猿人不是一个个体，也不是一个家族；那40个左右的个体可能彼此也没有什么关联。他们是不同时期生活在周口店乃至华北地区的直立人群体的代表，有幸在死后骨骼成为化石，被考古学家发现和研究。那一时期应该有不同的直立人群体在随季节变化而迁徙移动，生存繁衍，周口店猿人洞只是其中少数群体临时的家园。

北京猿人具有很高的学术价值与地位。他是最早被认定能制作工具和用火的远古人类，直立人这一重要的人类演化阶段因他而确立。时至今日，周口店是世界上发现人类化石最多、文化遗物最丰富的古人类遗址，对研究东亚人类的演化至关重要，1987年联合国教科文组织将其列入世界文化遗产名录。

北京猿人是否是我们的祖先?

那么北京猿人与现代人到底有无关系？他们是否是我们东亚人的祖先？对这个问题没有简单的答案。

在很长时间内，北京猿人确实被认作中国乃至东亚人的祖先，这样的结论至今还在一些教科书中保留着。

学术界普遍认为最初的人类起源于非洲后，在距今200万～180万年部分直立人群体离开非洲，扩散到欧亚大陆，北京猿人就是非洲起源的远祖的后代。其后北京猿人继续演化，开枝散叶，繁衍出我们今天的东亚人群，俗称黄种人。欧洲的情况也是这样，直立人（海德堡人）演化为尼安德特人，后者又演化出现代的欧罗巴人种，即白种人。

但1987年出现一个新的假说，三位遗传学家提出现代人不是在欧亚大陆从直立人演化出来的，而是大约20万年前在非洲诞生出一支新人类，即最早的现代人，他们在10万～5万年前走出非洲，扩散到欧亚大陆，成为我们现生人群的直接祖先。而且认为这个扩散过程是以“完全替代”的方式进行的，也就是原先欧亚大陆生活的本土古人群，包括北京猿人，都在演化中灭绝了或被扩散出来的早期现代人替代了，没有留下任何后代。这一学说后来变得十分流行，中国的一些遗传学家也持这样的观点，还提出中国地区在10万～5万年前是人类生存的空白时段。于是北京猿人似乎在现代人祖先的备选人群中出局了。

但并非所有的学者都支持这样的观点，即“现代人非洲单一地区起源说”。中外一些人类学家仍然主张现代人是在不同地区由不同的古老型人类逐渐演化而来的，即“多地区进化说”。我国的吴新智院士在“多地区进化说”的基础上提出东亚人类的演化模式是“连续进化附带杂交”，即在东亚现代人形成的过程中，以北京猿人为代表的本土古人类连续演化是主线，而外来人群带来的基因混杂起到辅助的作用，而且认为东西方人群从来没有真正隔离过，没有分化出不同的生物种群。按照这个假说，北京猿人就是现代东亚人的祖先。

2010年以来的情况有所改变，上述两种观点在相互接近。一个重要原因是通过古DNA分析，发现原先被认为彻底绝灭了的曾经生活在欧洲、西亚和西伯利亚的尼安德特人其实并没有真正灭绝，他们与从非洲扩散出来的所谓“早期现代人”发生过混血，少量基因得以流传了下来，我们欧亚现代人身上或多或少有他们的遗传物质。另外，在西伯利亚地区从DNA分析中发现一个新的人种——“丹尼索瓦人”，他们与尼安德特人和“早期现代人”也发生过混血，我们的身上也有他们的基因。最近在菲律宾北部的吕宋岛上发现5万年前的个体矮小、形态独特的“吕宋人”种，有学者认为他们可能是北京猿人所代表的直立人的后代。之前在印尼弗洛里斯岛也发现过距今5万年左右的小矮人——霍比特人，被认为是一支古老型人类在封闭的岛屿环境下留下的后代。于是学术界意识到，现代人演化绝非从非洲杀出一支新人类，扩散之处所向披靡，成为现生人群纯净、单一的祖先那样的戏剧化模式；所谓灭绝了的早期古老人类其实有的种群也留有后代，我们的祖先是由不同古老型人群构成的。

那么北京猿人又是我们的祖先啦？还是没有简单的答案。如果有人指着某个北京猿人头骨问我，他（她）是否为我们的祖先？答案应该是“不知道”，因为具体某个个体是否留下后代，我们不得而知；但如果我们把北京猿人理解成70万～30万年前生活在周口店—华北地区不同的直立人人群的代表，那答案应该是：他们很可能是我们的祖先。古人类学家的研究表明，东亚的直立人、早期智人和现代人的演化是连续的，在体质特征上是一脉相承的，没有发生外来人群整体替代所该有的形态特征的突变。从考古学的角度也支持这样的结论，中国乃至东亚的旧石器时代文化是连续、稳定发展的，表现在工具的技术、形态、组合和古人类的生存模式，它们都是承前启后，没有发生过间断或西方文化的替代，不存在10万～5万年前的空白，这也支持这里的人群是连续、逐渐演化的结论。

可能有人会说，测一下北京猿人的DNA，与我们比对一下不就解决问题了？遗憾的是，北京猿人那样古老的化石，基本没有保留有机成分，无法做DNA提取和分析。

有人说北京猿人与我们不是一个人种，有生殖隔离，我们不可能成为的他们后代。这样的说法欠缺科学常识。南方古猿、能人、直立人、早期智人、晚期智人（现代人）是根据化石所表现出来的体质特点而划分出的演化阶段，这些所谓“人种”并非物种的概念，从化石形态上根本无法确认两个人种间是否存在生殖隔离，因而上述说法是混淆了“人种”与“物种”的概念。现代非洲尼格罗人种、欧洲欧罗巴人种和东亚蒙古人种，虽然被划分为不同的人种，但我们之间都可以混血，繁育后代，因而都是同一个生物种。如果一定说北京猿人与现代人不能生儿育女，就如同说早已离世的祖太爷无法与他还在活蹦乱跳的重孙女生孩子一样，他们是不同时代的人，根本没有机会见面！

网上还流行北京猿人是食人恶魔，北京猿人很笨，被剑齿虎吃掉并走向绝灭……这都是臆想出来的，没有科学依据。

结　　语

北京猿人是直立人的一个代表性的分支，在人类演化史上，尤其是东亚人类历史上，占据不可替代、不可忽视的重要地位。围绕周口店遗址和北京猿人，学术界已经得出一些可信的结论，但仍有很多未知的空间，争论是正常的，研究和探讨仍会继续进行下去。

我们不必因为北京猿人发现在周口店、被认为是我们的可能祖先而美化抬高他们，同样也不要因为现代人起源的理论冲击了他们原有的地位而丑化贬低他们。科普传播的基础是科学研究，它应该是科学的、准确的，同时也应该是通俗、有趣的。不要为了吸引大众而制造脱离科学基础的噱头，或者把没有依据的科幻乃至文学故事当成科学资料加以传播，以讹传讹。

谨以此文纪念北京猿人第一个头盖骨发现90周年！

（原刊于《化石》2019年第4期，后被《文汇报》
2019年12月8日科技文摘版转载）

中华文明前溯*

1 引　　言

中华文明是人类文明系统中的一颗璀璨明星。它具有连续性、创新性、统一性、包容性、和平性等突出特性，还具备强大的生命力、凝聚力、传承力和灵活性、适应性等特征。它根脉深长，萌芽于旧石器时代，在新石器时代中晚期破土而出，长成今日之参天大树。该文明体系的孕育和诞生与神州大地特殊的地理位置和生态条件、华夏古人群的连续演化及根深蒂固的史前文化传统息息相关，是环境、人群、文化传统三位一体协同演进的结果，是中华大地百万年人类史、文化史的华彩篇章。

作为一项国家文化工程，“中华文明探源”方兴未艾。近年从良渚、牛河梁、屈家岭、石家河、南佐等遗址取得的重大发现，实证了我国五千年的文明史，并将其源头继续向前推进。但这些新石器时代中晚期遗址中保存的早期文明证据，已经迈过了文明起源的门槛，它们代表中华文明的“流”，而不是“源”。真正的源头，需要到更久远的旧石器时代及新石器时代早期遗存中去寻找。

下文将从三个方面论述中华文明的根基在旧石器时代孕育、萌发的机理和过程。

2 天造地设：自然环境的影响与塑造

一方水土养一方人。中国特定的地理位置、地貌特点和生态条件对华夏人群、文化产生了深刻影响。

---

* 基金项目：国家社科基金中国历史研究院重大历史问题研究专项（21@WTK001）；国家重点研发专项（2020YFC1521500）。

2.1 自然环境相对稳定

中国地处东亚，幅员辽阔，生态多样。生活在这样广袤空间的先民可以充分利用环境便利，获取各类动植物食材和生活资源，并在气候波动时做南北间和高程上的迁徙移动，趋利避害，维持生存。中国大部分地区处于东亚季风控制之下，对黄土、石笋序列所做的古环境研究表明，这里在更新世发生过气候波动，但相对和缓[1]。即使在冰期，其寒冷、被冰川覆盖的程度也远不及欧美，甚至中国有无与欧美同步的冰期一直是学术界争论的话题。

旧石器时代中国自然环境相对稳定，适合包括人类在内的生物生存、演化，还可以从古生物遗存中得到支持。在华中、华南的广大地区，长期生活着大熊猫—剑齿象动物群，包括剑齿象、大熊猫、犀牛、貘、马、牛、鹿、麂、野猪、华南虎、鬣狗等[2]。这些哺乳动物多是喜暖喜湿的物种，它们的主要属种贯穿整个更新世，说明这些地区长期温湿适宜，气候波动的幅度较小，具备大型哺乳动物生存的条件。即使在中国北方，像野马、野驴、野猪、鹿、鬣狗等哺乳动物的化石也经常在旧石器时代考古遗址中出现，说明那里也很少发生大规模的严寒、极端气候。华夏大地很多区域在旧石器时代适宜人类生存，这是东方古人群长期固守家园、生生不息的环境条件；而相对稳定的气候环境和资源条件，被认为是旧石器时代石器技术保持稳定的一个重要因素[3]。

2.2 地理位置相对独立

中国地理位置相对独立，南有热带丛林，西南有“世界屋脊”喜马拉雅山和青藏高原，西有昆仑山、天山、阿尔泰山等高山和中亚沙漠，北有蒙古高原和戈壁荒滩。它们虽不能构成人类迁徙的绝对屏障，但会对大规模人群的流动构成挑战，尤其是在环境恶化时。东方则面海，阻挡古人群东移。高山、荒漠、大海之间的中国内陆是广袤的平原和山川。在这样相对封闭的生态环境中，于气候适宜期迁徙至此的早期直立人生存繁衍，其后虽有少量人群移入、迁出，但大规模移民很少发生；新来的小股人群只能融入主体人群中，其体质性状和文化特点偶有存留，但很快会被同化吸收。于是这里便形成富有区域特点、延绵长久的古人群和古文化。这样的演化过程在新石器时代、历史时期仍然存续。

严文明先生对此有深刻的论述："中国古文化、古文明格局像'重瓣花朵'，这应该与我国独特的地理位置和生态条件有密切的关系。世界上没有其他国家像中国这样在自然环境上相对独立，周围的高山、荒漠、大海将这块广袤的土地与外界隔离开来，内部又有各方向聚拢的中心，使得华夏古文化乃至中华文明拥有一个孕育、绽放并引领的核心（花蕊），四周又有诸多各具特色的文化体（重叠的花瓣）包裹着它，为它护卫并输送营养，于是我们才有了不间断并不断壮大的文化、文明发展历程，而曾经在世界舞台上领一时风骚的古埃及、两河流域和印度河文明都消失了，因为它们没有这样一个特殊、稳定的环境，可以让其文明持续成长、开枝散叶。"[4]

2.3 石器原料的影响与制约

制约和影响东方古人类生存与技术发展、文化传统形成的另一项重要自然条件是工具原料特点。欧洲、西亚的石器多用燧石制作，那里广泛分布着质地细密均匀、软硬适度的燧石岩脉或大型结核，这样的材料为西方古人群制作规范精美的阿舍利手斧、莫斯特尖状器和长薄的石叶，对于发展两面技术、勒瓦娄哇技术、软锤技术、压制技术等，提供了优越的原料条件。而东方先民主要采用脉石英、石英岩、白云岩、砂岩、火山角砾岩、小块燧石等相对质劣的材料制作石器，这些原料主要分布在河床和山梁上的岩石破碎带，多以卵石和小石块的形式存在。同时，中国南北间在石料资源的赋存方式上有很大差别，北方的石料大多数为小的团块、角砾，多散布，不易得到；而南方的石料多以大型卵石的形态出现，往往很富集。这样的原料条件对中国旧石器时代文化传统的塑造应该起到很大作用。

学术界对于东亚旧石器时代文化特点与石器原料的关系问题多有讨论。在普遍认为石料特性是制约东方旧石器时代文化发展的重要因素之外，关于石料对特定技术的发展与传播的影响程度又有不同的认识[5]。与此相关的是"竹木器假说"，该假说提出因为东方缺乏优质石器原料，这里的古人群便高度依赖竹木器，简单石器的功能主要是制作竹木器，因而石器不适于用作衡量文化与技术乃至认知能力发展的标志[6]。但竹木材料难以保存，这样的假说难以得到系统的验证。

3 生生不息：华夏主流人群连续演化的群体效应

中国地区存在直立人以来连续演化的主流人群，很早就被学者提出过，虽然也有质疑，但新的发现在不断强化此方面的论述。而主流人群所形成的迭代赓续、枝布叶分及对新移民吸附同化的群体效应，应该是文化薪火相传、绵延不断的重要基础与保障。

3.1 连续演化假说的提出

20世纪三四十年代，魏敦瑞（F. Weidenreich）研究发现，北京猿人与现生华北人有一系列相似的特征，指出二者之间存在形态上的连续性，提出北京猿人是现代中国人乃至蒙古人种祖先的观点。其后魏敦瑞又提出在东亚、东南亚—澳大利亚、欧洲和非洲存在四个人类演化世系，并在东亚世系上标出了北京猿人—山顶洞人—蒙古人种的承继关系[7]。魏敦瑞发表上述观点之时，在北京猿人、山顶洞人和现代东亚人之间存在明显的证据缺环。

3.2 连续演化假说的发展

20世纪50年代，在四川资阳、山西丁村、湖北长阳、广西柳江、广东马坝等地相继发现人类化石，对直立人和现代中国人之间的证据缺环做了一定程度的填充，吴汝康等据此论证了中国地区古人类演化的连续性[8]。20世纪六七十年代，在云南元谋、贵州桐梓、湖北建始、陕西蓝田、陕西大荔等地发现更多早期人类化石，吴新智等指出在中国发现的不同时期的人类头骨存在明显的相似性，包括有矢状脊，面部突出，阔鼻，颧骨高而前突，上门齿呈铲形，存在下颌圆枕等，进一步强调中国古人类连续演化，具有明确的传承关系，不同地区古人群之间可能存在基因交流[9]。20世纪八九十年代，一方面在湖北郧县、江苏南京、辽宁金牛山等地发现更多早期人类化石，连续演化的证据链更加坚实；另一方面西方遗传学家提出的现代人类出自非洲、所有欧亚本土古人群均被替代的假说风靡于世[10]。在此背景下，吴新智提出“连续进化附带杂交”假说，认为东亚存在一条自直立人以来连续演化的主线，同时本土人群与外界人群也发生少量基因交流，这种混血的结果是族群融合，而非替代[11]。

3.3 新的证据

近20年来，在湖北郧西黄龙洞、广西崇左智人洞、贵州盘县大洞、河南许昌灵井、安徽东至华龙洞、湖北学堂梁子等多处遗址又发现一批人类化石。在新科技条件下，学者们对以前发现的人类化石开展了新研究，揭示出距今30万~10万年间中国地区人类演化的连续性和复杂过程。在华龙洞发现的30余件人类化石的年代被测定为距今33万~27万年，具有第三臼齿先天缺失等东亚古人类的典型特征，并在头骨、下颌骨、牙齿上提取到一系列与现代人相似的性状，显示出直立人向智人过渡的形态镶嵌特点，为东亚古人类连续演化增添新实证[12]。对距今30万~25万年的陕西大荔人颅骨的最新研究表明，该个体表现为中更新世晚期人类共有特征和早期现代人部分特征的镶嵌体，其世系应该比其他人群对东亚现代人的形成有过更大的遗传贡献[13]。距今12万~10万年的河南许昌人化石，亦显示出古老形态与现代特征镶嵌的特点，兼具早期现代人与尼安德特人的诸多性状。发现于贵州盘县大洞距今30万~13万年的人类牙齿，已经呈现早期现代人的特征。广西崇左智人洞出土的11万年前或更早的下颌骨亦出现现代人类的衍生性状，同时保留一些原始特点。而在湖南道县福岩洞和湖北郧西黄龙洞等遗址发现的一批距今12万~5万年的人类牙齿，已呈现完全现代人的形态特征。4万~3万年前的北京田园洞人与山顶洞人更是尽显现代人特点。这些都表明中国境内古老型人类向现代人演化是一个连续的过程，从非洲迁来的早期现代人整体替代本土古人群的假说则得不到化石证据的支持。

中国古人类连续演化，并非中国学者出自民族主义情绪的率性言论。美国古人类学家沃尔波夫（M. Wolpoff）也认为："东亚古人类的体质演化具有独特性。地区连续性在更新世和全新世是主旋律，现代性状随时间流逝而增强。"[14]

强调本土人群连续演化，并非排斥人群迁徙、替代与融合的可能性。旧石器时代人类居无定所，迁徙移动本是常态。人类化石的形态特征、遗传信息和文化遗存诸方面都表明华夏大地在旧石器时代有过不同人群在生存。华南、华中少数遗址发现的阿舍利技术遗存难以排除是断续来自西方人群的作品，而北方少量遗址出土的旧石器时代中期末叶和晚期初段的莫斯特与石叶技术遗存，是更明确的

“外来人群”证据。但具有西方旧石器时代中晚期文化特点的遗存，在中国分布的时空范围有限，只发现于靠近中亚与东北亚边陲地带的少数遗址，未能成为文化主流，更未发生对本土文化的替代。为何这样的文化体系未能向东、南扩张进入华夏腹地，而是消弭于无形？根据不同文化遗存的分布，我们认为一个重要原因是新来的小股人群在华北遭遇本土主流人群的阻挡，后者人数更多、更强势、更适应本土的生态环境，占据了资源优裕的生态位，前者只能止步、退却或被同化吸收[15]。

4 文化内核：东方行为模式与文化传统的惯性发展

从陕西蓝田上陈、安徽人字洞、重庆龙骨坡、湖北建始龙骨洞等遗址出土的材料表明，约200万年前中国的一些地区已经有人类在狩猎采集。自此，这里的旧石器时代文化形成一脉相承的传统，呈现缓慢和多样化发展的格局。

4.1 中国旧石器时代文化传统的特点

中国、东亚的核心地区在很长时间内保持有别于西方的旧石器时代文化特点，经常被贴上“砍砸器传统”“砾石石器传统”“小石片石器传统”“简单石核—石片工业”等标签。相比非洲和欧亚大陆西部奥杜威—阿舍利—莫斯特—石叶—细石叶技术模式前后替代的阶段性发展，东亚的旧石器时代文化传统高度稳定，发展缓慢，阶段性变化不明显。虽然在局部短时出现过阿舍利、莫斯特、石叶等源于西方的文化元素，但都没成为主流。诚如深谙东西方旧石器时代文化差异的已故学者奥弗·巴-约瑟夫（Ofer Bar-Yo-sef）所言：“中国旧石器时代文化以持久流行的石核—石片/砾石石器体系为鲜明特色，故以非洲—欧亚大陆西部史前文化作为参照来阐释东亚古人群的文化与社会行为是不合时宜的，尤其是在评判古人类认知演化阶段方面。”[16]

中国旧石器时代主流文化的特点可以被归纳如下：

4.1.1 原料选择与采备

制作石器的原料主要是脉石英、石英岩、白云岩、砂岩、火山角砾岩、燧石团块等，岩性多样，优质材料少见；采备方式随意性强，基本采自居址附近，即用即找，储备原料的案例不多。

4.1.2 剥片与加工

剥片方式不拘一格，锤击法、砸击法、碰砧法、摔碰法、锐棱砸击法、投击法等都被不同人群采用过。剥片时很少对原料（石核）做预制修整，所用方法取决于原料的质材与形态，具有很强的机会性和随意性；二次加工相对简单，主要使用锤击法和碰砧法，基本不对毛坯做预制塑形，以单面硬锤加工为主，两面技术、软锤技术、压制技术等规范、复杂制作方法在大部分地区和时段缺失；修制多局限在功能部位，很少对毛坯做通体、两面加工，对坯材的改造程度浅。

4.1.3 类型与形态

主要类型是刮削器和砍砸器，辅之以尖状器、手镐、手斧、薄刃斧、石锥、石钻、球形器等。石器形态变异大，规范性差，有些类型间的区分不明显。

4.1.4 区域多样性与变异性

张森水曾将中国旧石器时代文化格局表述为“南方主工业”“北方主工业”及两大区域内的“若干文化变体”[17]。总体上，南方以大型砾石工具组合为主体，主要类型是砍砸器、手镐、手斧和用大石片制作的刮削器，器类相对少，加工相对简单；北方的石器多用小石片做毛坯，各类刮削器占统治地位，辅之以砍砸器、尖状器、石锥、球形器等类型，器类相对多样，加工相对精细。但这样的“二元结构”表述过于简单，云贵高原等南方地区存在异于大型砾石工业的石片石器体系，北方的很多区域则存在用砾石和大石片加工的大型石器，百色盆地、汉中盆地、洛南盆地、川西高原、汉水流域等区域出现手斧富集区，安徽陈山遗址和成都平原等地则流行以大石片加工的风格粗犷的工具体系，四川濛溪河流域用硅化木材料制作的小石器组合更是特立独行。

4.1.5 发展缓慢，传统稳定

中国旧石器时代文化固然并非一成不变[18]，但相对于旧大陆西部明显的阶段性发展变化，这里的石器技术呈现渐进式的缓慢演进，在诸多方面表现出稳定性与继承性。南方的石器文化稳定程度更高，除了局部地区昙花一现的

具有阿舍利技术风格的手斧组合，其他文化因素的历时性变化如和风细雨。北方石器技术的演变相对明显，石器类型及加工精细的标本随时间的推移而增加，但在大部分时期内缺乏明确的阶段性变化，以至于无法划分出不同的发展阶段[19]。直到距今5万年左右，在北方边陲的金斯太、通天洞等少量遗址出现莫斯特技术组合，距今4万年左右在水洞沟和尼阿底等少量遗址出现石叶技术组合，稍晚在长白山地区出现用黑曜岩制作的石叶、细石叶技术组合，显示新文化阶段到达特定地区。

4.2 旧石器时代东方行为模式

为何中国、东亚的旧石器时代文化会显示异于旧大陆西部的同类文化，而且长期保持这样的传统？很多学者就此做过探讨，提出人群的古老与封闭性、原料制约、竹木器的主体地位、人口稀少影响交流与创新等假说。笔者认为文化传统本身的惯性发展和主流文化对少量外来文化的排斥与同化不可忽视，而更本质的是东方先民特定行为方式的内核作用，为此提出“旧石器时代东方行为模式”来解析这里的旧石器文化传统得以长期维系的内在原因[20]。

4.2.1 因地制宜，灵活变通

生活在华夏大地的古人群充分利用大自然给予的便利条件，选择近水、向阳、易于获取石器原料和食物资源的环境安营扎寨。他们面对多样且不断变化的生存环境不墨守成规，而是灵活变通，采用适宜而有针对性的技术与方式开发利用资源，获得生存的条件，主要表现在就近取材、因材施法，根据原料特点采用不同的开发利用方式。例如，北京猿人用简便而浪费大的砸击法，开发加工周口店地区质劣而量丰的脉石英；在四川盆地，古人类用碰砧法从扁平的大型卵石上剥离大石片，进而加工使用；而在重庆三峡地区，面对大量圆钝、不易锤击剥片的河卵石，古人则用摔碰法撞击出边缘锋利的石片，或将石体一分为二，从而为进一步剥片和加工创造条件；生活在云南甘棠箐、四川濛溪河等遗址的古人群，在石器原料缺乏的情况下，将木质材料和动物的骨骼、鹿角制成工具。灵活变通的聪明才智和行为方式，使先民得以克服所面临的困难，增强适应环境的能力，也形成了富有区域特色并延绵赓续的文化传统。

4.2.2 因陋就简，简约实用

东方古人制作和使用的石器多简朴、实用，大多可被划归权宜工具之列。剥片时对石核基本不做预制和修整，加工多简单、随意，目标是修制出可用来切割的刃缘或用来穿刺的尖刃，以实用、最小代价为原则，能用即可，很少加工非功能部位，两面通体加工的案例很少，不刻意追求工整性、规范性和美观性；很多石器具有多功能的属性，一器多用，经常直接使用未经加工的石片。这与旧大陆西部普遍采用两面加工技术和勒瓦娄哇预制技术对石器做规范的深度加工形成鲜明对照。东方旧石器时代文化的创造者如此务实、简约的行为方式和生活态度，在总体上符合人类心理与行为上的"善走捷径"[21]和制作工具上省时省力的"最小努力原则"(principle of least effort)，或许这样的行为方式在东方古人群中更为盛行并长久不衰，即使是与西方阿舍利技术体系接近的手斧的制作，也体现出这样的东方特色[22]。这样的行为方式定会对文化的塑造发生重要影响。

4.2.3 低强度开发资源，不断迁徙趋利避害

东方先民在资源利用方面很少刻意寻找优质石器原料并进行长期、深度开采，所使用的石器主要用于加工、砍伐、挖掘和肢解动物，所拥有的尖锋利刃、具有致命杀伤力的工具稀少。相对于欧洲和新大陆古人群过度猎杀以至于造成晚更新世哺乳动物大绝灭的场景[23]，这里的此类证据很少。也就是说，东方先民对可用资源一般仅做低强度的开发，行为方式平和，客观上与环境保持和谐。

如何在这种做法下获得足够的食物？应该是不断迁徙移动的生存方式使然。中国的多数旧石器时代遗址文化层浅薄，单位文化层内遗存稀疏，很少发现遗址被连续占用、形成多期地层叠压和文化遗存富集的情况。这说明多数遗址被使用的时间短，古人群不断在遗址间和区域间迁徙移动，当一个地区的食物资源趋于贫乏时，便迁移他处以寻找新的资源，获得支撑族群生存繁衍的条件。泥河湾盆地的旧石器时代早期遗址就被推断为先民在暖时做季节性造访的遗留，而非被常年使用[24]。从气候环境和生态条件推断，地处寒温带、暖温带相对开阔地区的北方古人群迁徙移动的频率和距离应该大于地处亚热带、热带相对封闭的南方先民。这种移居方式增强了人类对气候变化和资源稀少或不确定性的适应能力，不必把一个地方的资源攫取至穷尽，也不必在技术和文化上做出重大改变以获取难以得到的资源，从而使文化传统得以守成、稳定发展。

采用迁徙移动，不断开发新领地、新资源生存策略的前提是当时人口相对稀少，地盘与资源的竞争不激烈。有学者就此做过论述，认为东亚大地古人群数量少、人口密度低，缺乏交流和竞争，是维系稳定和保守的旧石器文化传统的重要原因[25]。这种情况到旧石器时代晚期发生改变，尤其是在中国北方，遗址显著增加，遗物遗迹空前富集，出现石叶、细石叶技术体系和装饰品等具有象征意义的遗物。新格局的形成应该与人口的快速增长和交流碰撞的刺激作用密不可分。

4.2.4 稳中求变，在继承中创新

东方远古文化绝非一潭死水，这里的古人群并非抱残守缺，而是在不断进取和创新，只是这样的发展进步异于旧大陆西侧明显的新技术、新组合取代旧技术、旧组合的阶段性演替，而是一种稳定中的渐变、微调和偶尔的创新、飞跃。约166万年前生活在泥河湾盆地马圈沟的早期人类将顽石破开，选取带尖、刃的石片做工具，肢解分食陷入湖沼泥潭中的大象；约110万年前同样生活在泥河湾盆地的古东谷坨人，已在从石核上打击剥离下薄锐的石片，进而加工成刮削器、尖状器等不同类型的工具。80万～30万年前生活在周口店第1地点的北京猿人依赖简单的砸击法开采利用脉石英材料，而20万～14万年前生活在周口店第15地点的先民，面对同样的脉石英原料，已能驾轻就熟地利用锤击法制成更加锋利工整的石器。约3.5万年前周口店山顶洞人能用动物骨骼磨制出精美的骨针，大约同时生活在宁夏水洞沟遗址的古人群已在利用火的热能改造石器原料，使其更容易被加工成规范锋利的工具。约2万年前生活在江西万年仙人洞的能工巧匠将湿泥盘筑塑形、烧造成器，发明了陶器；约1万年前华北先民种植了粟黍，长江中下游的古人栽种了水稻，开启了人类生计模式的重大转型。这些重要的技术进步和发明创造，一步一步使华夏大地的古文化演进、蜕变，撒播了中华文明的基因和种子。

4.2.5 开放包容，兼收并蓄

中国旧石器文化并非一个封闭排外的内卷体系，而是与外界断续发生交流，在本土文化中间或出现外来文化元素。例如手斧这类被划归旧大陆西部阿舍利技术体系的标型器，在百色盆地、汉中盆地、洛南盆地、丹江口地区和川西高原等区域都有所发现。其中陕西洛南和四川皮洛遗址出土的手斧、薄刃斧、手镐组合具有阿舍利技术的典型特征，内蒙古金斯太和新疆通天洞这两处旧石器时代中期末叶的遗址出土具有欧洲莫斯特技术特点的石制品组合，宁夏水洞沟遗址出土

具有欧亚大陆西部旧石器时代晚期初段鲜明特点的勒瓦娄哇技术产品和石叶技术产品的混合体。在旧石器时代晚期中后段，除华南部分地区以外的广阔区域普遍出现细石叶组合。这些都表明华夏大地至少在局部时空内发生过东西方人群的迁徙、互动与文化的交流、融合。

这些源自西方的文化元素出现在中国的一些遗址中，说明东方古人类开放包容，对外来人群与文化并非一概排斥，而是兼收并蓄，进而为生存演化、文化发展注入新的活力。不同人群迁徙互动、竞争互鉴，应该是旧石器时代中华大地人群繁衍、生存、融合、发展的主旋律，中华民族及其文明多元一体的远古根基就这样孕育、伸展并在后世变得根深叶茂。

4.3 多样性保障文化的活力和延续性

中国旧石器文化非铁板一块，而是呈现散布和多样化发展的态势，“满天星斗”“多元一体”“重瓣花朵”的格局在旧石器时代已初露端倪。如前所述，中国南、北方旧石器时代文化区分明显，在原料利用、打制技术、类型组合、形态特征、发展演变过程诸方面存在差异性，同时在两大区域内各有丰富多彩的文化变体。这样的差异性和多样性与华夏广袤区域内地貌特点、生态条件和气候环境的多样性密切相关，也与散布在各区域人群的技术传承和行为方式的多元性密不可分。

众所周知，多样性是地球生物正常、健康存续与演化的标志和保障，多样性对于人类的生存演化和文化的持续发展也同样重要。多样性赋予人群与文化韧性、活力和强大生命力，当天灾人祸来临，特定区域的文化或人群可能因灭顶之灾而中断演化进程，其他人群与文化会因地处不一样的环境或有不同的应对策略而幸免于难，并在迁徙扩散中使“真空地带”的文化复苏。中华文明在历史上数次遭受劫难，但每次都能劫后余生并复苏发展，这种韧性和强大的生命力，应该得益于旧石器时代华夏文化的多样性和强大的文化基因。

5 讨论

中华文明是人类历史长河中发育的一棵参天大树。它根植于旧石器时代，经长期的孕育生长，在新石器时代中晚期破土而出，结出今日文明之硕果。其中有很多问题值得挖掘和讨论。

5.1 筷子的寓意：东方古人群是否落后于西方?

中国旧石器文化经常被表述为“简单”“保守”“原始”，是否这套传统文化真的落后于西方，是否如莫维斯早先所推测的那样，东方古人群带着阿舍利技术之前的原始文化来到这里，带有先天的落后与愚笨性[26]？其实，石制品只是旧石器时代文化的一种表象，在反映古人群的认知能力和聪明才智方面具有局限性。旧石器时代东西方的石器技术与类型组合固然有很多不同，但其差异性不一定代表背后人群的技术能力与文化水平。就如东亚人习惯用筷子，而欧美人习惯使用刀叉勺一样。作为餐具，筷子可以轻松搞定各种食材，刀叉勺则需配合使用。从表面上看，筷子的材料与工艺简单，落后于刀叉勺组合，但在助餐功效方面并不逊色。在物质与文化高度交流融合的现代，东方人也有了刀叉勺，西方人也在好奇心的驱使下练习用筷子，但大的餐具格局没有改变，背后的原因是文化传统与习惯不同，无关乎质材与工艺。旧石器时代东方的砍砸器、刮削器与西方的手斧、勒瓦娄哇尖状器的区别也可能主要是文化与习惯在起支配作用，而无关乎制作与使用者的技术能力和心智水平。

换一个视角。旧石器时代的东方人群在打制石器时面临劣质原料的先天不足，但他们制作了各类工具，包括竹木器，用此狩猎采集并成功生存、繁衍，发展出今日庞大的华夏族群和灿烂的中华文明。相对于西方古人群有优质石料制作高效能的工具，东方先民要克服的困难更大，更需要合理的生存方略、聪明才智和族群的合力来获得资源、生存发展。因而不可能从石器文化的表象推导出东方古人群笨拙、文化落后的结论，否则日后的中华文明之花盛开，就成了无本之木。

5.2 五千年不间断还是百万年的连续性?

连续性是中华文明的特质之一。对于中华文明五千年不间断的历程，学术界有高度共识[27]。但岂止文明形成后的五千年？华夏大地被先人踏足以来的二百万年间，人群生存繁衍与文化发展进步就没有中断过。在相对稳定的自然环境和资源条件下，灵活机动、简便务实、迁徙移动的行为方式，保障了东方古人群的适应生存和种群繁衍，也使物质文化形成稳定的传统，而这样的行为模式和文化传统具有强大的惯性和吸附力、裹挟力，在渐进式持续发展的同时对外来人群及其文化具有改造与同化作用，致使来自西方的少量文化元素昙花一现，无法形成主流，更无法对本土文化做彻底的改造与替代。这样的发展演进模式在新石器时代、历史时期仍在一定程度上延续，中华文明就是在这样的传统中被培育和生长的。

5.3 旧—新石器时代过渡

目前的研究表明，中华文明是在新石器时代中晚期成型的。将中华文明的根基追溯到旧石器时代，似乎还有新石器时代早期横亘其中。其实，旧石器时代与新石器时代是顺延过渡的，并不存在文化发展的鸿沟，二者的界限是为研究的方便而人为划定的。磨制石器、陶器这些新石器时代的文化标志，都萌发于旧石器时代晚期，农业、定居、社会复杂化等新石器时代的文化要素，也都可以在旧石器时代晚期找到雏形。因此，可以将旧石器时代（至少是其晚期）与新石器时代的“史前时期”视为一体，作为中华文明的萌芽期加以研究，而不是将二者割裂。否则，中华文明就是无源之水、无本之木，所谓的“探源”就会有局限性和重大缺失。

5.4 关键文化因素——文明种子的孕育

史前文化与中华文明如何链接？是否可以在旧石器时代文化元素中条分缕析出中华文明的蛛丝马迹？旧石器时代文化的诞生、发展是个漫长的历史进程，越到晚期，越靠近文明，越显现文明的雏形。相关的重要节点或事件是早期现代人群形成和旧石器时代晚期革命，这两个相互关联的事件使人类演化骤然提速，文明的根脉加速延展。本文尝试从下述几方面论述中华文明孕育、萌发的过程。因篇幅所限，这里只能做提纲挈领的阐述。

5.4.1 工具技术的革新与组合复杂化

在旧石器时代晚期革命的浪潮中，人类的工具技术发生重大革新，包括：用软锤技术、间接打击技术、压制技术制作石器，出现固定毛坯以利剥片的装置，使用捆绑、粘胶等方法制作复合工具；规范、修长、精美的石叶—细石叶被生产出来并以此加工出各类复杂的组合工具；用磨制技术加工骨角器、蚌器，一些骨角器工艺复杂、类型多样、器体精美；木器被大量制作和使用，很多作为复合工具的组件出现；用于研磨的磨盘与磨棒在一些遗址中被发现，局部磨光的石器开始出现。这些发展变化，为中华文明诞生奠定了技术与器具的基础。

5.4.2 象征性行为与认知跃变

与满足人类基本生存需要相关性不强的非生产性文化遗存在旧石器时代晚期集中出现，包括用鸵鸟蛋片、贝壳、兽牙、骨管、石珠等材料制作的装饰品，在兽骨和石块等材料上有意识地刻划，赭石颜料的加工与使用，岩画，墓葬等。此类材料在北京山顶洞、宁夏水洞沟、山西柿子滩、辽宁仙人洞、河北下马碑等遗址出土，表明华夏古人群在现代人群形成与扩散和旧石器时代晚期革命的大潮中并未缺席。这些材料是象征性行为的证据，是人类思想意识和认知能力发展的标志，表明此时先民的生存行为已超越满足基本生理需求的阶段，有了审美追求、身份意识和思想表达的欲望，萌发了对人与自然、生与死的思考，播下了宗教与现代思维的种子。文明的身影，呼之欲出。

5.4.3 广谱革命与资源强化利用

农业是文明起源的重要物质和社会基础，而农业的种子是在旧石器时代人类长期适应环境、开发利用资源、对自然知识不断积累、不断发展技术与认知能力的过程中种下的，尤其是在旧石器时代晚期食物广谱革命、人类对特定动植物资源强化利用的基础上滥觞的。对山西柿子滩、宁夏水洞沟第2地点和鸽子山等旧石器时代晚期遗址所做的残留物分析表明，当时的采集者已经对可食性植物资源做集约式的强化利用，并能对种子类做研磨加工；对贵州马鞍山、宁夏水洞沟第12地点等遗址所做的动物考古分析表明，当时的猎人对动物资源也在做广谱式的强化利用。这些旧石器时代晚期先民的生计行为，应该是其后作物种植和家畜驯养等农业形式的先声。

5.4.4 陶器的发明

陶器一般被当作新石器时代的标志，但其源头在旧石器时代晚期。江西万年仙人洞遗址将目前最早的陶器溯源到约2万年前，湖南道县玉蟾岩遗址的陶器也不遑多让。陶器的制作是人类适应自然、改造自然能力和生产技术与认知水平跃变的重要证据，因为陶器生产是一种从无到有的创造，是做加法的思维和程序，需要把黏土、沙子等材料混合、堆筑，而不是像制作石器、木器那样在自然材料上敲打、修剪做减法；生产陶器还需要借助火的热能将瘫软的陶土造物变硬、固化。因此，这项创新性工作涉及对材料性能的认识、对热能改造材料作用的了解、对产品大小与造型的预设、对器物用途的预期和计划等一系列认知、思考与操作程序。陶器作为储存、运输和炊盛的器皿，在人类迈向定居、走向文明的过程中应该起到了催化作用。

5.4.5 高强度复杂的用火

用火于百万年前由人类发明，成为与石器并驾齐驱的人类生存发展的利器。到旧石器时代晚期，人类能够制造火种，进入复杂用火阶段，不但用火熟食、取暖、照明，还用火的热能处理、改造石器原料，使其更能被人类随心所欲地加工成锋尖利刃。陶器的发明，也是复杂用火的例证。在更新世末叶，狩猎—采集者在觅食方面出现广谱化与资源强化利用，进而发展出农业。这种生计模式的转变被一些学者认为是人类用火烧荒改变生态环境的结果[28]。燎原之火改变了人类生存区域的植被，富集了资源斑块，资源的密度增加，觅食的不确定性减少，所要行走的路途减少，人群的流动性随之变小，定居趋势增加，进而人口规模扩大，社会复杂化，文明的曙光若隐若现。

5.4.6 空间分化利用与社会复杂化

至少从旧石器时代晚期以降，先民的居址开始被以复杂的方式利用，出现社会复杂化的迹象。水洞沟、柿子滩等遗址的遗物遗迹表明，古人群围绕密布的火塘从事生存活动，遗址形成功能分区；空间功能分化和复杂利用的证据还出现在河北虎头梁和黑龙江小南山等遗址。福建船帆洞遗址则出现对低洼不平的洞穴家园用卵石做铺垫改造的现象，出现室内装修的雏形。处在旧—新石器时代之交的宁夏鸽子山遗址和河北四台遗址则已经有了房屋建筑。这些活动都需要组织协调和社会分工，表明当时较大规模的聚落已经形成，社会复杂化加剧，距离文明的门槛越来越近。

6 余论：中华文明探源工程应该向史前纵深推进

华夏大地从旧石器时代以来逐渐形成特点鲜明、薪火相传的文化传统，进而发展出屹立于世界之林的中华文明。中华文明源远流长，有深厚、复杂、强大的历史根基，其基本特质的诸多元素可以追溯到旧石器时代，尤其是旧石器时代晚期。目前正在实施的“中华文明探源工程”已经取得瞩目的成就，实证五千年中华文明史，但该工程只是确定了已经成型的中华文明出现的时间、地点和特征，并未触及其源头，也缺失对其孕育与形成过程及其动因的深层次探索。因此，中华文明探源工程必须向更久远的史前推进，以不辜负这个时代，不辜负中华大地埋藏的丰富文化遗产。

参考文献

[1] Sun Y B, Clemens S C, Guo F, et al. High-sedimentation-rate loess records: a new window into understanding orbital-and millennial-scale monsoon variability[J/OL]. Earth-Science Reviews, 2021, 220. https://doi.org/10.1016/j.earscirev.2021.103731.

[2] 韩德芬，许春华．中国南方第四纪哺乳动物群——兼论原始人类的生活环境//吴汝康，吴新智，张森水．中国远古人类．北京：科学出版社，1989：338-391.

[3] Finkel M, Barkai R. Technological persistency following faunal stability during the Pleistocene: a model for reconstructing Paleolithic adaptation strategies based on mosaic evolution. L’Anthropologie, 2021, 125 (1). https://doi.org/10.1016/j.anthro.2021.102839.

[4] 严文明.《史前考古》寄语．史前考古，2024，1（1）.

[5] Schick K D. The Movius line reconsidered: perspetives of the earlier Paleolithic of eastern Asia//Corruccini R S, Ciochon R L. Integrative paths to the past. New Jersey: Prentice Hall, 1994: 569-596.

[6] Pope G G. Recent advances in far eastern paleoanthropology. Annual Review of Anthropology, 1988, 17 (1): 43-77.

[7] Weidenreich F. The skull of Sinanthropus pekinensis, a comparative study on a primitive homind skull. Palaeontologia Sinica (Series D), 1943, 10: 1-485.

[8] 吴汝康，贾兰坡．中国发现的各种人类化石及其在人类进化上的意义．科学通报，1955（1）：23-29.

[9] 吴新智，张银运．中国古人类综合研究//中国科学院古脊椎动物与古人类研究所．古人类论文集：纪念恩格斯《劳动在从猿到人转变过程中的作用》写作一百周年报告会论文汇编．北京：科学出版社，1978：28-42.

[10] Cann R L, Stoneking M, Wilson A C. Mitochondrial DNA and human evolution. Nature, 1987, 325 (6099): 31-36.

[11] 吴新智．从中国晚期智人颅牙特征看中国现代人起源．人类学学报，1998，17（4）：276-282.

[12] Wu X J, Pei S W, Cai Y J, et al. Morphological description and evolutionary significance of 300 ka hominin facial bones from Hualongdong, China. Journal of Human Evolution, 2021, 161. https://doi.org/10.1016/j.jhevol.2021.103052.

[13] Athreya S, Wu X Z. A multivariate assessment of the Dali hominin cranium from China: Morphological affinities and implications for Pleistocene evolution in East Asia. American Journal of Physical Anthropology, 2017, 164 (4): 679-701.

[14] Wolpoff M H，Caspari R，徐欣，等．东亚现代人的起源．人类学学报，2013，32（4）：377-410.

[15] Li F, Chen F Y, Wang Y H, et al. Technology diffusion and population migration reflected in blade technologies in northern China in the late Pleistocene. Science China Earth Sciences, 2016, 59 (8): 1540-1553.

[16] Bar-Yosef O, Wang Y P. Paleolithic archaeology in China. Annual Review of Anthropology, 2012, 41: 319-335.

[17] 张森水．管窥新中国旧石器考古学的重大发展．人类学学报，1999，18（3）：193-214.

[18] Li H, Lotter M G. Lithic production strategies during the late Middle Pleistocene at Dali, Shaanxi Province, China: implications for understanding late archaic humans. Archaeological and Anthro pological Sciences, 2019, 11 (5): 1701-1712.

[19] 高星．关于“中国旧石器时代中期”的探讨．人类学学报，1999，18（1）：1-16.

[20] 高星．探索华夏民族与中华文明的远古根系．历史研究，2021，1：32-43.

[21] Selinger J C, O'connor S M, Wong J D, et al. Humans can continuously optimize energetic cost during walking. Current Biology, 2015, 25 (18): 2452-2456.

[22] Li H, Kuman K, Li C R. Quantifying the reduction intensity of handaxes with 3D technology: a

pilot study on handaxes in the Danjiangkou Reservoir Region, central China. PLoS One, 2015, 10 (9).

[23] Martin P S. Prehistoric overkill: the global model//Martin P S, Klein R G. Quaternary extinctions: a prehistoric revolution. Tucson: University of Arizona Press, 1984: 354-403.

[24] Dennell R W. The Nihewan Basin of North China in the early Pleistocene: continuous and flourishing, or discontinuous, infrequent and ephemeral occupation？ Quaternary International, 2013: 295.

[25] Lycett S J, Norton C J. A demographic model for Palaeolithic technological evolution: the case of East Asia and the Movius Line. Quaternary International, 2010, 211 (1/2): 55-65.

[26] Movius H L. The lower Palaeolithic cultures of southern and eastern Asia. Transactions of the American Philosophical Society, 1948, 38 (4): 329-420.

[27] 刘庆柱. 不断裂的文明史：对中国国家认同的五千年考古学解读. 成都：四川人民出版社，2020.

[28] BIRD D W, BLIEGE BIRD R, CODDING B F. Pyrodiversity and the anthropocene: the role of fire in the broad spectrum revolution. Evolutionary Anthropology: Issues, News, and Reviews, 2016, 25 (3): 105-116.

（原刊于《史前考古》2024年第1期）

制作工具在人类演化中的地位与作用*

1 引　言

制作和使用工具是人类区别于其他动物的重要标志，曾经被认为是人类独有的行为能力，并据此对“人”作定义。目前已知很多动物，尤其是高等灵长类中的黑猩猩等，也会在某种程度上制作和使用工具。于是，工具制作和使用不再被认为是人类的专属行为特征，人不再被定义为工具的制造者，似乎工具制作和使用对人的标识作用有所降低。新的考古发现将人类制作和使用石器的历史不断前推，最早的记录已至330万年前，超出了能人的时间界限，于是“最古老的石器并非人造”等言论充斥媒体。观察表明，一些猴子可以敲打出锋利的石片，可以与人类的某些作品鱼目混珠，于是有人担心考古学已经无法对人类的产品作有效的辨认和鉴别，对旧石器时代考古学的方法和结论产生了一定的质疑。如何看待这些问题？如何认识制作和使用工具在人类演化中的地位与作用？这是本文试图探讨的话题。

2 对人类身份的界定：从工具制作到直立行走

人类不断探究自己的历史，也不断为自己作定义和注解。本杰明·富兰克林对人的定义“人是一种会制作工具的动物”（Man is a tool-making animal）曾经

* 基金项目：国家自然科学基金项目（41672024）；科技部科技基础性工作专项（2014FY110300）；The John Templeton Foundation through a grant to the Stone Age Institute。

被很多学者推崇和引用[1,2]。恩格斯在《自然辩证法》中提出“劳动创造了人本身”的论断，并在《劳动在从猿到人转变过程中的作用》一文中提出“劳动是从制作工具开始的”。这样的论述在很长时间内成为影响深远的经典名言，使工具制作被认作人类所独有的行为能力，这一能力的发展对人类本身的塑造起到至关重要的作用。

但其后的观察发现，人并非工具的唯一制作者。很多动物，包括鱼类、鸟类和灵长类，都具有使用工具乃至简单制作工具的能力。最著名的案例是黑猩猩，能够把树枝、草棍去除枝叶，甚至把一端咬开扩展，伸到蚁穴中引白蚁攀爬而成为口中美食[3]。这使学术界意识到像黑猩猩这样的动物不仅能使用自然的工具，还能将自然物加以改造，即制作工具。黑猩猩还被观察到把木棍折断，用牙齿将一端弄尖，做成标枪样式的武器来进行狩猎；会用石块或木头砸开坚果；会借助树棍来取食疣猴的脑髓和长骨中的骨髓；会用木棍取食蜂蜜；黑猩猩和狒狒还会把树叶咀嚼成海绵状来吸取不易喝到的水。猩猩、大猩猩也被观察到类似的使用工具的情形。这表明非人灵长类具有一定程度的对身体之外的空间与材料的认知和借助工具达成某种目标的能力。其他动物也有使用工具乃至简单制作工具的行为能力，例如山魈会用经修理的一截木棍来清理耳朵和脚指甲，乌鸦把细树枝或荆棘撕下衔住，作为喙的延伸，伸到树洞中捉出隐藏的虫子……

由于有了这些观察结果，学术界认识到人类不再是能够制作和使用工具的唯一动物，工具制作也就不再被作为人类的特定标志，学术界转而寻找其他特征将人类与其他动物，尤其是非人灵长类，加以区别开来。于是，两足直立行走成为人类最根本的体质与行为特征。

当然，对人类两足直立行走的表述是有一定限定条件的：①仅在灵长类的范畴内，而不能跨出这个范畴，因为鸡、鸭、鹅、袋鼠等动物也是可以两足行走或跳行的（当然与人类的直立和行走方式有诸多的不同）；②人类的直立行走是常规的行为方式，而不是偶尔为之，因为猩猩、熊等也会短时间直立行走。至于人类两足直立行走的能力是如何发展出来的，学术界并未取得统一的认识。一般认为，是当初人类先祖的家园——非洲气候变冷变干，树栖古猿赖以生存的森林减少，促使部分古猿到地面生活，从而发展为直立行走，并进而用双手制作和使用工具[4]。也有学者认为，是人类基因的突变，导致圆瘤状大脚趾的诞生，改变了足部的结构、承重能力和运动方式，才使人类先祖偶尔在地面上步履蹒跚地直立行走变成常规、稳健的行动方式[5]。很可能，基因突变打造了直立行走的生理基础，而解放双手、制作工具则使手脚产生了明确的分工，而这样的变化因有利于生存演化而经自然选择得以保留和扩散，并进而发生人类一系列相应的体质和行为变化[6]。

3 人类早期的工具与其他灵长类使用或制作的工具的区别

是否因为其他动物也能在一定程度上制作和使用工具，工具的制作和使用对于定义人类，对于研究人类与其他动物的区别就不再重要了？答案应该是否定的。

首先我们应该对"工具"有明确的定义和理解。不同学者对工具有不同的定义，但基本的认同是：工具是动物身体之外的物件，被用来获得、改造和加工其他的物件或者对动物本身施加一定的作用[7]。工具的种类可以是多种多样的，大自然中存在的各种可以搬动的物质都可以被用来作为工具。就人类的工具而言，材质可以是石头、木头、竹子、骨头、金属材料等。有学者提出人类历史最初的时代是"骨—牙—角器时代"[8]，但这样的说法很快被学术界否定。人类的第一个文化时代被公认为旧石器时代，石器显然是早期人类制作和使用的最重要的工具，因而本文的讨论主要针对石器而言。

2016年，发表在*Nature*上的一篇文章引起有关人类工具是否具有独特性、如何区分人工与非人工"石制品"的讨论。研究人员在巴西卡皮瓦拉山国家公园观察到野生卷尾猴敲击石块的行为，不经意间打击出有一定形态规律、具有贝壳状断口、边缘锋利的石片和类似石核的碎块，与人类有意识制作的工具有类似之处。被观察的标本共111件，包括完整和破裂的石锤、石片、石砧（passive hammers）。完整石锤的平均重量为600.3g，他们的表面具有不同程度的使用破损，包括呈圈状分布的受力点。破裂或有片疤的石锤约占总数的1/4，如果是人类的石制品，有些会被分类为裂开的砾石（split cobbles）。有的石锤具有贝壳状或楔状石片疤，往往是从自然"台面"上偶然产生的一两片，或者在破损面上因重复打击而产生同向、重叠的片疤。不断转变方向重复使用会使石锤沿着打击面的边缘产生中途折断的小片疤。这些"石制品"显然与早期人类有意识剥片的石核不同，在传统的分类中，这些有石片疤的石锤应该在形态上归于单面砍砸器（unifacial choppers）之类。完整的石片有些具有锐利的边缘、打击泡和背面的剥片疤，形态包括楔状和贝壳状。石砧往往在凸起处出现受力破损的痕迹，有时石

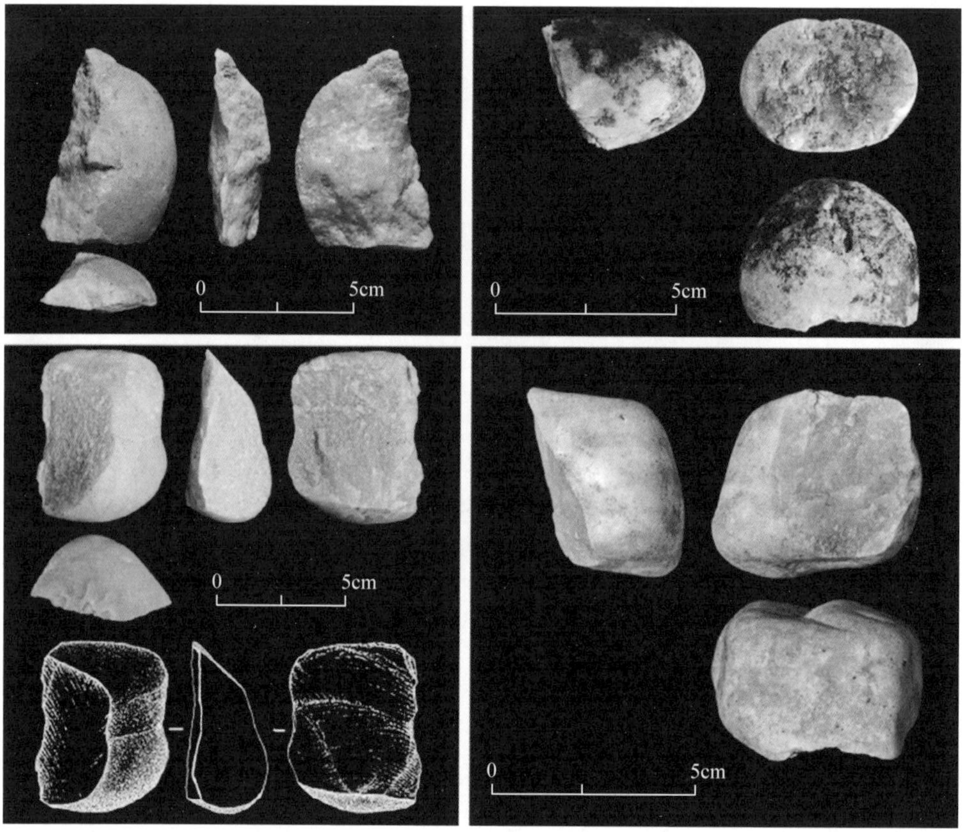

卷尾猴敲砸石头产生的石片和碎块[9]

砧会被转而当作石锤使用，表明这些“石器”是多功能的，也说明这群猴子具有改变工具用途或用法的能力。作者据此提醒：猿猴类可能也具备类似石器制作的能力，虽然他们的作品是无意间创造出来的；考古遗址中出土的石核和石片也许并非都是人类的产物，据此做出的有关人类行为、技术、工具功能和石器技术起源的认知前提等的推断需要慎重[9]。

西部非洲科特迪瓦4300年前黑猩猩砸击坚果而留下的类似人类的石制品和相关遗迹，为研究非人灵长类制作和使用工具的能力及其与人类工具异同提供了难得的案例。这处在非洲属于史前时期的黑猩猩生活过的遗址位于一处国家公园（Taï National Park）内。考古学家用对人类遗址同样的方法对它作了发掘、测年和分析。共206块“石制品”被发现和研究（最大径小于2cm者未纳入研究范围）。按岩性统计主要为两类材料，花岗岩占62%，石英岩占36%。这些“石制品”集中分布在三个密集区，分别由花岗岩和石英岩石块构成，显示当初砸击坚果的现场。从破裂特征观察，花岗岩石块（片）基本不具备贝壳状断口，少量石英类石块（片）具有曲面和波纹，具有贝壳状破裂特点。观察和实验表明，这些破碎的石头是黑猩猩从别处搬来，用投击的方式砸开大型坚果。从一些石块上提取到坚果的淀粉粒，对这批“石制品”的用途做了进一步的诠释[10]。这项研究表明，黑猩猩和人类具有一些行为上的相似性，包括为预设的目的而将石头从一处地点搬到另一处地点；为特定的功用而对石头的质材、形状和大小做一定的选择；重复利用一些地点而使“石制品”和生活垃圾有集中分布的区域；有特定的制作与活动区域；利用附近便于获得的材料；制作或者选择特定类型的材料来为特定的技术行为服务等[11]。

黑猩猩投击产生的部分“石制品”

那么人类的石制品呢？必须承认，人类初期的一些石器，无论是对自然石块的短时使用还是对石块进行过零散的加工，乃至在更晚时期人们为某种用途而临时使用或进行过简单加工的石器，与自然破碎、破损的石头和其他动物制作和使用的“石器”在一些情况下是难以作有效区隔的，因为石头破碎的机理是一致的，在没有经过一定程序的加工、留下具有规律性痕迹的情况下，任何人的经验性判断都可能失之主观。因而“人类最初的石制品”“第一件石器”只能存在于理论中，不可能真正被找到或辨认出。“曙石器”的问题很早就被提出来[12]，现在偶尔还会困扰学术界。在研究早期人类石制品时，研究者需要对所谓“石制品”的岩性特征、埋藏环境、伴生物的情况和破损乃至加工痕迹出现的部位和状态、规律作综合性的分析和判断，而且更应关注一组石制品的总体特征，而不是围绕一两件孤立的疑似标本费尽心机。

目前发现最早的石器来自肯尼亚的西土卡纳（West Turkana）地区的一处被称作Lomekwi 3的遗址，年代被测定为距今330万年左右[13]。2011、2012年，考古学家在该遗址的地表和地层中采集、发掘出149件石制品，包括83件石核，35件石片（含完整和断裂者），7件垫石或石砧，7件石锤或用于敲砸的材料（含完整和破损者），3件被改造过的砾石，2件裂开的砾石，12 件无法分类的断块、碎片。石核的主要原材料是包括玄武岩和响岩在内的大型火山岩砾

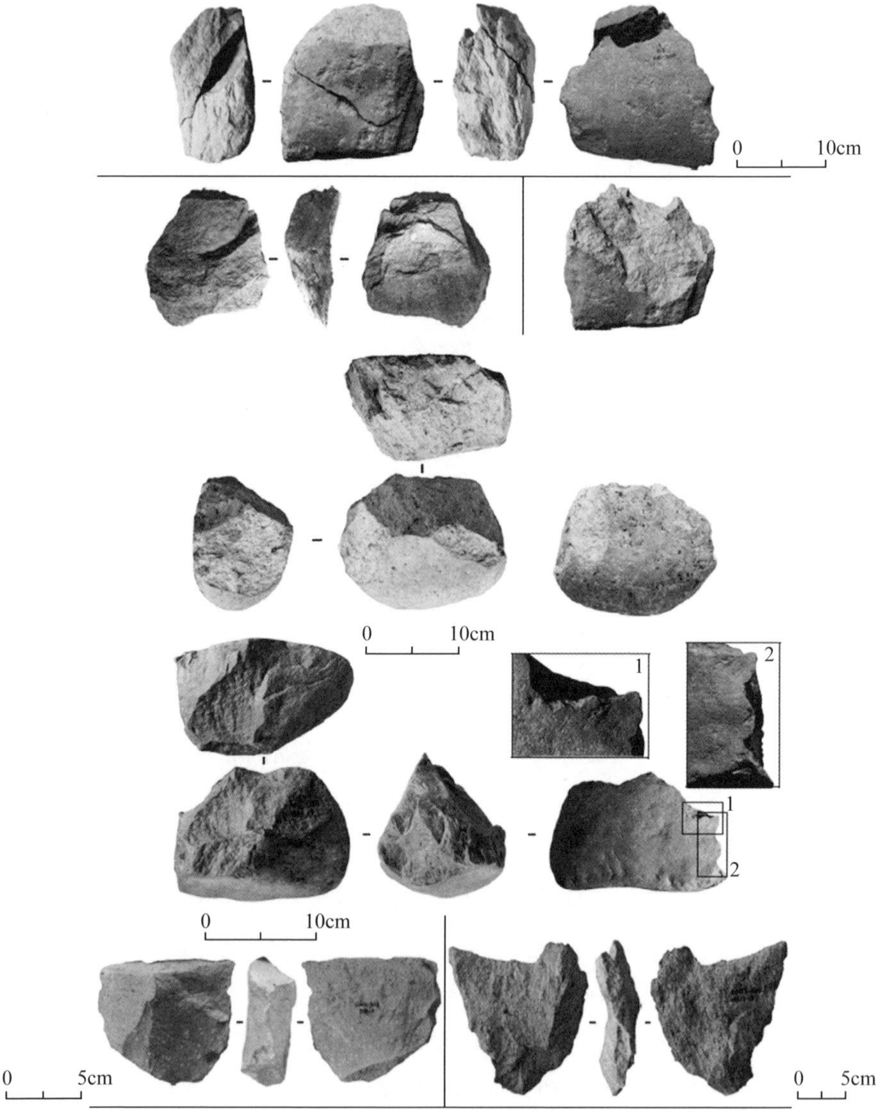

Lomekwi 3出土和采集的部分石制品[13]

石或岩块，都是附近可以获得的材料，但显然只有个体大的石材被选用。大多数石核只在一个台面和一个工作面上剥片，留下相邻或叠压的向一个方向延伸的片疤。少量标本可见在一个面上从不同方向剥片的痕迹，也有两面剥片的情况。从石核上的痕迹判断，打片时经常出现石片折断“失手”的情况，但从一些贯穿的疤痕和尾羽状终端情况看，有些石片的剥离十分成功。有的石核在台面的局部出现一系列相邻的短疤，无法判断是剥片的结果还是某种使用留下的痕迹。

模拟实验表明，该遗址的石器制造者使用了类似碰砧和砸击的方法生产石片，是否使用了锤击法尚无法确定。石片和断片、裂片上清晰、具有重复性的形态特征，诸如适宜的尺寸（长度19～205mm），背面和台面多保留石皮等，清楚表明它们是从石核上被有意剥离下来的。其中3件石片的背面集中出现敲砸破损的痕迹，1件石片和1件石核可以拼合。石砧都是大型者，具有平整的工作面和受力破损的坑疤。石锤则在凸起的部位集中出现打击破损的疤痕。研究者针对这批石制品发明了“Lomekwian Technology”一词，认为其技术与产品介于黑猩猩等大猿用砾石砸击坚果、敲打石头和后期人类剥制石片、加工工具的中间状态，显示其技术的原始性、随意性和技术操控能力的低下，但当时人类对石料的选择、对石头破裂特性的认知和为某种功能而制作的意图已经显现。

这一重大发现被公布后，媒体有很多报道和评论，但中国媒体在转述这些评论时却出现重大纰漏，“最古老的石器并非人造”等标题充斥报端和网络[14]，对社会大众造成了混乱和困扰。其实，国外期刊和媒体在作表述时使用的是“*Homo*”，即人属一词。国内媒体的正确表述应该是“最古老的石器并不是‘人属’制作的”，而不应该泛泛用“人”或“人类”一词。在通常的语境中，“人”即指“人类”，而直立行走以来的撒海尔人、南方古猿等都属于人类这个大家庭[15]，是这个族群中的早期成员。问题的缘起是Lomekwi遗址石制品的年代已经超出了能人——最早的人属成员的时代下限260万～250万年前，于是引起学术界的思考和争论：是能人出现的时间被低估了，还是南方古猿已经具备了制作工具的能力？其实学术界充满了类似的讨论，尤其对人类起源与演化的初期，很多认识和结论都具有不确定性。

通过对上述猴子的“石制品”、黑猩猩的作品和目前人类最早的石制品的对比来看，即使最初级阶段的人类石制品，与其他动物的同类产品也具有明确的差别：①人类对石制品的材料具有明确的选择性，只有硬度、质地、大小、形态和受力破裂状态适宜的石材才会被使用，而其他动物对材料的使用则宽泛得多；②人类以特定、相对复杂的方式对石料作改造和加工，主要是碰砧法、砸击法和锤击法，而其他动物对石头的改造则简单得多，主要是敲砸；③人类对石材的加工和使用只在特定部位留下痕迹，而其他动物在“石制品”上留下的痕迹一般是散漫、随机的；④人类剥片和加工具有一定的方向性，而动物的敲砸则多数情况方向不固定；⑤人类的剥片与加工痕迹具有关联性，或叠压、或平行、或相邻成组出现，而动物使用破损的痕迹则往往杂乱无章；⑥人类的制作行为会留下不同阶段的产品，而动物行为的产物则阶段性不明显，如果用人类工具制作的操作链概念来表述，动物的“石制品”基本处于把石头打碎、裂开的初级阶段；⑦人类的石制品会因为制作阶段的不同或功用的不同而出现类型上的区别，而动物的制品则缺乏这些类型特征；⑧人类制作工具是为了使用，产品会被用到切割、砍砸、穿刺等方面，而其他灵长类未被观察到在自然状态下用类似的方式使用这些被偶然敲击出的“工具”的现象；⑨人类的工具会因为功能需求而被修理出锋尖利刃，微痕分析可能会在尖或刃上发现使用破损或磨圆，而其他动物的作品往往缺乏这样的特定功能部位或形态。究其原因，是因为人类在制作工具时具有明确的目的性和计划性，手部具有对加工着力点、打击角度等技术要素的精准控制，而且人类对岩石特性的认知，对制作技术的交流、学习和掌控能力，因大脑的发育优势和独特的社会属性而远远超出其他灵长类，因而做出的产品就相应地具有规律性、规范性和功能潜力，而其他动物不具备同样的认知、思考和学习提高的能力，所产生的“石制品”就缺乏人类作品的特性。

4 人类的工具在发展演变上与其他动物彻底分道扬镳

接续Lomekwian技术之后的人类石器技术被称为Oldowan Technology，即奥杜威技术模式。在埃塞俄比亚Gona遗址发现的石制品被认为是奥杜威技术模式的肇始，年代被推断为距今260万～250万年，石制品特点是用砾石做原料，进行简单的锤击加工，制成粗大的砍砸器等工具，或采用锤击法从砾石上打下大型石片，作为工具使用。当时的剥片技术仍然原始简单，但体现的技术驾驭程度已经比Lomekwian有很大的进步，类型分化明确，技术掌控进一步熟练，与自然的产物区别明显[16]。其后，人类的技术不断发展，演化出对称的阿舍利手斧、精致的莫斯特刮削器、规整的石叶产品，精美的细石器工具等类型，出现勒瓦娄哇技术、间接剥片技术、压制技术等精湛的工具制作技艺，其人工属性不再被质疑，人类的工具杰作与其他动物的作品彻底分道扬镳。工具的改进和制作技术的进步，促使人类向着旧石器时代晚期技术革命、新石器时代农业文明、近现代工业革命和信息时代高科技智能化大踏步前进。

相对于人类不断进步、日趋复杂的工具制作技术，包括黑猩猩在内的其他动物的工具使用与制作却相形见绌，与人类的作品渐离渐远。绝大多数拥有工具能力的动物只会简单地使用工具，不具备改造、加工工具的能力。例如海獭用石头将贝壳敲碎以吃到鲜美的贝肉，猴子用石头或木头砸开坚果等。对Kanzi的观察和研究提供了一个比较人类与其他高等灵长类在工具制作能力方面差异的案例。Kanzi是一只被人类圈养并用来研究灵长类智能与行为的雄性倭黑猩猩。他很聪明，懂得人类的语言，能模仿人类的很多行为。他能够在一个地方捡起一块适宜的石头（石核），用另一块石头（石锤）对其打击，经数次努力后打下一片锋利的石片，然后把石片（工具）拿到放置盒子的另一处地点，用利刃将捆绑箱盒的绳子割断，从而取出盒中的香蕉，美美地享用劳动的果实[17]。这个案例提供了两点启示：①倭黑猩猩具有模仿人类制作石器（从石核上打下石片）的能力，而且能够用工具获得食物。这是目前观察到的最接近人类作法的灵长类制作工具的行为，而且Kanzi的行为过程表明他具有将石料、制作工具、用工具切开绳索打开盒子、拿到食物享用等多个单独的现象或环节联系起来的思维活动，具有对材料特性、行为方式与结果认知、计划和预见并达到目的的能力；②Kanzi制作石器的方式和能力与人类有重大的区别，他只会用石锤在石核上垂直打击，打下的石片短而厚，具有宽厚的台面。他不会像人那样以一定的角度采用弧线运动的方式施加打击力，打击着力点也不精确，显得只会使用“蛮力”，而且不会对石核做预制或对台面做修理，更不会对石片的刃缘作二次加工。究其原因，是黑猩猩的手的结构与人类有异，尤其是大拇指缺乏人的灵活性和与其他手指配合抓握的能力，因而有力使不到点子上，无法像人一样随心所欲地制作工具。这表明，人类与灵长类近亲在分化后走上了不同的演化道路，骨骼和肌肉组织有了明显的不同，这奠定了人类与其他动物在工具制作能力上产生差异的生物学基础，且不必说思维与认知能力的巨大差距了。

5 工具制作在塑造人类自身特点和文化中的作用

尽管工具制作和使用不再被认为是人类的专属特征，但工具制作对人类自身的塑造和演化方向的影响是巨大的，而且这样的演化催化作用并未发生在其他动物身上。人类约700万年前开始直立行走，当时有过很多类群，但只有一支向着现代人类的方向不断前行，或许就是因为这个支系掌握了制作工具这个独门绝技，才能够在演化中脱颖而出。吴汝康在研究早期人类演化时，提出制作工具是人类直立行走后最大的一次质变，是从猿到人过渡阶段的完成，人类的历史从此开始[18]，并据此区分出能直立行走但还不能制作工具的“前人”和能直立行走又能够制作工具的“真人”[19]，即自然的人与社会的人。虽然我们无法将二者准确分开，无法知晓人类的第一件石器是何时、何人制作的，但工具制作显然是使人类进一步脱离一般动物所具有的生物本能，向人类特有的行为能力和社会属性迈进的重要驱动力。虽然一些人类群体，例如尼安德特人，被认为在进化中灭绝了，但他们留下了精美的石器，这些工具在他们的生存演化中起过重要的作用。如果如一些学者所言，尼人被早期现代人取代的一个重要原因是后者有比前者更复杂、更进步的工具[20]，那更说明工具制作和技术进步对于人类生存适应是至关重要的。

研究发现，人类脑量的扩大、认知能力的提高、语言的复杂化与工具技术的不断改进是密切相关、相辅相成的[21]。有学者认为，制作工具使人类第一次能深度地对身体之外的物体作空间上的掌控和随心所欲的改变，这涉及对空间、顺序、逻辑、协调的认知和计划、学习、模仿、互助、获得更多的资源和食物等心智活动；人类在制作工具时大脑皮层的一些区域会有特定的反应，尤其是布罗卡氏区，会有明显的反应；制作越复杂的工具，该区域的反应或活跃程度越大，而大脑该区域与语言能力密切相关。这表明工具制作在塑造人类大脑、提升人类认知能力乃至在语言发生、发展中起到过极其重要的作用[22]。工具制作还让大脑重组，大脑由此仿效制造工具的双手，依循双手和世界互动的方式来理解这个世界，改造这个世界；大脑额叶中的F5神经元会因手的动作而放电，产生镜像神经元，发展出前额叶皮质，将大脑作进一步的分工、链接和复杂化，发展出自我意识和与他人互动的新模式，演化出语言、笑、流泪、亲吻等有助于人类生存和演化的情感表达与信息交流方式[23]。

6 结 语

制作工具（主要是石器）虽然不再被认为是人类身份的标签，不再被视作人类独有的行为能力，但工具制作和使用对确定人类的演化方向，对增强人类适应生存能力，对塑造人类的大脑、心智、行为方式，对提升语言和交流能力，对形成现代人类的身心和社会，作用至关重要，不可或缺。虽然其他少量动物种类也能使用工具乃至简单地制作工具，尤其是猿猴有时会敲打出与人类石制品在某种程度上相仿的产品，但人类的工具与其他动物制作和使用的工具有根本的区别，人类的工具制作因为手的发育而更加灵活、精巧，其产品因为人类特有的心智活动和掌控能力而具有鲜明的特点，与其他动物的作品不可同日而语。考古学家一方面需要谨慎分辨、分析人类工具制作初期的产品，不使其与自然的产物和其他动作的作品相混淆，另一方面也绝不会因为某些人类的工具特征性不明显和其他少量动物也具备工具制作的能力而束手无策。人类工具制作在计划性、目的性、预见性、规范性和精美度上具有唯一性，有内在的心智控制和规律可循，在大多情况下不存在混淆和争议。学科发展的积累和现代科技的支撑使考古学人具有多种利器，能够把人类工具制作的历史挖掘、复原出来，能够破译特定的石器技术和功能，进而将人类演化的历史画卷描绘得更加精细，更加完整。

致谢：作者感谢徐欣、彭菲在图件处理和参考文献格式上所提供的帮助。谨以此文恭祝吴新智院士90华诞！

参 考 文 献

[1] Boswell J. The Life of Samuel Johnson, LL.D. United Kingdom, 1791.

[2] Oakley K P. Man the Tool-Maker. Chicago: University of Chicago Press, 1949.

[3] Goodall J. Tool-using and aimed throwing in a community of free-living Chimpanzees. Nature, 1964, 201: 1264-1266.

[4] Klein R G. The Human Carrer: Human Biological and Cultural Origins (Third Edition).

Chicago: University of Chicago Press, 2009.

[5] Schwartz J H. Sudden origins: Fossils, genes, and the emergence of species. New York: John Wiley & Sons, 1999.

[6] 高星. 朝向人类起源与演化研究的共业：古人类学、考古学与遗传学的交叉与整合. 人类学学报，2017，36（1）：131-140.

[7] Shumaker R W, Walkup K R and Beck B B. Animal Tool Behavior: The Use and Manufacture of Tools by Animals. Baltimore: Johns Hopkins University Press, 2011.

[8] Dart R A. The Osteodontokeratic Culture of Australopithecus Africanus. Memoirs of the Transvaal Museum, 1957, 10: 1-105.

[9] Proffitt T, Luncz L V, Falótico T, et al. Wild monkeys flake stone tools. Nature, 2016, 539: 85-88.

[10] Mercader J, Barton H, Gillespie J, et al. 4300-year-old chimpanzee sites and the origins of percussive stone technology. PNAS, 2007, 104 (9): 3043-3048.

[11] McGrew W C. Chimpanzee Material Culture: Implications for Human Evolution. Cambridge University Press, 1992.

[12] 裴文中. "曙石器"问题回顾——兼论中国猿人文化的一些问题. 新建设，1961（7）：12-23.

[13] Harmand S, Lewis J E, Feibel C S, et al. 3.3-million-year-old stone tools from Lomekwi 3, West Turkana, Kenya. Nature, 2015, 521: 310-315.

[14] 高星. 谁是人？也谈"人"或"人类"的界定与误区. 光明日报，2017-1-12（科学版）.

[15] 吴新智，徐欣. 探秘远古人类. 北京：外语教学与研究出版社，2015.

[16] Semaw, S, Renne P, Harris J W K, et al. 2.5-million-year-old stone tools from Gona, Ethiopia. Nature 385: 333-336.

[17] Schick K D, Toth N. Making silent stone speak: Human evolution and the dawn of technology. London: Weidenfeld & Nicoson, 1993.

[18] 吴汝康. 人和猿的界限问题. 古脊椎动物与古人类，1974，12（3）：181-182.

[19] 吴汝康. 人类的诞生与演化. 北京：清华大学出版社，2002.

[20] Klein R G. Out of Africa and the Evolution of Human Behavior. Evolutionary Anthropology, 2008, 17: 267-281.

[21] Toth N, Schick K. Hominin brain reorganization, technological change, and cognitive complexity. In: Douglas Broadfield, Michael Yuan, Kathy Schick, Nicholas Toth (eds). The Human Brain Evolving: Paleoneurological Studies in Honor of Ralph L. Holloway. Stone Age

Institute Press, 2010: 293-312.

[22] Greenfield P M. Language, tools, and brain: The ontogeny and phylogeny of hierarchically organized sequential behavior. Behavior and Brain Sciences, 1991, 14: 531-551.

[23] Walter C. Thumbs, Toes, and Tears, and other Traits that Make us Human. Walker and Company, 2006.

（原刊于《人类学学报》2018年第3期）

古老的石器在说话

石器，远古时期被我们的祖先制作和使用的工具，最近又频繁出现在我们的视野和话语中，被学者经常提及，媒体不断报道。2022年3月3日，国家文物局举办新闻发布会，公布在河北蔚县下马碑遗址发掘出4万年前先民研磨赭石作颜料和用锋利的小石片制作复合工具的遗存，成为一项世界关注的考古发现，被央视新闻重点播报；近日，“2021年度全国十大考古新发现”评选揭晓，四川稻城皮洛遗址因为发现多个原地埋藏的文化层位和特征鲜明的阿舍利技术组合而入选；而在此之前，该遗址已经入选央视“2021年度世界十大考古新闻”，被广而告之。这些发现和报道，使忙忙碌碌于生产生活的现代人类得以驻足回望一段早已消逝的历史，一段与我们渐行渐远但对我们影响深远的历史。

人类最早的历史阶段被称为石器时代，是文字被发明以前的史前时代，经常被称为蒙昧时期。这个时代又被进一步划分为旧石器时代和新石器时代。旧石器时代从330万年前打制石器的出现到大约1万年前截止，人类过着狩猎采集、居无定所的生活；新石器时代始于约1万年前，人类在此期间发明了磨制石器和陶器，有些社群进入到农业经济和定居生活。

石器时代占据人类历史的99.9%。这是人类这个物种形成、演化、发展最重要的时期。现代人类充满智慧的大脑、丰富的物质文明和高度发达的精神世界的种子，都在那个时期播撒、孕育，今天人类的一切技术与思想元素，都可以在那个漫长的时期中找到根基。而那个时期最重要的历史角色，就是看似古拙但奥秘无穷的石器。

石器，破译远古历史的密码

现代人类是如何知道在遥远的历史时期存在过石器时代？这必须归功于石器这类珍贵的远古文化遗产。很久以来，人们就对偶尔在地表上发现的有别于自然石块的人工石制品表现出极大的兴趣与探究的欲望。中国古代把新石器时代的磨光石器称为“雷公石”“雷楔”“霹雳石”等，认为它们是电闪雷鸣的产物。欧洲也如此，远古的石器被称为“雷矢”、“神箭”或“鬼蛋”。大约从16世纪开始，一些学者将这类发现与人类的活动联系起来，认为它们是金属工具发明之前人类制造的工具和武器。17、18世纪，西欧多次发现非自然的奇石与业已绝灭的哺乳动物共生的现象，有时人类的遗骸也与其一道出土，这使学术界确认这些看似稀奇古怪的石头其实是远古人类制造并使用的工具，人类历史上曾经存在过“石器时代”逐渐成为知识界的共识。

早在东汉初年，袁康在《越绝书·宝剑篇》中就有这样的记述：“轩辕神农赫胥之时，以石为兵，断树木为宫室……至黄帝之时，以玉为兵，以伐树木为宫室……禹穴之时，以铜为兵，以凿伊阙通龙门……当此之时，作铁兵，威服三军……”可见袁康等先哲已经萌发了上古存在石器时代、玉器时代、铜器时代和铁器时代的概念，十分超前。1836年，丹麦国家博物馆馆长汤姆森在对藏品做展陈方案时做出了“石器时代”“青铜时代”“铁器时代”的分期排序，被国际学术界广泛接受。1865年英国自然学家鲁勃克将石器时代进一步划分为“旧石器时代”和“新石器时代”，史前分期与研究被进一步深化、细化。

将人类最早的历史称为石器时代，并非表明我们的祖先只发明和使用了石器这一类工具。有人曾经提出在此之前存在一个“木器时代”，因为以木为器应该更简便，更符合人类与自然的互动的条件。但木头这样的有机质材料很难保留下来，缺失系统的证据，所以未能成为一个时代的标识，但确有证据表明，在石器时代，木器、骨器、角器、蚌器，都被人类制作和使用过，与石器一道铺就了先祖的演化之路，构筑了人类的远古历史。

打石制器要选用适合的原料。并非所用的石头都能被用来制作石器，它要有特定的硬度（岩石按硬度被分为10级，适合制作石器的石料的硬度一般为6～7级），而且要质地均匀细腻、各向同性、断裂规则。常被古人选用的石器原料有燧石、白云岩、石英岩、脉石英、砂岩、玄武岩、黑曜岩、角页岩、玛瑙、玉髓、蛋白石等种类。制作石器时要有一定的步骤和技术方法。有的石器是先从原材料（石核）上打击剥离下石片，然后以石片为毛坯进一步加工而成；有的石器则是将卵石或石块直接打击成工具。制作石器的技术被学者分类、命名为锤击法、砸击法、碰砧法、摔碰法、压制法、间接打击法等。经过加工可供人类使用的石器被划分为刮削器、砍砸器、尖状器、手斧、手镐、薄刃斧、端刮器、锯齿刃器、凹缺器、石刀、石锥、石钻、雕刻器等类型，这些器物的类型学名称已经标注了它们的功能与用途。不同时期、不同地区、不同人群在不同的环境下会采用不同的技术制作特定的石器，留下具有时代特点、地区属性和人群特征的石制品组合。目前最早的石器发现于肯尼亚的一处约距今330万年的遗址，从那以后石器作为古人类最主要的文化标识登上世界的舞台，经历一系列技术模式的演变，从简单到复杂、从粗陋到精细，直至发展到今日人类工具箱中包罗万象、无所不能的锋尖利刃、精工利器。

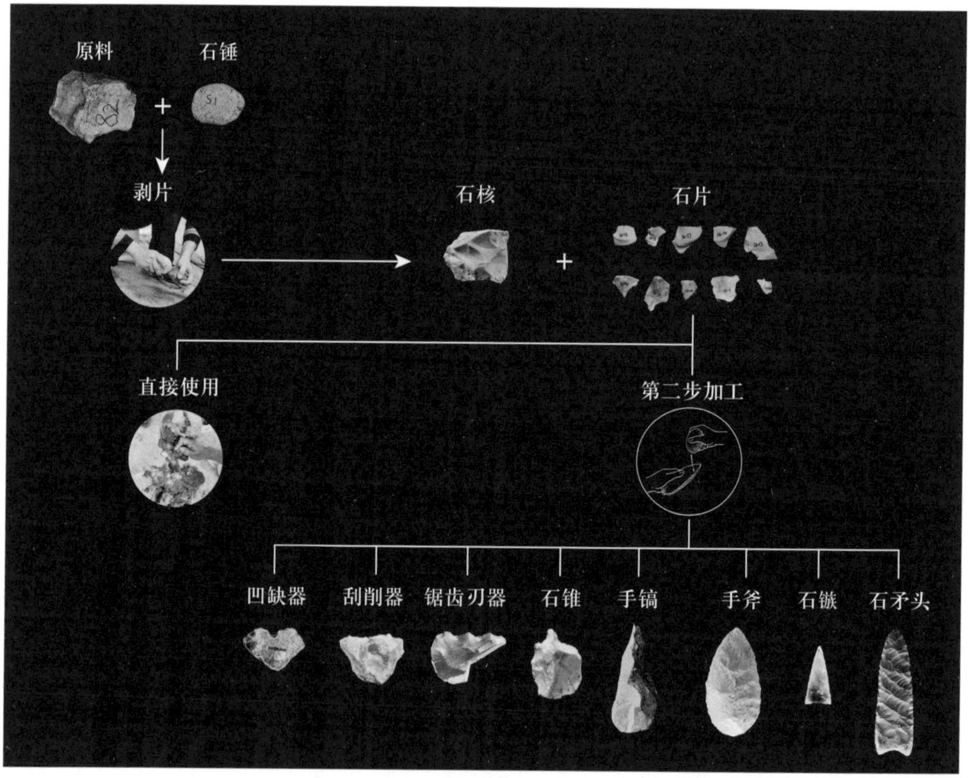

石器制作流程示意图

过去的人类离我们太远，他们的生活我们无法直接观察，很多行为方式的起源我们也缺乏史料去查阅。但石器是远古人类的作品，保留了很多古人类的相关信息，我们可以透物见人，加以分析和解读。例如，人类大多数具有右利手倾向（右撇子）。始于何时？体质形态和遗传基因都无法告诉我们，但石器可以。研究发现，惯用右手的人，左手拿石核，打制石器时石片会按顺时针方向剥落下来；而惯用左手的人，用右手拿石核，石片的剥落方向相反。通过这样的原理，考古学家在非洲奥杜威峡谷约200万年前的石制品中得到明确的证据，那时人类已经流行右利手。

还有一种技术，堪称旧石器时代的复印机。它被叫作“勒瓦娄洼技术”，流行于旧大陆距今30万～4万年间。勒瓦娄洼是一种石器打制技术，包含石核预制、修型、剥片、工具加工等环节。该技术先在一块砾石（石核）相对的两个面上打击修整，在两个面上打击的方向都指向石核的中心，形成两个不对称并在中间相交的凸面，形如乌龟的背面和腹面。然后在更凸起一面的边缘修整出一个像拿破仑时代宪兵帽子形态的小台面，以此为着力点向下打击，在相对平缓的一面上剥离下形态规整、边缘锋利的石片。这种方式经常会从石核上打下规范、薄锐的三角形石片，被称为“勒瓦娄洼尖状器”，可以直接用于切割和穿刺，也可以被镶嵌到木柄、骨柄上成为复合工具。这种技术有特定的制作步骤、工艺，其产品有特定的形态特征，表明当时的人类已经拥有计划、预见的能力，大脑中已经产生概念模板，有对标准化和程序化的思考和追求。于是，我们就可以通过对这类石制品的技术辨识与分析，阅读古人的大脑，探知他们的所知所想和聪明才智。

石器大多被深埋在层层叠叠的泥沙层中，随沧海桑田的变迁而不断富集文化的积淀。时代越早，埋藏位置越靠下。我们可以把赋存石制品等文化遗存的遗址地层当成一部“地书”，按时代早晚堆积形成的每一个层位相当于一张书页，而人类化石、石器、用火遗迹、动植物遗存等就是记录历史事件与过程的文字。只是这样的地书无法被直接阅读，需要考古学家将排列有序的文化层的年代测定清楚，将遗物与遗迹转化成大众可以读懂的文字，这部地书才能转变成史书，才能成为传播知识、愉悦大众的文化产品。

石器是史前人类留给子孙后代的文化遗产，是现今人类了解历史、破译远古谜团的密码。它们标记出远古时期存在哪些历史过客，哪些地方被他们踏足，哪些资源被他们利用；记录下哪些工具被制造，哪些技术被发明；同时它们又是文化符号，标注了人类心智、认知、审美、人地关系等演化过程，记载了人类自强不息、追求进步、不断完善这一社会属性的演变过程，揭示出人类认识自然、改造自然、获取生产生活资源的能力、策略及其发展过程，为当代人类架起通向过去、回访先祖的桥梁。

石器，古人类生存的利器

人类没有翅膀，不能像雄鹰、翼龙一样自由飞翔，予取予夺；没有锋爪和利齿，无法像剑齿虎与猎豹一样擒获猎物，威震天敌；也没有大象、犀牛那样庞大的身躯，不怒而威，让猛兽凶禽退避三舍。人类本是灵长类中的一个弱势群体，我们的祖先靠什么获得资源、保障生命、延续种群、攀升到食物链的顶端？答案应该是多重的，但其中断不可缺少这一点：人类拥有石器！

的确，石器是远古人类生产生存的利器，它延长了人类的手臂，弥补了人类肢体机能的不足。它们既是狩猎采集、获得食物的工具，也是与凶残的食肉动物搏击、护体防身的武器。古人制作的大型砍砸器可以用来猎杀动物，可以把硕大的猎物肢解、搬运，也可以砸开动物的脑颅、骨腔吸食骨髓；具有锋利尖刃的大型手镐可以成为致命的狩猎工具，也可以用来挖掘地下埋藏的富含营养的植物根茎；两面加工、两侧对称的手斧更是多功能的工具，其尖部可以用于穿刺、猎杀，也可以用来挖掘，而其周身锋利的边缘就是利刃，可以切割，可以砍劈，还可以像飞盘一样被投掷出去，击杀一定距离内的猛兽、猎物；薄刃斧形近现代的斧头，把手被精心修理，远端保留平直锋利的自然刃口，砍伐树木，斩断大型动物的关节，无往而不胜；小型刮削器也有大用场，可以在肢解猎物时切断筋腱，剥离兽皮，及至将猎物切割成小块在族群中分食。有些工具业有专攻，例如端刮器，专门用来处理皮革，为衣饰的制作提供皮草原料。还有雕刻器，旧石器时代晚期的精美艺术雕像大多出自此类工具锋利的凿形刀口。

随着时代的推进和人类智能与技术的提高，石器越来越精致，种类越来越繁多。至四五十万年前，人类开始制作和使用复合工具，即把石器与木柄、骨角柄组合在一起，瑞士刀的雏形开始出现。复合工具延长了力臂，增强了工具的效能或杀伤力。长柄石矛可以在安全的距离内搏杀猎物；用石头打琢而成的浑圆球形器可以被放置在投石索上高速抛离出去，击打逃逸的猎物或来袭的猛兽，这使人

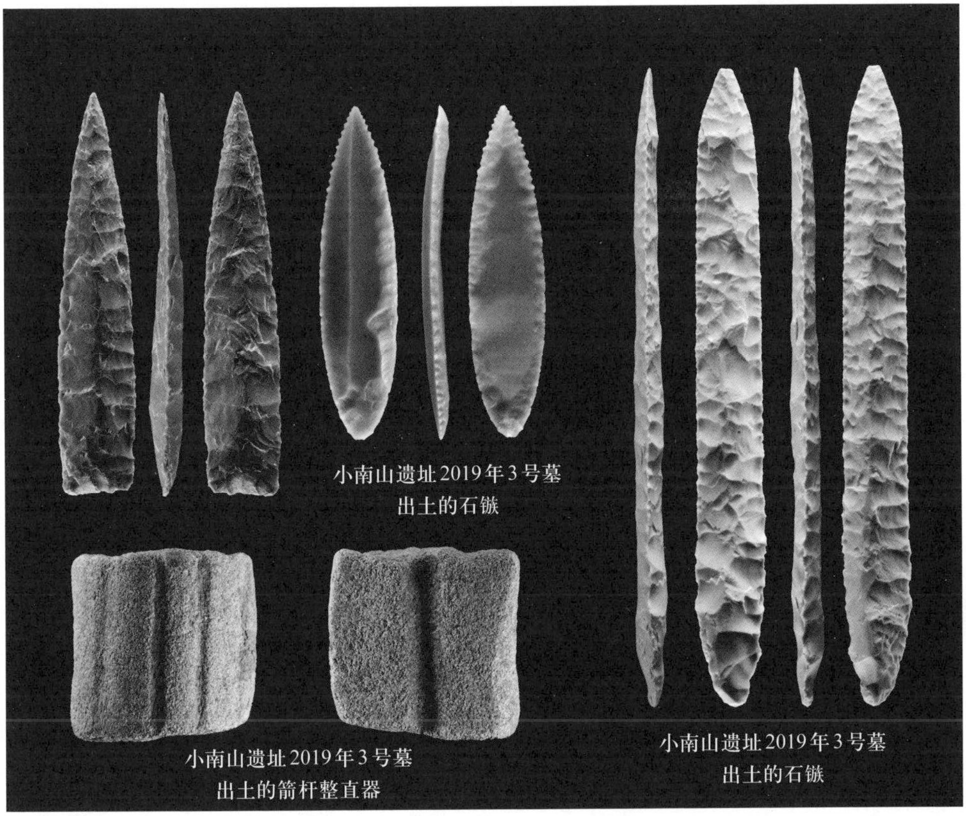

黑龙江小南山遗址出土的精美石器

类狩猎与征伐的能力进一步增强；而弓箭的出现更使人类有了远距离射杀猎物和消灭敌人的武器，人类的工具体系在阔步向现代迈进。

人类的工具箱中当然不会仅有石器，竹木器、骨角器都在旧石器时代的遗址中出现过。德国距今30多万年的舍宁根遗址出土数根修长、尖锐的木质标枪，遗址埋藏的大量野马骨骼应该是这类工具的杰作，类似的木器在中国云南的甘棠箐遗址也批量出土过；中国、东亚的古人类被认为在旧石器时代制作和使用了很多竹器；贵州距今3万多年前的马鞍山遗址出土制作精美、类别多样的骨器……这些石器时代的有机材料工具都要用石器削砍、制作才能成器，才能具有工具的形态和功能。因而可以说石器是工具之源，是工具家族的尊长。

旧石器时代的人类不但发明了石器，使用了各类工具，还学会了对火的使用与控制。对火的使用缘于对自然野火的认识与接触，其中很可能受到在打石制器时火花四溅的启示，至少人类打石取火这项重大技术发明与制作和使用石器密切相关。除此之外，人类有了石器，可以砍伐，可以挖掘，由此发展出改造环境、建造房屋的能力。我们现在居住在温暖舒适的高楼大厦，岂不知最早的建筑缘于石器，是石器开凿出了现代的物质繁荣与精神丰盛。

石器，人类演化的推手

曾几何时，人类被定义为“制作工具的动物”。由于其后发现有些动物也具备一定的工具制作能力，目前人类的定义被修订为“常规两足直立行走的灵长类动物”。但必须看到，人类的工具相较于其他动物的工具有本质的区别特征，技术更复杂，类型更多样。人类的石器大多经历过二次、多次加工，即在打下毛坯的基础上做进一步的修制，或加工刃缘，或修理把手，但与我们最接近的其他灵长类最多是把石头摔开、敲破，从中捡取带尖刃者直接使用，断不会做第二步加工。可以说，任何一只聪明的倭黑猩猩也打不出一把工整、对称、锋利的手斧，更做不出一台能够做复杂运算的电脑！

工具的制作与使用对于人类这个物种的形成和演化至关重要，对人类自身的塑造和演化方向的确立影响巨大。约700万年前，撒海尔人在非洲乍得的荒漠开始直立行走，人类这个生物种群宣告诞生，其后经过原初人、地猿等阶段。当演化入南方古猿时期，当时有过很多类群都具备直立行走的能力，但只有一个支系向着现代人类的方向不断前行，其他种群都绝灭了，很可能就是因为这个支系掌握了制作石器这个独门绝技，才能够在演化竞争中脱颖而出。有学者认为，制作、使用、携带工具，促使早期人类将偶尔两足蹒跚行走的尝试演变成日常的行为方式；还有学者将能够直立行走但尚不会制作工具的早期人类称为“前人”或“自然人”，能制作工具的人类才是“今人”或“社会人”。工具制作使人类进一步脱离一般动物所具有的生物本能，成为向人类特有的行为能力和社会属性迈进的重要驱动力。

人类的历史经历了从初级到高级的演化阶段。南方古猿以降有能人、直立人、古老型智人和现代人。与此相应，人类的石器技术也依次出现旧石器时代最初阶段的奥杜威模式、早期阶段的阿舍利模式、中期阶段的莫斯特模式和晚期阶段的石叶与细石叶技术模式。虽然这些技术模式在世界各地并非以同样的演替速度与方式更新换代，但技术进步与工具复杂化、精致化的大趋势是一致的，这说明人类体质的改变与技术的发展如影随形、相辅相成。

人类具有特异的手，其灵活性和对物体的掌控能力是其他动物所不具备的。人类与猩猩的手之外观形态接近，但存在很大区别，最重要的差别体现在拇指上。人类的拇指能灵活转动并且强健有力，能轻易做出拇指对掌、三指抓握等动作，而这种特性与能力来自于人类制作工具，尤其是制作和使用复杂工具的行为：拇指在制作石器时承担主要的抓握、控制和施力的任务，因不断以这种方式使用拇指，不断给其功能需求，人类的拇指在劳动适应中逐渐演化出独特的性能。当我们观察黑猩猩、倭黑猩猩在人类的调教下打制石器时就会发现，他们虽然比人类的手臂孔武有力，但因为手、腕的结构特点，他们不能牢固抓住石锤和石块，不能在打击时产生瞬间的爆发力，不能精准地将打击力落在一个理想的位点上，而人类可以轻易做到，这是人类不断学习、实践、适应的结果，而演化前行的推动力，就是制作石器。

石器等工具是身外之物，是人类将自然界中存在的物件加以改造，为我所用，以弥补、延伸人类肢体的功能。因此，制作工具，尤其是制作复杂的工具，开启了人类与物理世界对话的一扇大门，制作工具使人类第一次能深度地对身体之外的物体做掌控和按自己的意愿改变。演化至旧石器时代中晚期，人类发明、制作了很多组合工具，包括把修长、锋利的石叶镶嵌在木矛上成为有致命杀伤力的武器。细石叶技术更是这样，首先把石头改造成特定形态的细石核，用特定的装置固定起来，然后采取间接打击、压制等复杂的技术从其上剥离下纤细、薄锐、形如韭菜叶一样的细石叶，形态、尺寸都高度规范化、标准化，犹如现代车床上的产品。然后匠人将其截断成为刀片，镶嵌在骨柄、木柄上，组合成利刃，使用中随时可以用储备的“刀片”更换用钝、破损者。这样的工具和配件便于携带，便于维修，成为高度流动的狩猎采集人群的生存秘籍。这样复杂的工具制作和使用、维护的技术与过程，涉及对空间、形态、方向、硬度等物体性质的了解和认知，涉及对顺序、过程、步骤、因果关系的认识，在改造物体、制作工具的过程中，需要启动双手与身体的协调，制作者们会有相互学习、模仿、互助等心智活动，而这些肢体与心智活动不断演进发展到计划、计算、逻辑的层面，人的社会属性不断增强。

实验观测表明，人类在制作工具时，大脑皮层的一些区域会有特定的反应，尤其是布罗卡氏区，会有明显的应激表征；制作越复杂的工具，大脑越要做复杂的思考，布罗卡氏区的活跃程度越高，其结果就是人类该区域的相对面积比其他动物都大，这要归功于制作工具的不断刺激。而大脑该区域与语言能力密切相关，说明工具制作在塑造人类大脑、提升人类认知能力乃至在语言发生、发展中起到过极其重要的作用。脑演化研究发现，工具制作还促使大脑重组，大脑会仿效制造工具的双手，依循双手和世界互动的方式来理解这个世界，改造这个世界；大脑额叶中的F5神经元会因手的动作而放电，产生镜像神经元，发展出前额叶皮质，将大脑做进一步的分工、链接和复杂化，发展出自我意识和与他人互动的新模式。这个作用与反作用的耦合过程，引擎为石器的制作。制作石器、手部变化、大脑发育，语言与心智发展，构成一个环环相扣、精彩纷呈的人类演化故事。

石器，来自远古的文化使者

石器，既是远古人类的生产工具和生活用具，也是文化与历史的符号，记录了人类筚路蓝缕的演化历程，也标记着人类迁徙、交流、互动的线路与位点。皮洛遗址出土的十余万年前的手斧、薄刃斧、手镐组合，讲述着170万年前从非洲起源的阿舍利技术辗转万里、历经百万年，传播到东方，成为古人类开拓青藏高原利器的悠长、曲折的故事。其中的凄风苦雨、披荆斩棘、慷慨悲歌、悲欢离合，只能在它们的历史层纹中找到蛛丝马迹；下马碑遗址出土的赤铁矿研磨器和用锋利石片镶嵌的带柄石刀，则在讲述着现代人群起源与扩散的故事。此类“行为现代性”的文化标识，以前只在旧大陆西部有所发现，现在出土于东方人类故乡的腹地，向我们展现着不同地区早期现代人群演化的不同路径和东西方人类自古以来的绵密联系，人类命运共同体的根基，已经深埋于旧石器时代的地层之中。

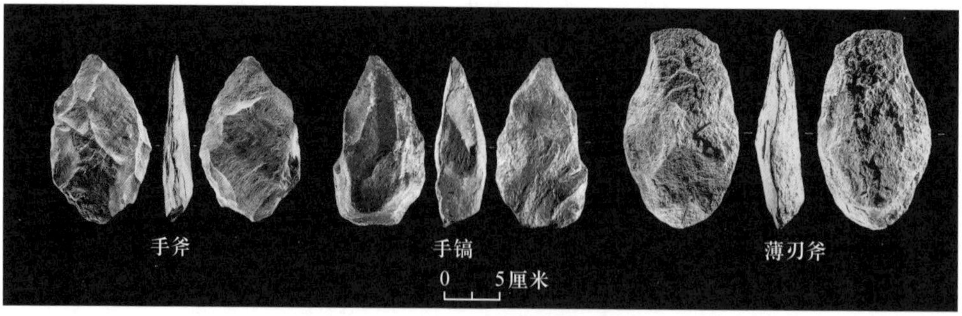

四川皮洛遗址出土的具有阿舍利风格的石器组合

对于今天的我们，石器是来自远古的科学信使，是先祖派遣的文化使者。它们出现在布满现代科技仪器的实验室中，由考古学家观测、解读他们传递的科学信息，书写远古历史缺失的篇章；它们来到博物馆的展台上，让社会大众了解远古的技术传奇，凭吊回溯先人百万年的演化之路；它们走进中小学的课本和图书中，点燃孩子们渴求知识的热情，在他们心中播下探求未知、揭示本源的科学种子；它们现身考古遗址公园的剖面上，将历史与科学转化为文旅资源，造福于当代社会，也提示着忙忙碌碌、物欲横流的现代人群要牢记祖先，尊重历史，珍爱和保护、传承先祖馈赠于我们的宝贵文化遗产。

石器，使我们有了历史，有了根基，有了科学，有了文化，有了底蕴。

（原刊于《光明日报》2022年5月15日第12版，
原标题为《听，古老的石器在说话》）

远古人类的生存与智慧之火

在漫长的演化过程中，人类以一系列开天辟地的创举昭示着自己与其他动物门类的截然不同，包括发明了复杂的语言，制作和使用工具，学会了用火，建筑房舍，进行艺术创作等。其中对火的使用、控制和管理是人类独有的行为能力。制作和使用工具曾经被认为是人类的排他性能力与行为，但近来的研究发现，很多动物，包括鱼类、鸟类和灵长类，都具有使用工具乃至简单制作工具的能力。最著名的案例是黑猩猩，能够把树枝、草棍去除枝叶，甚至把一端咬开扩展，伸到蚁穴中引白蚁攀爬而成为口中美食。黑猩猩还被观察到把木棍折断，用牙齿将一端弄尖，做成标枪样式的武器来进行狩猎；会用石块或木头砸开坚果；会借助树棍来取食疣猴的猴脑和长骨中的骨髓；会用木棍取食蜂蜜；黑猩猩和狒狒还会把树叶咀嚼成海绵状来吸取不易喝到的水。其他动物也有类似的行为能力，例如山魈会用经修理的一截木棍来清理耳朵和脚指甲，乌鸦把细树枝或荆棘撕下衔住，作为喙的延伸，伸到树洞中捉出隐藏的虫子……而有控制的用火则未在其他动物中被观察到。

用火对人类有何作用与意义？

用火对人类的生存和演化至关重要，对身体机能的进化和技术、文化与社会关系的发展，有着重大的影响。用火熟食改变了人类的摄食方式和营养结构，导致人类在体质上发生重大改变，包括脑量增加、体型增大、臼齿变小、肠胃缩小（人类肠胃的大小仅相当于其他灵长类的62%）、体毛减退、树栖能力消失。同时用火也使人类在智能、行为乃至社会结构上发生重大改变，包括对火的性能认知水平的提高和驾驭技能的改进，个体的耐心（只有食物熟了才可以进食）和群体的协作性、凝聚力与分享习惯的培养；进食时间大大缩短（人类每天用于咀嚼食物的时间少于1个小时，而大猿要用4～7个小时）使得觅食、劳作和闲暇的时间大大延长，活动范围大为扩展；熟食和改善了的营养使婴幼儿可以及早断奶，从而使产妇得以缩短生育周期、增强生育能力，使人口数量增加，也使老年人得以摄取维持生命的必要养分，从而延长了人类的寿命；用火增强了人类对凶猛动物的抵御能力，减少非正常死亡的可能性，使生命变得更有保障。

我们还可以增加一长串用火为人类生存和演化带来的变革和益处：改善了居住环境（无论是潮湿的洞穴还是寒冷的旷野）；辅助狩猎从而得到更多的肉食资源；拓宽了人类的食谱（有些动物器官、植物的果实和根茎只有热熟后才可被食用）；增强了对水资源的利用能力（在一些情况下，水只有被煮沸过才可被饮用）；开辟了以光与烟传递信号的手段；热处理使一些自然的造物被改造和提纯从而使材料开发、工具制作的能力得到提高（木质工具被烘烤后会变得更加坚硬耐用；有些石料被加热后更容易打制；制陶、冶金更是很好的例证）；驱走黑暗带来光明，从而使人类的活动时间和场所增加；为艺术创作与宗教活动带来便利和激情（在洞穴深处绘制壁画必须依靠火把的照明；在篝火前歌舞似乎有格外的刺激）。当然，火也会给人类带来邪恶和灾难，例如火灾、征战、酷刑、环境污染、地球变暖……由此可见，火与人类演化息息相关，它改变了我们的过去，也在塑造着我们的现在和未来。

人类何时开始用火？

既然用火如此重要，人类是如何学会驾驭火的呢？一般认为，在遥远的过去，人类先是对自然野火惊慌失措，后来在被烧烤过的动物肉香的诱惑下尝试接近火，偶尔引来自然火种加以利用，逐渐发展到能加以控制、保存火种，直至能够人工取火。

先祖何时开始用火？一些学者认为应该发生在距今200万年左右的直立人的早期，因为直立人与更早的能人乃至南方古猿相比，在体质形态方面发生了重大改变，而这些改变（脑量增加、体型增大、臼齿变小、肠胃缩小、体毛减退等）只有在用火后才会发生。但这一推断还未得到考古证据的完全支持。一些学者曾提出在南非的斯瓦特克郎斯洞穴（Swartkrans）和肯尼亚的切苏旺加遗址（Chesowanja）出土距今150万～100万年的人类“用火遗迹”，中国山西的西侯度遗址和云南元谋人遗址也被报道过发现距今180万～170万年的“用火遗存”。但这些所谓的远古“用火证据”因遗迹遗物分散、材料少、保存状况不佳而很少被学术界认可。在此之前，出自北京周口店五六十万年前的烧骨、烧石和灰烬曾被认为是当时发现的人类有控制用火的最早证据，但这项研究结论后来受到质疑和否定又被再次证实，经历了一个反复的过程。2004年，以色列学者在美国的《科学》杂志公布在约旦河岸Gesher Benot Ya-aqov遗址发掘出79万年前的用火遗迹，被许多学者认可为是当时确认的最早的人类有控制用火的证据。2012年，来自南非的 Wonderwerk 洞穴被提取到有控制用火的证据，时代为距今100万年，成果刊载在《美国科学院院刊》，将这样的证据又向前推移了一步。2017年，美国《现代人类学》杂志发表研究文章，宣布在肯尼亚库比福勒地区的FxJj20 AB遗址发现的150万年前的人类用火前证据坚实可信，进一步将人类对火的使用、管理的历史向前推移，接近从人类体质转变角度推断的人类用火肇始于200万年前的时限。

如何确定是否发生过人类有控制的用火?

为何元谋、西侯度等早更新世早期的人类用火证据难以被采信？首先是用火遗存的特点和早期用火证据获取的困难使然。一些遗址用火证据受到质疑，原因主要是：①没有明确的火塘结构，例如集中的木炭、灰烬、烧骨、烧石和灶坑、围石迹象，这样，是否对火做过管理、控制性使用，难以认定和证实。②火完全可以自然发生，事实上因雷电、干热环境下石头碰撞、煤田自燃、火山喷发、地热上升等因素导致的非人工火经常发生，在自然地层中经常有火烧的遗迹，在澳大利亚土著人生活过的遗址中大量发现自然火的遗存，有些人类家园被迫遗弃就是因野火所迫。对于局部区域（往往是有限的考古遗址特定的地层中）所发现的零散的燃烧物，是人工火还是自然火的产物，很难加以辨识，需要更多的分析和佐证。③化学变化、腐蚀、污染等痕迹容易与人工用火遗存相混淆，例如很多遗址的地层中出现黑褐色的斑块、条带，有时甚至是成层出现，初看之下很像燃烧过的木炭，有些早期遗址就凭此而被赋予“保留最早用火证据”的名分，但后来的分析证明这些褐色物质的成分其实是铁、锰、煤炭等。还有一些埋藏在地层中的石头和骨头表层呈现黑褐色，乍看很像被烧过，但分析表明其实是被周围的铁、锰成分污染了，而这样的污染只停留在表层，不会渗入内部。④即使人类在一个地方升起过一堆篝火取暖、熟食、娱乐，用火遗存如果长期暴露而不是被及时封盖，不断遭受风吹、雨淋和动物扰动，经年历月，这样的遗存、证据会逐渐变得模糊甚至消失，凭肉眼很难被发现和确认。

那么有效确定人类有控制用火行为或事件的依据应该是什么？笔者经过对周口店遗址北京猿人用火证据的专门研究并在收集大量资料的基础上，认为必须考虑如下因素：①确实发生过燃烧事件，即存在灰烬、木炭、烧骨、烧石等材料；②存在人类管理与控制的迹象，例如燃烧物的集中分布，火塘结构等；③与其他人类遗存共生，例如人类化石、石制品、骨器、装饰品、被人类切割和改造过的动物碎骨等；④适宜的人类生存与埋藏环境。这些要素或证据的分辨度和可信度是不同的。如果存在明确的灶塘结构，单此一项就是确凿的证据。其他较弱的证据，必须与其他要素合在一起，构成证据链，才有说服力。所以对具体的考古遗址，会情况各异，因地而异。

如何提取早期人类用火的证据?

如何提取和分析这些证据？首先是精细的田野工作，即在考古发掘现场仔细观察、记录和提取各种遗物、遗迹和现象，注意遗物与遗迹之间的相关关系。目前已有全站仪、三维激光扫描仪和其他精密仪器和科技手段，能够精确记录出土物的三维坐标和出土时的各种状态，为日后分析奠定信息基础。在发掘和材料、证据收集时，除了传统意义上的人工制品和动物化石，以及有燃烧嫌疑的材料（例如烧石、木炭、灰烬），还应注意观察是否存在不易辨认的火塘结构并采集相关信息，例如看似凌乱的石块或不正常的地层凹陷（可能的灶坑）。切记，经时历久的这种结构很少保持明显的原貌特征。对于颜色灰、黑、褐的疑似经历过高温烧烤的物质，不能仅凭肉眼的判断就轻易下结论，而应该做进一步的燃烧和成分分析，方可得出有说服力的结论。例如，一块颜色黑褐色的骨头，如果看似烧骨，但如果观察断口，发现黑褐色仅限于表层，而内部却是骨头的本色，很可能该骨头经历过铁锰的污染。而如果骨头的内部也呈现黑褐色，则可以判断该骨头确实经历了长时间的高温烧烤。

采用便携式磁化率扫描仪来探测可能的用火部位或层位是一个有效而可行的方法。对于疑似用火的部位应加大取样力度，对沉积物做高密度的规范采样，以供日后的科技检测分析，并且应该对同层的其他部位做科学采样，进行对比研究，以期对用火信号的分布状态（是集中还是随机的）做出客观的分析，对真正的用火位置得出有科学数据支持的准确判断。目前可用于对沉积物中物质组分、化学元素分析的手段包括电镜扫描、红外光谱分析、X射线衍射与荧光分析、地球化学分析、沉积粒度分析、土壤微形态分析、微体植物化石分析（例如燃烧特定树种所产生的植硅体）、磁化率分析、红度分析，燃烧温度分析、遗物或包含物分布特征分析等。在做这些分析时，有针对性地实验模拟有时十分必要。当然，应该把各种信息、证据结合起来观察和分析，建立起坚实的证据链，这样的研究结论才会坚实，才会被同行采信，避免留下争论不休的悬疑。

周口店北京猿人的火塘曾经长燃不灭

周口店是最早被发现保留古人类用火的遗址，在很长时期内作为人类最早有控制用火的证据被写进教科书。美国学者莫维斯（H. L. Movius）曾经生动地描述过北京猿人用火的情景：用火是他每日生活的常项。他以紫荆的枝条作为燃料，在开放的火塘上烤出肉的芳香。火将温暖和光明带进洞穴，使夜晚的猛兽不做非分之想。对他来说，火是珍贵的资产，无边的力量！

但从20世纪80年代中期开始，一些学者对周口店保遗址留的原地用火证据提出质疑和否定。为了破解这一重大问题，从2009年开始的数年中，中国科学院古脊椎动物与古人类研究所旧石器时代考古团队借周口店遗址保护性清理的契机，用现代田野技术和科技手段在西剖面对古人类用火的证据做了系统的提取和分析，发掘出原地埋藏的烧骨、烧石和石灰岩块变成石灰的现象，并发现集中用火的部位，即火塘。在火塘内的堆积中提取到因燃烧特定树木而产生的植硅体和钾元素等，并发现火塘部位沉积物的磁化率、红度显著异常，有的区域的磁化率值较其他部位的沉积物高出22倍，红度高出3倍。被检测出高磁化率值和高红度值的样品中富含细粒磁铁矿和赤铁矿，这两种矿物正是导致沉积物磁化率升高和红度值增加的原因，而持续高温作用是这两种矿物生成的机理，说明这些区域确实发生过长时间集中原地用火。这样，晚期北京猿人生活过的遗址上部地层保留人类有控制用火证据的推断得到证实。至于下部地层是否包含更早时期的北京猿人用火证据，尚需做同样的新发掘和分析测试。

水洞沟遗址万年前的石煮法遗存

先民对火的控制和使用是不断发展、改进的，在此方面的一项重要成就是石煮法的发明，即将烧热的石头放到水或液态食物中，将其煮沸或煮熟。目前石煮法明确的证据来自内蒙古与宁夏交界处的水洞沟第12地点，距今约11 000年。

2007年，中国科学院古脊椎动物与古人类研究所和宁夏文物考古所组成的联合考古队在对水洞沟遗址第12地点的发掘中，从古人留下的灰烬层中发现大量具有烧烤破裂痕迹的石块，这些碎石没有人类加工痕迹，不是先民的石制品。它们为何大量出现在文化层中，与人类的生产生活有何关系？科技分析揭开了这个谜团。对这些容易被忽略的石块的形态观察、大小统计和岩性分析表明，它们是被人类选择、加热、利用而后破碎的；用同类石料所做的模拟实验揭示，这些石块是在经历高温热烧后被浸入水中崩解破碎的，即它们是生活在遗址的先民用来烧水和烹煮液体食物的“烧石”。对遗址区地下水和地表水所做的水质检测分析显示，该地的生水中大肠杆菌含量严重超标，不能被直接食（饮）用，但煮沸后此项危害得以消除；生态环境资料表明当地晚更新世末以来生长着多种可被人类食用的植物，其中的一些可食性籽粒必须经过烹煮方可被享用；一些动物碎骨有人类工具切割的痕迹但没有烧烤的迹象，应该是被煮熟后享用的。

水洞沟第12地点的烧石是首次被确认的古人类复杂用火、用石烹法煮水熟食的证据，对古人类用火的历史研究具有里程碑的意义，从一个侧面反映了古人类对资源环境的高度认知、利用能力和因地制宜、机动灵活的生存方略。当时的先民处在更新世向全新世的过渡期，气候条件在从末次冰期向冰后期转变，人类的生计则从迁徙游动的狩猎—采集经济向定居的农业经济转型，文明的种子在孕育发芽。水洞沟第12地点的占据者正生活在这一时期，他们用烧石烹煮食物、改善水质的创举给我们提供了一个窗口，使后人得以窥见先民在向文明挺进的征程上的一个壮美画面。

远古人类经历了长期而复杂的演化，其间创造了色彩纷呈的文化奇迹，等待我们去发现和揭示。对火的控制、管理乃至人工取火就是其中的一项。很多遗址中埋藏着远古的火种，我们有责任去发掘和研究，将先祖智慧的火花化为现今人类的知识财富和创新进取的动力。

（原刊于《中国文物报》2018年5月4日第5版）

石器微痕分析在我国的应用：沉思与前瞻

石器微痕分析是指通过显微技术对石器标本上非肉眼所能观察的痕迹进行辨识，判断工具被使用的部位、运动方式和加工对象。在当前的考古学界，微痕分析作为一种新的研究理念与方法已被大多数学者认可，越来越多的人开始尝试这一领域。它对了解石器功能并诠释古代人类生存模式和社会行为，对重大考古课题研究的创新与突破，具有很大的潜力和良好的前景。在中国，尤其如此。

微痕分析在我国的早期尝试与近期发展

微痕分析发端于苏联。20世纪30年代，西蒙诺夫在苏联科学院物质文化史研究所原始生产技术实验室（圣彼得堡）主持工作期间，开展打制石器、磨光石器、细石器以及铜器等工具的制作与使用实验，并利用体视显微镜进行使用痕迹观察。他的研究成果《原始生产技术》于1957年出版后，学术界予以极大的反响。次年，我国一个科学代表团参观了西蒙诺夫的实验室，感触良多，回来后马上翻译了由D. 戈尔耶夫写的书评《史前时代技术的研究》一文，发表在1959年第1期《考古》上。在编者按中，译者写道："我们参观以后的感想是：原始生产技术的实验工作，不只能够使我们更亲切地了解到古代生产技术与功率，而且能够通过这些去认识社会生产力的发展，因而是值得重视的一项工作，值得学习的一项工作。"由此看来，微痕分析被介绍到中国的时间要比西方早得多。但遗憾的是，这项"值得重视""值得学习"的工作，因中苏关系的破裂以及后来"文革"的纷扰而完全被国人遗忘。在此期间，它却在欧美国家开花结果，发展成一门生机勃勃的石器分析领域。

进入20世纪80年代，中国的学术大门重新打开，微痕分析又辗转绕道从大洋彼岸被介绍到国内，开始了艰难的起步。80年代初，童恩正先生与张光直先生曾有意向在四川大学建立4个考古实验室，包括石器实验室。童先生以哈佛大学的微痕研究为范例，在《史前研究》上发表《石器的微痕研究》一文，介绍了微痕分析低倍方法。遗憾的是，川大没能将微痕实验计划付诸实践。80年代中期，张森水先生在访美期间参观了芝加哥大学基利（Keeley）的实验室，回国后以对基利专著书评的形式介绍了高倍法微痕分析方法，同时指导研究生开始了探索性的实践。随后不久，侯亚梅以微痕实验为题完成硕士论文并在《人类学学报》发表成果。侯氏的研究立足对高倍法的系统学习和模仿，同时尝试对少量考古标本进行观察对比，是我国对石器微痕分析的首次系统的实践活动，得出的结论令人鼓舞。可惜这项研究浅尝辄止，因研究者兴趣的转移而被画上了休止符。在此前后，北京大学考古系的研究生们在吕遵谔先生的指导下开展了系列实验工作，前后有黄蕴萍、夏竞峰、王幼平、李卫东、顾玉才等发表了实验报告。这些实验主要是对各类石质工具进行模拟制作与使用，同时尝试对使用痕迹做显微观察。这些工作在中国的实验考古学领域具有创新意识，对微痕分析也有促进作用，但随着这批研究生完成学业，这项实验工程也戛然而止，所取得的成果也被尘封起来。这样，在中国最重要的两个旧石器考古研究机构，微痕分析及相关的实验活动在经历昙花一现后，又归于沉寂，止步于学科的门口。拉近与西方石器研究距离的契机，又一次在学人的惋惜声中与我们擦肩而去！

近半个世纪过去了。当微痕分析在西方已经发展为成熟的分支领域，成为对重要古人类遗址石器标本的功能研究和理论阐释不可或缺的方法体系，成为许多大学考古专业的必修课程的时候，它在我国却一直引而不发，起而不飞，在很大程度上沦为一个新颖而又空泛的术语，化作学人望梅止渴的幻境。对这种停滞与曲折的处境和困顿，我们认为其原因大致有四：

其一，学术发展水平与状态的局限。微痕分析是一项专业性很强并高度细化的理念和方法，是在考古学领域中分化出来的特殊分支方向，有自己特定的理论、技术、视角和功能。而我国考古学乃至整个学术界在很长的时期内是在粗放的发展模式中运行的，对专而细的分支领域既不重视，也无力去发展。当我国旧石器考古学界忙碌于新材料的发现、发掘与整理，满足于遗址与遗存的描述与报道，专注于类型划分和形态比较，对个别标本上的细微痕迹做费时费力的精细观察、通过繁琐和系统的实验建立起翔实的对比数据、在实验与微痕分析的基础上做人类行为的理论阐释，对大多数人来说，不仅缺乏强烈的需求与动力，甚至还显得矫情和多余。

其二，实验条件的限制。微痕分析是建立在科学、系统的实验工作的基础之上的。它需要有长期并稳定运行的实验室作依托和支撑，需要有人连续并前赴后继地从事工作。单从物质条件来说，要建立一个配置有合乎要求的显微镜和进行图像采集、数据提取和加工的一套仪器设备的实验室，对20世纪我国绝大多数考古科研机构来说是不现实的。因为硬件条件不够而导致微痕研究在我国欲动还止，只能说是无可奈何。

其三，人才匮乏的制约。较之中国考古材料的得天独厚，较之欧美日韩旧石器专业人才济济，我们的旧石器考古研究人才匮乏，同期专门从业人员从未超过50人。以这样微小的队伍做各个分支领域的拓展，尤其是微痕分析这样需要长期实验和积累的专业，实在是力不从心，很容易青黄不接、难以为继。还应该看到，我国的旧石器考古工作者多是在人文社科的环境中培育出来的，从知识结构来讲对仪器设备的操弄和开展实验、提取数据并不擅长。另外，这一领域发端于西方，重要文献皆用西文写就，这对经历了闭关锁国延误、外文基础不好的学术前辈来说，系统了解微痕分析的理论和方法，并在实践中正确加以应用，实在是勉为其难。

其四，理论滞后的羁绊。我国微痕分析长期未能取得长足发展的更深层的原因，应当是相关理论的苍白而形成的羁绊与桎梏。微痕分析不仅仅是一项技术、一种方法，在其背后有一套理论体系，指导着微痕分析的操作规范和发展方向，也赋予微痕分析恰当的功能和意义。但我国微痕分析的早期尝试是实践先行于理论，在对这一领域未能详细了解其原理、方法、作用和局限的情况下，实践者边开始摸索着前行，既没有清楚的方向，也没有充分的信心，更形不成规模，难免磕磕碰碰，走走停停。对微痕分析这样专业性极强的领域，必须有经过专业训练的研究者进行系统化的引导；学科的发展必须要对理论基础和科学方法有深刻认识。当一项工作只有简单操作而没有理论的阐释和方法论的指导时，其发展定然没有生命力。

在世纪之交，情况有了改变。中国的考古学领域展现出新的风貌，知识新颖、思想活跃、目光敏锐的新一代学人走向舞台的中央，理论探讨日趋活跃，新技术、新方法的运用被大多数学者看作推动学科长足发展和实现与发达国家学术接轨的重要途径。在海外受到微痕分析系统训练的沈辰博士等开始在国内刊物上较系统地介绍微痕分析的理论与方法，并将其应用在中国的旧石器考古材料的研究之中，拉开了中国微痕研究新的序幕。在“知识创新工程”的推动下，作为我国旧石器时代考古学的摇篮和研究中心的中国科学院古脊椎动物与古人类研究所，开始规划与凝练重大创新方向。在诸多选项中，石器微痕分析脱颖而出，成为获得优先支持的前沿领域。在从美国归来的高星博士的策划和组织下，我国首届“石器微痕分析培训研讨班”于2004年夏在该所举办，成为强力推动我国石器微痕分析发展的重要举措。

举办培训班的目的是系统介绍微痕分析的知识与方法，培养新一代微痕研究人才，推动微痕分析在我国的实质性应用与发展。参加培训研讨的学员共20余人，皆为对石器研究或微痕分析有兴趣的研究生或青年科研工作者，来自中国科学院古脊椎动物与古人类研究所、中国社会科学院考古研究所、山西省考古研究所、北京大学、吉林大学、山东大学、山西大学、四川大学、厦门大学等单位。主办方邀请微痕研究开创人之一、美国塔尔莎大学的奥代尔教授专程前来授课，并安排加拿大皇家安大略博物馆的沈辰博士指导为期三周的理论教学和实验活动。

微痕班的培训活动分为三个部分：首先是为期一周的理论学习，由奥代尔教授、沈辰博士及考古所的王小庆博士作学术演讲，辅之以相关文献阅读，内容包括石料资源获取方式，石器功能分析发展历史，微痕分析的基本概念、原理、方法和操作流程，石器残留物分析，研究范例介绍等。第二阶段是为时3天的遗址考察与实验活动。在高星与沈辰的带领下，学员们在泥河湾盆地采集石料、打制石器，进行用石器砍伐树木、屠宰全羊的实验，让学员们对史前人类基本的生存行为和石器功能有了初步的体验。第三阶段进行了高强度的实验活动，学员们在实验室中开展了分门别类的系统专题实验，对经过详细记录的实验标本进行系统的观察，从中辨识使用痕迹的特征和规律。这些系统的实验报告已经被整理结集，以《石器微痕分析的考古学实验研究》的书名由科学出版社出版。这是我国首部有关微痕分析实践的专著，对系统普及石器微痕分析的理论与概念，以实例介绍和诠释微痕分析的方法、规范和流程，提供实验对比标本与图像、数据，展示微痕分析在我国石器研究中的功用与前景，推动微痕分析在我国的应用与发展，起到了积极的促进作用。

微痕分析对中国旧石器考古学研究的作用

一项技术发明与发展的意义不在于它的新奇，而在于它的功用，在于它能解决实际问题，尤其是用以前的方法无法解决的问题。关于微痕分析在中国考古学中的作用，我们认为，至少在以下层面它可以扮演重要的角色。

1. 技术层面

微痕分析作为一项技术手段，可以为我们破译石器的功能、用途，并以此审视中国旧石器考古研究体系中饱受西方诟病的类型学实践，亦可通过对使用痕迹的辨识对存在争议而又具有关键意义的考古标本做属性认定。

传统的石器类型划分是在对石器功能做假设推断的前提下进行的，于是我们有了砍砸器、刮削器、雕刻器等类型名称；而对功能的推断往往又是基于对标本形态特征的观察，于是便有了“类型＝功能＝形态”这样主观性很强的不严谨的公式。其实，功能与形态之间并没有必然的、排他性的关联。微痕分析表明，许多工具的功用与他们的名称并不吻合，在同一类型里的标本可能有不同的用途，不同的类型却可能用于同样的目的。而以往被作为废弃物的石片却在很多案例中被平反为重要的工具。因此，微痕分析为我们提供了直接研判石器功能的途径，使我们在研究中减少了主观臆断的成分。

中国的旧石器考古类型学与非、欧、西亚有很大的不同。由于我国的学者所面对的石器材料较之西方有着更大的变异，缺乏规范性和系统性，因而我们定出的很多种类无法在由博尔德（Francios Bordes）定义的在旧大陆西部广为接受的旧石器类型体系中找到位置，因而东西方相关领域的对话常常是鸡对鸭讲。我们不能简单以“中国特色”来一言以蔽之，毕竟学术研究需要共同的语言；也不能机械地套用西方的成规，毕竟两地间石制品在视觉中存在着诸多不同。但如果能以相同的微痕分析手段直接进入功能的客观层面，或许问题能变得简单明了，能透过纷繁的外部变异而找到共性的真谛。譬如中国的手斧与西方的同名物之间的关系，争论一直停留在形态的表层，或许从功能入手，能进入柳暗花明的另一重天地。

近20年来，中国早期人类遗存的发现取得一些突破，在龙骨坡、人字洞和泥河湾早期地层出土被推断为距今200多万年前的石制品，但对其人工属性的判定一直存在争议。问题不在于研究者能力的高低，而在于一些遗物被人类加工改造的程度很小，自然与人工的界线原本就不清楚。对这种遗存属性的判断，“仁者见仁，智者见智”或由学术权威凭经验来拍板定案，显然不是科学的作法。运用微痕分析，或许能解决一部分问题，为中国最早人类的找寻与研究带来新的曙光。当然，前提是材料适合。

2. 理论层面

微痕分析通过辨识工具作用的对象和方式，可以帮助研究者窥探古人类所面临的生态条件和资源攫取方式，进而解析古人类的行为特点和生存模式。在中国旧石器考古的理论阐释方面，大多聚焦在区域传统和历史文化的层面，包括贾兰坡先生的“华北两大旧石器文化传统”和张森水先生的“旧石器文化南北二元结构”等假说。这些假说着眼于区域旧石器遗存形态和技术特征的解释，但在一定程度上，对古人类行为模式和生计方式的推测也附加了进来。例如贾老等认为华北的两个不同的旧石器文化传统实际上体现了狩猎与采集这两种不同的经济形态，而后又分别发展成为新石器时代的家畜饲养和作物种植这两种早期农业经济模式。要想对这样的假说做出检验，单在石器的形态与技术的范畴内冥思苦想未免隔靴搔痒，无能为力。而如果能通过石器微痕分析，从石器的用途和作用对象的角度切入，进而进入古生态条件和古人类获取资源方略的层面，我们离史前人类的经济活动会更近一些，会得到一些有益的证据和启示。

除此之外，微痕分析或许能帮助我们找回一些遗失的材料和信息，进而取得对中国旧石器文化更全面、更客观的认识，并对一些假说提供验证。对于这块大陆上旧石器时代的石制品规范性差、加工欠精良的现象，学者从不同的角度进行过研讨。有人认为，这里的石器之所以粗陋，是因为它们并非生活在这里的古人类用于生产与生活的主要工具，而是用来制作更重要的工具——竹木器，因而石器在人们的生存中只担当配角。对这样的假说，因竹木器在遗址中无法保存而不能直接检验，但通过微痕分析，我们可以知道制作竹木器是否是石器的一个主要功能，从而使其得到间接的检验。如果答案是肯定的，我们便顺势提取和复原了已在考古遗存中消弭于无形的远古时代竹木器的信息，使隐形材料得以现身。

3. 学科发展层面

微痕分析作为风头正健的新研究领域，对其引进与发展对推动我国考古学向更专、更细和更高的方向开拓，带动相关分支领域的进步，会起到引领的作用。

一个行业内各个专业的发展不是孤立进行的，而是相互关联、相互影响的。微痕分析的基础是实验，开展系统的石器模拟制作与使用实验，主观上是为了获取各种有控制地使用所产生痕迹的规律和参数，客观上会推动实验考古学的发展，至少在石器的研究领域会如此。微痕分析的方法很容易从石质材料转到骨角材料上，以此观察判断骨角类标本上的痕迹种类，分析骨角工具的功能和用途，这样就会为考古遗址中动物骨骼表面痕迹分析提供新的手段，从而推动动物考古学的发展。微痕分析强调对标本埋藏和后期保存状况的关注，强调对发掘过程和方法的了解与掌控，这样就会带动考古埋藏学的发展，也会促使发掘者改进发掘和标本处置方法，更好更多地保存珍贵的原始信息，从而促进田野考古技术的革新与进步。微痕分析从细微处入手，注重实验，强调经过反复观察得出客观规律性的认识，立足对石器的功能判定来阐释人类的行为，这对改变我国考古学中以主观定性为主轴的研究传统，实现从主观到客观、从经验到实证的转变，并使以器物形态描述、类型界定与技术复原为核心的考古学实践逐步上升到对古人类行为方式、生存模式和社会属性探讨的理论高度，应会起到一定的刺激与推动作用。

未来微痕分析在我国发展的方向

关于如何发展中国的微痕分析，我们想提出这样几个方向。

1. 加强理论研究，夯实实验基础

要发展一门学科，必须有相应的理论体系为指导，有坚实的方法体系作基础。中国的微痕分析始于实践，理论研究几乎没有展开，理论指导缺乏系统性和深度。我们现在所需要的，是深化理论的学习与探讨，要真正理解为什么要从事石器微痕研究，它能给我们带来什么，又有怎样的局限性。

目前我国考古界许多人对微痕分析抱着这样两种态度：一是不清楚微痕分析

到底有什么用途，以为它只是用于鉴定的技术工作，不了解其在解决重大考古学课题中的作用；二是对微痕分析结果持有怀疑，认为微痕分析者没有客观标准来确认使用微痕，仅仅依靠主观判断。这两种观点的出现十分正常，类似的情况在西方20世纪七八十年代也曾经存在过，如今在国内旧话重提，正是反映了同样的发展轨迹。

在进行微痕分析之前，我们需要问这样的问题：工具使用痕迹能为我们提炼出什么样的古人类行为信息？如何能利用这些信息来阐述史前社会生活？什么样的问题可以通过微痕分析来解决？它有怎样的局限？更重要的是，通过微痕分析，我们能在当代考古学研究中提出什么样新的问题？这些新问题可能因过去缺乏相应的技术手段和研究视角而没有被关注，如今却能给我们带来突破和创新的契机！显然，对这些问题的思索已经进入微痕分析的理论层面了，这个理论体系既包含了微痕分析本身的方法论，也融入了人类学和考古学解析理论的诸多元素。对于我们来说，首先是要系统地学习这些理论，理解、领会并运用它们指导微痕分析实践，然后再立足自己的材料特点和实践经验加以发展和创新，走出自己的微痕分析道路。

要想消除人们对微痕分析客观性、真实性与科学性的疑虑，使其真正成为开展考古学研究的利器，首先必须夯实微痕分析的实验基础。纵观微痕研究发展史，西蒙诺夫开创的事业就是建立在实验的基础之上，后续者也是奉此为圭臬，循着这样的路径前行。今日微痕分析之所以被大多数学者接受，正是因为从业者进行了大量的实验观察，积累了丰富的实验对比图像和数据，并经过接受实验标本盲测的考验交出了成绩单，使信者欣慰，疑者释然。所以微痕分析在考古学上的运用不能操之过急，不能未经实验就贸然对考古标本进行观察判断。从业者必须先在实验中了解使用痕迹产生的复杂过程和变异，才能真正掌握这门学科的真要，才能得出客观的结论，就像人之学走路，不练站立而直接去走，那是注定步履不稳，行走不远的。20世纪70年代，基利和奥代尔就提出微痕分析报告要有可掌控性，微痕实验要有可复验性。就是说，一个人的微痕分析结论必须有相应的实验认证，而实验对其他人来说是可以重复验证的，这样才能保证微痕分析的客观性和科学性，也唯有如此，研究者的结论才能被别人认可和接受。因此可以说，实验是入行微痕分析的敲门砖，是构筑微痕分析大厦的基石。

在没有获得系统的实验参考标本和微痕实验数据的前提下，盲目开始对考古标本进行观察和分析是不负责任的，也是不科学的，而且还会因为基础不深和判定错误影响微痕分析的声誉，进而对其发展和推广造成杀伤和破坏。在国内目前阶段，我们还只能对考古材料进行有限的探索性研究，重点应该放在微痕实验数据库的建设上，用实验数据的“已知”来对比研究考古标本的“未知”，从而科学地探索石器的制作工艺、使用方式和作用对象，捋清石器类型与功能之间的关联，提取古人类获取食物和其他生活资源的种类和方式信息，为从理论层面阐释古人类的行为特点和生存模式奠定基础。

2. 完善微痕分析的技术方法，发展微痕研究中的量化分析

目前困扰微痕分析的两个主要瓶颈，一是多功能使用微痕的认定，二是微痕的量化分析。如果我们能在丰富材料的基础上解决这两个问题，将为整个微痕研究的发展做出重大的贡献。

当前的微痕研究，多是以所观察的标本是单一功能为假设前提的。然而史前石器的使用肯定要复杂得多，一件工具可能会进入使用、修理、再使用的循环过程，一器多用的现象会很普遍，一件标本的某一部位也经常会以不同的方式被累计使用过。对这样复杂微痕的甄别和认定，目前在西方也没有好的办法。要攻克这一难关，首先必须对单一功能微痕的辨认有过硬的功夫，对影响微痕产生及其变异的复杂因素，诸如石料特性、刃口形态、加工对象、操作行为等有充分的认识。在此基础上，再有针对性地开展一件标本的多用途、多用式使用实验，观察使用痕迹的特征和规律，分辨不同的种类，从中寻找破解疑难的钥匙。

使用微痕的量化分析一直是微痕学急需解决的问题，用奥代尔的话说，目前对微痕的分析还停留在“素描性阐述阶段”（interpretive states），即研究者将观察到的微痕与实验标本对应后进行性质判断、解释与分析，还没有量化的标准可循，也无法用量化语言来表述。但目前电脑影像数据分析软件的出现，使我们得到了一个前人梦寐以求的技术平台，为微痕片疤的量化处理提供了前所未有的可能。如果我们能在这一领域尝试和开拓，取得创新和突破的前景是光明的。

3. 多学科交叉的综合研究

中国的旧石器考古学实践自周口店的发掘开始就一直强调多学科交叉协作，形成很好的综合研究传统，开展微痕分析也应该遵循这一模式。只有与其他学科相结合，特别是与分子生物学、动物考古学、环境考古学等新兴学科的有机结合，微痕学才会找到适宜成长的土壤，才能有更强的生命力和更广阔的发展前景。

与微痕分析最有亲缘性的新兴领域是工具上古DNA的提取和分析。如果能在石器上提取到动物DNA，对古代石器使用功能就有了直接的证据，就可以与微痕分析结果相互印证。同样，通过古植物学方法对被认定有使用痕迹的考古标本作残留物分析也是一种验证的手段。植物残留物的存在可以为微痕分析提供石器的功能线索与验证，而微痕分析也可以为残留物的属性鉴定提供启示和证据，使我们对考古标本信息的解读更加客观全面。与动物考古学的关系也是如此。后者在我国也是刚起步的新兴、具有重大潜力的领域。通过动物考古学手段对动物遗骸上各类痕迹的辨识和认定，将为石器微痕分析提供相应的线索、依据和佐证，而从微痕分析中得到的信息也可为动物考古学提供线索和启示。这些学科可以相互支持，相互补充，相互验证，相互促进，共同为研究古人类获取食物资源的种类、方式和经济活动特点做出贡献。

4. 研究中心建设与人才梯队的培育

微痕分析作为考古学的一个分支领域，不可能一蹴而就，不会仅靠少数几个人就能操持完成，更不会像墙角下的常青藤自己会破土而出、爬上墙壁而枝繁叶茂。它需要学科体制上的保障和硬件条件的支持和投入，更需要培育一支有一定规模并可持续发展的队伍。

在学科体制上，我们需要建立几个石器微痕分析中心，这些中心可以独立开展实验、观察和研究并形成自己的特色，更可彼此间进行交流、补充和验证。目前中国科学院古脊椎动物与古人类研究所、中国社会科学院考古研究所、北京大学和吉林大学等考古文博单位都有条件和能力来建设这样的研究单元，也都表现出开展此项工作的强烈欲望。在硬件方面，筹建单位的基础建设投入必不可少，但一旦成形，并不一定成为永久的负担，因为研究中心可以通过申报课题、承担项目等方式获得资金，在有成果的前提下产生造血功能，形成良性循环。在当前国家加大科研投入、科研体质发生变革、课题制成为项目组织的主要方式的大背景下，这样新兴、有发展前景、可望取得创新突破的领域获得基金渠道的支持应该是有优势的。

我们更关注的是人才培养和梯队建设，这是在中国发展微痕学的当务之急和关键所在！有了人，可以争取资源，可以创造条件，反之一切无从谈起。以前的几例尝试皆归于夭折，都是根源于无人为继。培养人才应该是通过多渠道进行的，包括在相关大学考古院系开设微痕分析课程、引进在西方经过专业培训的人才、举办专题培训班等。在目前人才匮乏而又急需的情况下，采取培训班的方式应该最为可取易行，即将出版的报告就是明证。但一次这样的培训并不能万事大吉，还需要更多的后续举措，包括对已经入道人员的提高培训和对新入门者的基础培训。经过这样持续、集中的努力，一批微痕分析青年才俊将会在适宜的土壤上成长，开花、结果并一代代繁衍、发展下去。

中国微痕分析的前景展望

斗转星移。中国的微痕分析在经历过难产与夭折的波折后，又迎来了孕育与发展的新机遇。一方面，我们积累了大量的考古素材，为微痕分析奠定了丰厚的材料基础，也使旧有的研究模式难再驾驭；另一方面，学术传统的转型、科研队伍的更替、新学科分支发展的刺激、与国际接轨的驱动和创新突破的压力，皆使得考古界一线的工作者对微痕分析这样新兴领域的方法和理念产生了强烈的需求；同时，现代科技手段的进步和科研条件的改善也为微痕分析提供了前所未有的物质平台。因此，只要我们予以重视，制定出适合的发展策略和计划，并坚定不移地加以推行和落实，微痕分析在中国应用与发展的前景是广阔而光明的，在一些方面我们还会取得创新和优势，为微痕分析的整体发展做出独特的贡献。

中国石器材料的独特性将为微痕分析提供新的实验场和发展舞台。目前西方所开展的微痕分析主要是针对燧石这类均质、细腻的材料进行的。用这类材料制成的石器是西方石器时代工具的主体。而在中国出土的石制品多是用石英类材料制作的。这类材料均质性差，颗粒、裂隙多，还具有较强的透光性，开展微痕分析难度加大，西方学者很少去尝试，也缺乏动力。而在中国则不同，不对这些主体材料加以研究，所开展的工作就没有实质性的意义。因此，在中国开展微痕分析必然要涉及这样的材料，这种需求也许会促成中国的微痕分析走出一条具有特色的道路，在分析材料的普适性和获取信息的完备性方面有所创新，有所突破。

中国的微痕分析虽然相较西方起步晚得多，但我们并非基础全无。我们已经有了一定的实践积累，而且有西方先行者的经验教训可供借鉴，可以少走很多弯路。例如西方的微痕分析经历了十几年的被怀疑、排斥和围绕方法论的纷争，尤其是高倍法和低倍法的内耗，而我们就不必再重走这样曲折的道路。我们现在直接将高倍法和低倍法结合起来的微痕研究，应该说与国外同行站在了同一起跑线上。

在技术条件方面，目前显微镜和计算机等技术设备的质量和功能有了质的发展和改进，各种适用的影像数据分析软件也不断被开发和普及，使得微痕分析的准确性和效率大大提高，一些障碍不断被攻破。在知识经济时代，这些技术与信息传播和普及的速度很快，致使我们与西方在技术和设施方面的差距在迅速缩小，在微痕分析手段和信息方面的距离在拉近，从而使我们建设与国际同类研究机构水准相近的“石器微痕分析中心”成为可能，而不再像以前那样遥不可及。

在人员和组织方面，我们也有良好的传统和起点。微痕分析是一项系统性工作，涉及实验、观察、数据提取和测试等一系列环节，最有效的做法是团队合作。20世纪80年代北京大学开展的实验工作就是在团队间展开，我们的这次实验活动更是由一个分工合理、密切协作的大型团队承担，这与国外大多数实验工作是以散兵游勇的方式进行的状态相比已经有了特色和进步，在世界微痕研究发展史上也不枉为一项创举！

因此，我们有理由相信，我国的微痕分析这株新的、生命力旺盛的幼苗已经破土而出。它将沐浴着阳光，滋润着雨露，茁壮而健康地成长。而培育、灌溉她的园丁们则在勤奋而精心地工作，立誓不让她再次夭折，要使她亭亭玉立，根深叶茂，长成中国考古学之林中的一棵硕果累累的参天大树。这次微痕分析培训及其产生的成果，既是记录她生命里程的一个界碑，也是从业者发出的坚定而明晰的誓言。

（原文分上、下两篇，原刊于《中国文物报》2007年12月21日
第7版和2008年1月18日第7版，与沈辰合作）

世界上最古老的狩猎场景面世

——*Science* 2020年十大科学突破解读

2020年12月，澳大利亚科学家报告了一幅在印度尼西亚发现的洞穴艺术画作，这幅作品描绘了一些类人形象狩猎猪和水牛的画面。研究人员使用铀系法，为这幅4.5米宽的岩石艺术作品进行了测年，结果发现其至少可追溯至4.4万年以前，是迄今已知的最早狩猎场景。

研究人员认为，画中出现半兽人可能表明，印度尼西亚的洞穴艺术早在人类首次在欧洲进行艺术创作之前，就表现了关于人与动物联系的宗教式思考。

现代人类的起源与扩散及其行为方式是最近30多年来学术研究的热点。其中早期现代人行为现代性（Behavioral Modernity）的发端、认知能力的跃变和社

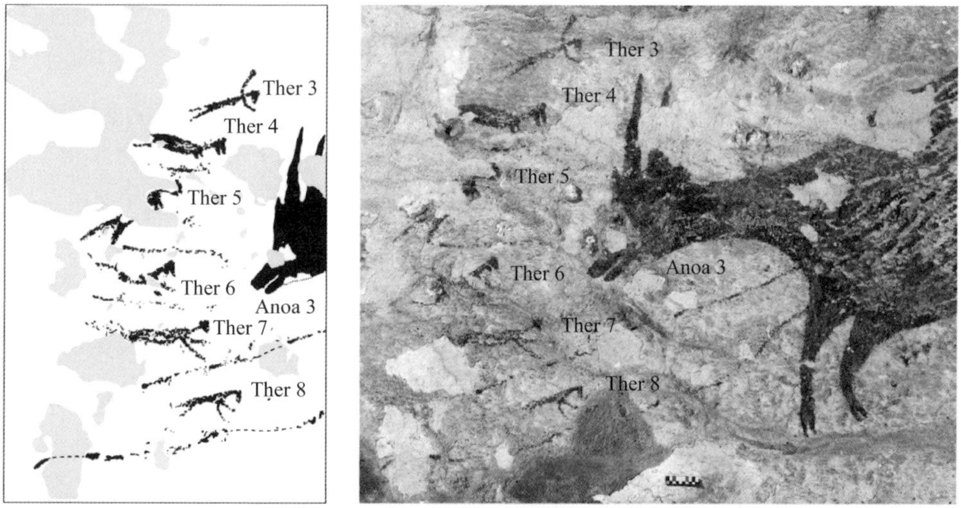

壁画的一部分

“Ther”指“半人”，“Anoa”指倭水牛

图片来源：*Science*官网

会关系的复杂化是焦点与难点。由于人类思想意识和社会关系很难留下物化证据，考古学界对该领域的研究长期饱受证据缺失或多解性的困扰。2019年12月11日，*Science*在线首发在印度尼西亚苏拉威西岛上发现的距今至少4.4万年前的一组洞穴壁画，认为该壁画第一次以绘画叙事的方式展现了目前所知最古老的人类狩猎场景，并将其中的一些形象解释成半人半兽，显示了人类与动物的复杂关系，据此推断当时人类对并不真实存在的事物已有幻想与创作的能力，指向现代人类认知能力的出现和宗教意识的萌芽。这项发现和对其意义的阐释引起学术界高度关注，被*Science*选为2020年“十大科学突破”之一。

该幅壁画发现于一个灰岩洞穴后部的洞壁上，在4.5米宽的范围内用单色勾画了至少6个动物形象，可辨识出疣猪和倭水牛，这两类动物在该地区目前仍然生存着。在这些动物的旁边出现至少8个可辨识的“半人”（Herianthrope）形象，绘制简约，与动物造型相比纤细、渺小，既有人的形态又有动物特点，包括长而突甚至呈鸟喙状的吻部。有的“半人”持握细长物件，像是长矛或绳子。

对于研究史前壁画，一项重大挑战是测年。研究者揭取了四个覆盖在壁画上的珊瑚状次生碳酸盐样品做铀系测年。这些样品被分成18份以做交叉验证。经测定分析，四个样品分别给出43.9ka、41ka、40.9ka和35.1ka的数据。由于这些次生碳酸盐是在壁画生成后经过水的淋滴作用而形成，因而壁画绘制的年代要早于测年样品的年代，据此断定该组壁画创作的时间早于距今4.4万年。

考古学的要义是透物见人。对这些古老壁画所表达的人类行为与思维如何解释是研究的关键。研究者认为不排除这些“半人”是猎人披着兽皮、戴着面具伪装成动物以利狩猎，兽群由另外一些人驱赶至设伏的猎者附近被宰杀。诚如是，则该壁画形象地描绘了目前所知最古老的人类集体狩猎的方式与策略。作者还指出，如果画中的细长物件是绳索，则表明该地更新世晚期的猎人已在从事生擒成年野猪和水牛的活动，一项具有冒险精神的生计活动。

但文章的作者并不十分认可“伪装狩猎”的解释，认为那些人形过于微小，人类将自己伪装成像鸟一样的小动物的可能性很低；这些“人”兼具人与动物的形态，应该是有意表达一种半人半兽的思想。“半人”在现实世界中并不存在，因而它应该来自创作者的想象与认知活动。史前艺术作品中的“半人”形象通常被认为与萨满信仰和幻象有关，希冀借助动物“通灵”以求得帮助。这些“半人”是否有这样的寓意，或者这些形象意味着画者将人类视作动物界中不可分割的一部分，表达一种类似“天人合一”的意念，作者并不能确定。

该项发现具有重要的学术价值与意义。这幅壁画作为目前最早的象征性艺术遗作对于研究旧石器时代（至少是其晚期）人类狩猎方式、想象能力、认知发展和宗教起源，提供了珍贵的资料，为研究早期人类对自己在自然界中的定位和与其他动物关系的思考提供了重要信息与启示。这幅作品是目前发现最早的用图画叙事方式记述生产生活情形与事件的文化证据，对于追溯人类以“讲故事”的方式口传历史这一传统的起源和语言发展、社会关系演进具有重要研究潜力。此外，这项发现还表明，最早具有宗教色彩的艺术表达出现在印尼的苏拉威西岛，而不是被认作人类思想与宗教的发源地—欧洲，这颠覆了长久以来史学界以欧洲为中心的狭隘认知和偏见。

当然，对于壁画中若干形象的角色确定和寓意阐释，肯定会智者见智仁者见仁。将那些乍看像螳螂一样的微小生物解释为“半人”，并进而演绎出创作者超越现实的想象力乃至宗教、巫术的萌发，肯定会受到一些学界人士的质疑；相反，被作者认为可能性不大的“伪装狩猎”假说，对一些研究者来说可能更具合理性。好在作者并非异想天开，也不是无中生有。多年来考古学家在非洲、欧洲、亚洲、澳大利亚孜孜以求远古人类行为方式、艺术起源、认知发展和社会关系的考古证据，已经积累了很多素材，取得了关联性的认识。苏拉威西岛的新发现是这项探索与努力进程中的新里程碑，会引来更多的发现和更深入的认识。

相对于其他地区，中国在旧石器时代艺术与认知研究方面还鲜有重要发现和成果。虽然在宁夏、新疆、内蒙古、西藏、云南、广西乃至大兴安岭地区发现很多先民的岩画、壁画（以前者为多），但绝大多被认定为新石器时代乃至青铜时代、早期历史时代的作品，还未有确定的此类旧石器时代艺术品被学术界认可。究其原因，一方面是针对这类遗存测年技术等研究手段滞后（在此方面我们正在迎头赶上），另一方面是考古调查与研究的欠缺，很多区域还未被系统勘察过，尤其是贵州、广西、福建等岩溶洞穴发育的喀斯特地区，有很多旧石器时代人类生存的线索，未来取得类似重要发现的可能性是存在的。当然，人类的行为与意念表达方式是多种多样的，现在如此，史前亦然。因而也有一种可能性，即生活在华夏大地的旧石器时代人类的认知与表达有自己的方式与特点，所留下的遗存与苏拉威西等地的壁画不同。无论如何，我们应该花更大的气力去寻找、去辨识，以期对破译远古人类生存行为与精神世界的诸多谜团取得更大的成就。

（原刊于《中国科学基金》2021年第2期）

4万年前人类登上了雪域高原

2018年11月30日上午，中国科学院与国家文物局在北京举办了一场简朴而隆重的新闻发布会，公布了一项重大科学发现和研究成果：中国科学家在藏北羌塘高原发现海拔达4600米的旧石器时代考古遗址和富有特色的文化遗存！该项成果由美国《科学》（*Science*）杂志于11月29日在线发表，将人类首次登上青藏高原的时间推前到4万年前，也书写了世界范围内史前人类征服高海拔极端环境的最高、最早的纪录。该成果被认为是青藏高原科考的一项重大突破，被列入“中国科学院2018年度科技创新亮点成果”和“2018年度中国古生物学十大进展”，对于探索人类对青藏高原开发、征服的过程和对极端环境的适应能力与方式，对于研究东亚早期现代人的迁徙、融合及青藏高原族群的形成等重大科学问题，具有重大的价值与意义。这一成果引起学界和社会的高度关注，中外媒体做了广泛报道。本文将介绍该项成果的获得过程，并讲述其背后科考工作的艰辛和可歌可泣的故事。

西藏，圣洁、神秘的地方

位于雪域高原、世界屋脊上的西藏，是一个圣洁、神秘的地方，被誉为人类最后的一片净土。这里海拔很高，空气稀薄，资源稀少，大部分地区人迹罕至。高耸的山峦，皑皑的白雪，湛蓝的圣湖，珍稀的生物，奇伟的建筑，奇异的风光和风土人情，还有各种神秘的传说，让这里成为旅游猎奇的热土，也成为科考探险的胜地。

这里很早就流传着有关野人、香巴拉（香格里拉）、象雄等神秘的故事，还成为盛传于欧洲的“亚特兰蒂斯传说”的终点站。根据古希腊哲学家柏拉图的记述，数万年前在大西洋上有一片奇异的大陆——亚特兰蒂斯，其上发展出超乎寻常的高度文明。在一次特大地震后，这块陆地沉入洋底，但少量亚特兰蒂斯人乘船逃离，最后在中国西藏和印度找到新的家园。据说这些劫后余生的亚特兰蒂斯人后来繁育出雅利安人和印度人。二战期间，希特勒和希姆莱曾派出两支探险队，到西藏寻找具有能控制世界能量的“地球轴心”沙姆巴拉洞穴和“日耳曼民族的祖先”——亚特兰蒂斯神族的后代，妄想借助种族净化手段打造出具有超常能力的神勇部队。当然，这样的努力无果而终，无法挽救纳粹被击败的命运。但这样的传说，这样的探险，为雪域高原的人群与文化增加了一层神秘的面纱。

高原上的来客源自何时何方?

那么，谁是雪域高原的最早征服者？他们何时到达这里，又是来自何方？这是学术界一直关注的重大科学问题。作为“地球第三极”，广袤的青藏高原海拔在4000米以上，高寒缺氧，资源稀缺，环境恶劣，对现今的人类生存尚构成严峻的挑战，那么在技术和装备还很原始的远古时代，人类可能在这里驻足和生存吗？

要得到对这一问题的答案，唯有进行科学考察和研究。20世纪50年代开始，考古和地质工作者在西藏地区开展了持续的考察，发现昌都卡若、定日苏热等遗址，证明史前便有人群在青藏高原生存和繁衍。70年来，各科考队在西藏近100个地点发现了石制品，但由于这些石器等文化遗物皆发现于地表，找不到原生地层，无法确定它们的时代，先民生存的确切时间便无从知晓。

近年来，在国际学术界聚焦环境变化与人类适应和现代人起源与扩散等热点课题的背景下，考古学、遗传学、古环境学等领域的学者对早期人群进驻、适应青藏高原的时间与过程以及藏族人群的来源等问题加大了考察和研究的力度，发现了新的线索并提出多种假说。

2002年，章典、李盛华在《地球物理研究通讯》上发表文章，宣布在拉萨市堆龙德庆县的一处海拔4200米的山坡上发现2万年前的人类手印、足迹，首次提出旧石器时代人类在西藏活动的证据。由于距今2万年时值末次盛冰期，青藏高原处在极端寒冷的气候之下，该发现受到学术界的关注和质疑，后来被新的研究认定其年代应该更晚。2007年，袁宝印等三位学者在《科学通报》发表文章，描述了在藏北色林错附近一处海拔4600米的古湖畔阶地上发现的可能为4万～3万年前的人类石制品，但这些石制品采自地表，没有原生地层，对其时代的推断并没有多少科学依据。本文作者和美国学者Brantingham根据多年在青藏高原的边缘地带——青海湖附近的考古调查和测年结果，提出人类征服青藏高原的三阶段假说，推断古人类在30 000～15 000年前进入高原的低海拔地带进行季节性猎食活动，8200年前进入中海拔地带常年活动，6000年前才实现在高海拔地区的定居生活。兰州大学的一个研究团队则根据对一些史前遗址的测年数据，认为直到3600年前，由于农业的传播，人类才得以在青藏高原永久定居。

分子生物学根据现生藏族人群的遗传特征，对人类进占青藏高原的时间做出推测，但得出不同的结论。有的研究认为先民只有在新石器时代才进入青藏高原，而有的研究则认为人类可能在3万年前就开始了对高原的探索活动，并且这些先行者的基因留在了藏族人群中。一项研究发现藏族人群含有与3万多年前生活在西伯利亚阿尔泰地区的一支古人群——丹尼索瓦人近似的基因片段（*EPAS1*），进而推断藏族人群的祖先是因为获得了这种耐寒基因，才具备了适应缺氧环境并在高原定居的生理能力。

众说纷纭，莫衷一是。人类到底最早在何时进入青藏高原，尤其是高海拔地区？可信的证据在哪里？

考古工作者在行动

2010年夏，中国科学院古脊椎动物与古人类研究所邓涛研究员率领的一支古生物科考队从西藏归来，带回一些打制石器。从事旧石器时代考古研究的高星和张晓凌看后深感线索重要，决定到高原腹地循迹考察。2011年夏，张晓凌随古生物科考队第一次登上青藏高原，来到荒无人烟的可可西里。一个多月后，她带着一些在地表发现的打制石器回京，小有收获。

2012年6月，在高星的安排和西藏自治区文物保护研究所考古人员的加盟下，张晓凌带着6人的考古队第二次进藏。这次他们做了充分的准备，根据地形图和以前发现的线索选定了考察路线，制订了周密的工作计划。他们的考察沿湖畔、河岸展开，重点是适宜先民生活、易于保存第四纪原生堆积的洞穴和阶地，寻找古人类生存的蛛丝马迹。两个月下来，他们的足迹印在了拉萨、那曲、日喀则和阿里地区，在很多地点的地表发现粗大的打制石器和小巧的细石器，但仍然没有找到有原生地层的遗址。在略感失望之余，他们根据这些采集到的石制品的特点确认青藏高原存在不同技术体系的史前人类文化遗存，有的遗存必定属于旧石器时代！

2013年6月，考古队再上高原。他们选择西藏第一大湖色林措周围作为重点考察的区域，这一次终于得到了幸运女神的眷顾！当考察队登上一处大约2平方千米的湖滨阶地，他们惊喜地发现，这里的地表遍布密集的打制石器，其中有特征明确的石叶。石叶是一类特殊的旧石器时代晚期早段的标志性石制品，呈两边近于平行的长条形，形制规整，可以被进一步加工成尖锋利刃。这样的技术产品在欧洲、非洲、西伯利亚地区4万~3万年前十分流行，在东亚旧石器时代遗址中却十分罕见。看到这种具有技术和年代指向性的文化遗存，考古队员们激动地在空旷的沙地上呐喊、奔跑。更让他们喜出望外的是，在对石制品分布密集区1平方米探方的试掘中，他们在未经扰动的沙土层中发现原地埋藏的石制品，包括规范的石叶！梦里寻他千百度，蓦然间，具有原生文化层位的旧石器时代遗址就出现在他们的脚下！他们依据附近的山名将遗址命名为“尼阿底”——小腿形的山脉，朴实而无华。

2016年夏天，由高星、张晓凌、王社江、葛俊毅、何伟等组成的考古队再次进藏。这次，他们得到国家文物局的考古发掘执照，与西藏自治区文物保护研究所合作，对尼阿底遗址做正式的考古发掘。他们配备了笔记本电脑、全站仪、磁化率仪、数码照相机、摄像机、无人机等仪器设备，当然还有炊具、冲锋衣、羽绒服和睡袋等装备，在那曲地区申扎县雄梅乡多绕村安营扎寨，进行了持续两个月的系统发掘。

考古发掘是一项精耕细作的田野工作。考古队将20平方米的发掘面积划分为20个1平方米的方格，按照地层顺序和土质土色变化情况逐层向下发掘，用手铲和木筷、竹签悉心剥离覆盖在文化遗物上的沙土，对暴露出来的石制品用全站仪做三维坐标和产状观测、记录，全方位提取并记录遗物遗迹的出土信息，并将其当场输入电脑并作数据分析，以便及时反映文化遗物的分布规律和层位变化；对清理出来的沙土全部进行筛选，确保不遗漏细小标本，同时选择重点探方对其中的堆积进行水洗和浮选，从中提取出细小的动物碎骨和植物种子；对剖面进行详细的地层学、年代学、环境磁学、孢粉、植硅体以及有机碳同位素的采样与分析；采用磁化率仪和伽马射线仪测量和记录环境剂量以便对年代数据做校正，并提取古人类活动信号；采用无人机对发掘现场和周围地貌做航拍记录，据此对遗址及其周边的地质、地貌环境做记录和分析，包括石制品和石器原料的分布状况及古湖水位变化的情况。发掘期间，考古队员在周边展开详细调查，寻找出土石器的原料产地，考察邻近区域的石制品出露情况。

尼阿底遗址考古发掘（2016年）

石器讲述的故事

在2016年7～8月的野外工作中，考古队发掘出原生地层中的旧石器时代石制品4000余件，包括石核、石片、石叶和刮削器、尖状器、雕刻器、凹缺器等类型的石器，它们是远古人群狩猎—采集的主要工具。尼阿木底文化面貌独特，以石叶技术为鲜明特色，棱柱状石核和长薄、规范的石叶数量多而且特征明确。石叶技术是旧石器时代晚期的一种独特的石器制作技术，具有预制石核—定向剥片—系统加工等固定的操作链流程，其产品规范、精致、锋利，代表人类石器技术的一个高峰，被认为是早期现代人的技术标识。这些石制品后来在实验室中被详细观察研究，用激光三维扫描技术观测石制品的形态并提取三维数据；采用岩相分析技术判断石器原料的产地和石料岩性特征及适用性；用显微成像技术观察石器的使用痕迹，进而判断其功能和使用方式；提取石制品上的残留物，以此分析石器的加工对象……通过这些研究，石制品的技术与功能信息被解读，沉默的石器开始讲述远古的故事。

尼阿底遗址出土的石叶

为何这里会出现如此集中分布的石制品？该遗址的性质为何，这些石制品对研究古人在此生产和生活提供了什么信息？为了解答这些基础问题，考古队在周边做了大量调查和相关分析。在距离发掘区向东约800米的尼阿底山梁上，考古队员发现出露的硅质板岩条带，岩石呈灰褐色，经风化形成破碎的条块状，击之会发出清脆悦耳的声响，是制作石器的优质材料。从颜色、质地到形态，该山梁上的板岩与遗址出土的石质标本十分相近。经过岩相对比分析和实验模拟，可以确认该山梁上的硅质板岩露头就是该遗址的石器原料产地。这里遗留下数量众多的石制品，是因为附近有优质的原材料，古人不断季节性到此采备石料制作工具，于是留下大量的石器成品、半成品和废块残片。因而这里应该是4万～3万年前先民的石器制造场，而今天它又成了考古研究的胜地和珍贵的文化遗产地。

攻克测年断代的难关

该项研究的最大挑战是年代测定。2013年在初次试掘时，考古队提取了数个释光样品做埋藏年龄测定，得出文化层位形成于3万年前的初步结论。正式发掘期间，课题组采用过筛、水洗、浮现等各种可能的手段寻找可以做^{14}C测年的动物碎骨、木炭、种子等有机质残体，但只找到两个残破的贝壳。由于没有发现可以有效用于^{14}C测年的样品，科考人员便在埋藏遗物的地层中系统提取了石英砂粒，根据这些石英砂在埋藏过程中磁性信号按一定速率逐渐增强的原理，开展光释光测年。对遗址地层的划分和文化层的辨认也十分困难，在湖滨沉积、坡积、风沙堆积、风力剥蚀、雨水冲刷改造、冰川冻融等营力作用下，该遗址的堆积过程非常复杂。葛俊逸等地质工作者从纷繁复杂的堆积中分辨出三个沉积单元，确定最下面的层位是埋藏石制品的原生层位，对于遗址的形成过程和各层位之间的相互关系做出了合理、令人信服的解释。2017年、2018年夏，考古队又派出少量队员前往遗址，做补充性采样和伽马射线环境剂量测量。

经过前后四年的多次取样、现场信号检测，并将样品分别在中科院古脊椎所、中科院湖泊所、南京大学和华东师大光释光实验室进行等效剂量的对比测试分析，最终获得三组相互支持、可信的释光年代数据。两个残破的贝壳也派上了用场，得出两个与光释光测年结果吻合的^{14}C测年数据。这些努力最终将古人类在遗址活动的年代确定为4万～3万年前。对文化时代的研判还结合了古环境研究成果，前人对古湖水位和古生态分析的结果表明，4万～3万年前该地区处于末次冰期的间冰阶，气候相对温暖湿润，与现在的气候条件相似。发掘时从地层中提取到的孢粉信息与上述古环境研究结果吻合，说明先民的活动确实发生在这一时段，而这样的气候条件为这支人群的迁徙和生存提供了环境和生态基础。

艰难困苦，玉汝于成

尼阿底遗址的研究成果公布后，很快上了热搜，媒体争相报道和转载。但重大发现和光鲜成果的背后却有很多鲜为人知、可歌可泣的故事。

到青藏高原工作会有很多困难和不便，尤其是高海拔的西藏腹地，低温风大缺氧，随时会风雪交加、沙尘滚滚。天气之外，还有交通不畅，补给困难，物质匮乏。考古队调查、发掘，经常处于高强度的流动状态，难得吃上一口热饭，难得睡上一宿整觉，洗个热水澡更是遥不可及的奢望。在举手投足呐喊都会变得沉重的高原上，队员们经常是上气不接下气地负重前行，几乎都受到过头痛、腿疼、失眠、晕眩、腹泻等缺氧反应的煎熬。其中三位队员实在无法适应高寒缺氧的环境，身体出现极度不适的症状，只好中途撤离。

行走在青藏高原科考的路上，常常是艰困的，有时险象环生。有的公路顺坡脚延伸，高坡上不时会有浮石滚落；车辆几次陷入泥潭，要费尽九牛二虎之力才能拖出来；原本干枯的河道突然在雨后河水暴涨，小心翼翼涉险而过，难免心惊肉跳；遇到危桥，看着提示危险的惊叹号，还是决定开过车去，只为能到对岸继续进行既定的调查，后面跟行的队员看着摇摆的车身，心提到了嗓子眼儿。

在2013年夏从那曲转往阿里的考察途中，一辆乘坐三名考古队员的越野车一头栽进坡道上突然出现的深坑，司机手部骨折，坐在副驾驶位置上的陈祖军腰椎骨折，坐在后排的张晓凌、王社江头部、手部受伤。出事现场的海拔为5000米，手机没有任何信号，考古队顿时陷入呼天天不应，叫地地不灵的境地！两辆车七个人，还有大量的仪器设备，他们只能把伤者抬上未受损那辆车，紧急驶往最近的县城寻求救治，而必须将两位队员和部分仪器辎重“抛弃”在荒郊野外，暴露在各种危险之中。拉着伤员的越野车颠簸了四个多小时才抵达最近的县医院，但医院里根本没什么值班医生，连X光片都无法拍摄，只能辗转赶赴日喀则。而留在原地的两位队员在十个小时后才被接回，饥寒交迫，担惊受怕，经历了人生最长的一日！张晓凌、王社江在经简单治疗后拍拍尘土又踏上了征程，而陈祖军却卧床数月，至今仍留有后遗症，与他心爱的羽毛球运动永远告别了。

在尼阿底发掘期间，考古队只能借当地村委会两间简易的平房安营栖身，其中的大屋成为多功能房间，存放、整理标本，做饭、进餐，研讨交流和休息睡眠，都在其中。没水没电，每天发掘结束后队员要轮番到300米外的水井里提水；几个精壮的小伙子负责拉动柴油发电机，扯断了数根绳子。电机轰鸣了，驻地和工作室被照亮了，队员们的心中也燃起了温暖、光明和希望。夜晚在破旧的沙发和简易的行军床上铺就睡袋，男队员们头挨头、脚抵脚，蜷缩在睡袋中保持体温，在稀薄的空气中进入梦乡。女队员栖居的小屋原来被用作库房，散发着浓浓的陈年腐肉的异味。为了避免夜晚在寒风中到户外如厕，下午和晚饭时尽量少喝水是秘笈。有几次下雨，屋顶渗漏，队员的睡袋被浸湿，冰凉刺骨，只好在有限的空间内挪动“床铺”以求得一方干爽的顶棚。夜晚和清晨，藏族乡亲会推门而入，只为看看这些城里来的男男女女在做些什么事情。那曲盛产虫草，遗址所在地又是传说中布达拉宫金子的产地，外地人来此挖沙动土，很容易被老乡误解是在盗掘人家的宝贝。地僻人稀，语言不通，有时交流十分困难。为让村民理解、支持科考工作，为了让老乡知道考古是在寻根问祖，挖掘历史文化遗产，造福于当代社会发展，考古队请来精通汉语的乡长向村民宣讲考古工作的性质，阐述考古研究的意义。与藏族乡亲做朋友，让他们观察乃至参与发掘工作，是十分有效的方法。距离拉近了，疑虑就逐渐消解了。乡政府在村里举办运动会，考古队员作为嘉宾被请进会场，被献上洁白的哈达和香喷喷的酥油茶；一位藏族姑娘每天傍晚从村子里的水井提上几桶水，给考古“大营”的水缸灌满……这让队员们感到阵阵的暖意，内心充满感激。

团队负责人高星患有高血压，每次上高原都有不适反应，红景天和氧气起不了多少作用。2016年发掘期间，他在拉萨的两天就头晕目眩，无法睡眠。心一横，向又高出1000米的尼阿底进发，到了发掘现场，竟然奇迹般地感觉良好，精神的力量真是不可低估！张晓凌是尼阿底遗址考古发掘领队，是位美丽、温

尼阿底考古队（2016年）

婉、知性的女博士，在2015年年底有了一个崭新的身份——妈妈。为了尼阿底遗址的发掘，她忍痛给心爱的女儿“花生”提前断奶。撕心裂肺地想念女儿的时候，看看乡亲的孩子也不失为一种慰藉。看着看着，泪水夺眶而出。傍晚她常在寒风中拖着疲惫的身躯气喘吁吁地爬到高处，只为找到信号强的地方能与心肝宝贝“花生”微信视频！

重大发现和辉煌成就的背后是耕耘者的心血、汗水和眼泪，但他们无怨无悔，还会继续在高原上寻觅先民的足迹，破译人类登顶世界屋脊的谜团，为子孙后代发掘出珍贵的文化遗产。

待续的故事

尼阿底是一处规模宏大、地层保存完好、石制品分布密集、石器技术特色鲜明的旧石器时代晚期旷野遗址。该遗址的发现，说明先民在4万年前已踏足青藏高原的高海拔地区，在世界屋脊上留下了清晰、坚实的足迹。该遗址海拔4600米，是迄今青藏高原最早、世界范围内最高的旧石器时代遗址，刷新了学术界和大众对青藏高原人类生存历史、古人类适应高海拔极端环境能力的认识。

这些石器的制作者是何人？他们来自何方？目前学术研究还无法就此得出准确的结论。在尼阿底遗址采石做器、吹奏过征服高原号角的人群是最早的“藏民”吗？答案也是不能确定。在西藏广袤的土地上有很多尚未被探考过的区域，那里可能埋藏着时代更早、价值更重大的勇敢的远古开拓者的遗物、遗迹，等待科学工作者前去寻找、发掘。尼阿底遗址的发现与研究揭开了古人类征服雪域高原神秘面纱的一角，也预示了新一轮青藏科考项目光明的前景。或许在不远的将来，我们会有机会再次向大家报告激动人心的新发现和新成果。

（原刊于《科学》2019年第3期）

朝向人类起源与演化研究的共业：古人类学、考古学与遗传学的交叉与整合

1 引　　言

在最近的30 年中，现代人类起源与演化问题成为学界研究和媒体传播的热点，出现针锋相对的理论流派，将古人类学、考古学、分子生物学等多个学科裹挟了进去，其讨论之热烈和受关注程度之高，可以说是继直立人和南方古猿被发现并将人类历史两次大幅度前推之后掀起的人类起源研究的第三次浪潮。不同于之前的研究与讨论，在新的学术浪潮中，研究工作不再局限于古人类学和考古学这样传统的领域，而是由新兴的分子生物学或遗传学发端和引领；相关证据不再局限于人类化石和考古材料，DNA 成为论据的主角；研究的视野不再囿于宏观的化石与文化遗存的形态特征，而是进入了微观的分子层面。由于参与领域的增加和科技手段的进步，此一轮的研究不断有新的发现和新的认识，不断取得新的突破，但也因为不同学科间存在研究对象、方法和思路的不同，学科间缺少了解、沟通与协作，出现一些学术语言和研究结论不被彼此理解和接受的情况，在一些问题上出现误解与无谓的争论，影响了相互之间的借鉴、互动和成果的共享，进而影响了在一些重要问题上做整合研究并达成学术共识。因而，开展相关领域的交流合作，尤其是传统的古人类学、考古学与新兴的分子生物学之间的沟通、协作，明确彼此的关注点、需求和专长，凝练共同的学术问题和目标，整合现有的资源与成果并向着共同的学术方向一道前行，是推动相关研究走向深入并取得更大突破的必要举措。

为此目的，2016年9月6～7日间，作者和付巧妹研究员及德国马普学会进化人类学研究所的Svante Pääbo 先生共同发起了一个以“人类演化与适应生存方

式——遗传学、考古学与人类学的交叉研究”为题的小型国际会议。研讨会在中国科学院古脊椎动物与古人类研究所举办，来自国内外考古学、遗传学和古人类学、古环境学等不同领域的50 多位学者参加了研讨和交流。我在会上做了题为“浅谈考古学、遗传学和古人类学交叉整合研究的必要性与意义”（Call for Collaboration and Integration among Archaeology，Paleoanthropology and Genetics）的主题发言，得到一些学者的反响。在吴新智院士的鼓励下，我将报告整理成文，以与更多的同行交流和讨论。

2 目前的研究现状与问题

自1987 年三位西方遗传学家提出所有现代人的直接祖先都起源于非洲的“出自非洲说”后[1]，现代人起源与演化成为一个炙手可热的学术问题和社会关注的焦点，国际学术界围绕此问题形成两大理论阵营，分别主张现代人类“非洲单一地区起源”和“多地区进化”，发生着激烈的论辩，并各自寻找证据，推进研究，强化论述[2~11]。随着新材料的发现和新研究成果的产生，学术界对此问题的研究进一步深化，相关假说也得到发展或修正。

分子生物学在继续强化现代人从非洲起源并向其他地区扩散的论述，通过高通量现生人群的遗传变异分析，进一步推断早期现代人群走出非洲的时间和到达世界各地的节点，以及现代人类各族群形成、融合的过程[12~14]，同时在早期现代人与尼安德特人的遗传关系上获得突破，提取到二者混血的DNA 证据，并发现在现代人形成过程中曾有几个“遗传人种”并存，逐渐从“完全替代论”向“部分替代论”或“融合说”调整[15~21]；而人类化石的发现也表明在晚更新世中晚期并存几个不同的“形态人种”，尼安德特人与早期现代人存在形态的混合与镶嵌[22~25]；考古学则发现所谓的“现代人行为”出现在不同的时间与地区，并非与化石证据和遗传证据相一致，于是研究视角从“行为现代性”转向“行为多样性”[26]。

在此背景下，中国地区的相关研究也取得重要进展，理论认识得到深化。1998 年吴新智基于对中国晚期智人颅骨和牙齿特征的观察，正式提出“连续进化附带杂交”的假说，指出这个模式是“多地区进化说”在东亚的表现形式，该模式可能贯穿中国古人类的进化历史[27]。最近从湖南道县福岩洞、广西崇左智人洞等遗址新发现的人类化石表明，早期现代人于10多万年前即在中国南方出现，远早于“出自非洲说”限定的早期现代人移入的时间窗口[28, 29]；对一些古老型人类化石的研究发现，现代人的形态特点在本土的早期智人化石上有清晰的体现，本土连续演化、镶嵌进化的论述得到进一步强化[30~32]；遗传学研究从4万年前的“田园洞人”化石上提取到线粒体DNA与核DNA，发现该个体的基因与现代东亚人和美洲印第安人很接近，并且已经与同期的旧大陆西部古人群产生了遗传分异[33]；考古学研究则表明中国乃至东亚的石器文化及其反映的人群的生存方式一脉相承，没有发生过中断或替代，“出自非洲说”所做出的该地区于距今10万~5万年间发生过本土人群大灭绝的假设可以被否定[34~36]。

这些新的发现与成果，尤其是学科交叉研究所取得的进展，使该地区现代人起源与演化的脉络更加清晰起来，细节与过程正在被不断揭示与复原出来。但不同观点的争论仍在继续，很多缺环仍未被填补，很多证据仍然存在着多解的可能性，研究中的概念错误与前提误区仍然存在；参与其中的不同学科的从业人员在研究思路、方法和成果表达方式诸方面存在较大差异，阻碍了彼此之间的交流与合作，急需做多学科的交叉和整合研究，也需要方法与理念的创新和理论阐释的突破。

3 主要学科在相关研究上的优劣势

有关现代人起源与演化、扩散的研究主要在遗传学、古人类学和考古学三个领域内进行。由于研究对象、材料、方法和所关注的问题不同，各个学科有自己的特点，在人类起源与演化研究上各有优势和强项，也各有劣势和短板。

3.1 古人类学

在此使用的古人类学概念，特指对古人类体质特点和生长发育的研究，即通过人类化石的形态与结构特征研究人类的起源与演化，也可称其为“化石人类学”。该学科研究的对象是人类化石，因而其擅长点和薄弱点取决于人类化石的丰贫度和所携带信息的完整性。人类化石保留着标本所代表的人体死亡时的某些体质特征，客观地记录着该个体的死亡年龄、性别、身高、脑量、营养健康、生长发育、古病理等生理信息（当然，信息的完整性和真实性视化石的保存情况而定），对古人类个体及其所代表的群体的演化阶段、演化地位和不同阶段的发展变化，不同地区人群的形态差异，古人类对环境变化的生理适应与调整等，提供直接的不可替代的形态证据，并在古人类生存与分布的时空信息，特定人群迁徙、扩散的路线，不同人群的基因交流等方面，提供重要的线索与启示。这些材料、证据与信息，对于研究和重建人类演化的过程、趋势与格局，对于构建人类起源与演化的理论，不可或缺。

吴新智通过对中国出土的古人类化石的形态观测和与其他地区标本的比较研究，指出东亚人类化石上存在系统性、连续性的演化特征和镶嵌进化的证据，包括颜面在水平方向扁平，鼻梁矮，鼻腔与眼眶之间骨表面平或稍凹，眼眶近长方形，上颌骨颧突下缘弯曲，与上颌体连接处位置较高，额骨与鼻骨和上颌骨相接的骨缝呈大致水平的弧形，额骨正中线上最突出处靠下，头骨最宽处在中三分之一部的后段，早期较强而中期较弱的正中矢状脊，上门齿呈铲形等，并在少量化石上提取到可能是基因交流导致的西方古人类常有的性状，进而提出东亚人类演化的“连续进化附带杂交”假说[10, 27]。近来在中国的一些古老型人类牙齿上进一步提取到向现代人演化的性状[30]，给该理论提供了更多的形态证据。在更大的层面上，人类演化出直立行走能力的时间，直立人相对于之前的人类脑量明显增大，尼安德特人独特的体质特征，现代人体质特点出现的时间和目标人群，尼人与早期现代人基因交流的形态证据等，这些重要人类演化信息的提取和科学结论的建立，都依赖于对人类化石形态和结构的观测分析，这就是为什么古人类学界对人类化石趋之若鹜，每每有所发现，都会成为轰动性的新闻，常能成为*Nature*与*Science*封面文章的缘故。

但该领域有明显的薄弱环节。人类化石毕竟凤毛麟角，被发现者往往残破不全，很难提供完整的信息，存在着很多时空缺环，无法据此建立起早期人类演化的完整证据链；人体都有个体特点和变异，化石标本也同样，其形态对一个时段或群体的代表性存在被质疑的空间；对化石的形态和结构研究依赖两方面信息：测量性性状和非测量性性状，对后者的观察分析难免受到研究者经验与主观因素的影响，具有一定的不确定性；由于标本稀缺，定量分析和重复验证能力相对较差；有些化石因发现的偶然性或非经专业工作者发掘出土，年代和出土环境信息缺失，很难将其放到一个精确的年代框架中加以讨论；体质形态有些可能受制于遗传变异，有些应该源于环境适应，目前的阶段还很难将人类体质演变的内因外力区分出来，因而形态研究能够发现人类起源与演化的现象却难以揭示其动因与机理。因为化石本身的局限，一些重大学术问题目前还无法得到令人满意的解答，例如最初的直立行走是源于何种动因，是在陆地上演化出来的行为方式还是在树栖阶段就已经发生[37]？尼安德特人的内耳迷路是其独有的特征吗[38]？具有现代人形态特点的Omo 头骨被从距今10 万年提前到距今20万年[39, 40]，可信度有多大？中国地区年代超过100 万年的古人类头骨只有蓝田公主岭出土的一具，它能代表该地区那样长时段内的古人类形态特点吗？

3.2 考古学

在考古学界，涉及人类起源与早期演化研究的领域是旧石器时代考古学。该学科通过古人类留下的物质文化遗存研究早期人类的技术、行为和文化演变以及人类应对环境变化的适应生存方式。该学科研究的对象是物质文化产品，包括人类制作和使用的工具，狩猎、采集与消费后的动植物遗存，艺术作品，墓葬，建筑遗迹，用火遗存等。相对于人类化石不易形成、保存和稀少，人类物质文化遗存要丰富得多，并在时空上有更好的连贯性；由于文化遗存多成组出土于考古地层，往往具有更好的年代与埋藏学基础，有清楚的遗物、遗迹间的共生关系或相关性。这些遗存是为适应生存的需要而被制造和遗留，因而反映着人类的技术发展和智能演化过程及社会关系，以及对特定环境的适应生存能力与方式；它们的存在可以标记特定人群活动的时空范围、迁徙扩散的路线，不同人群间的交流互动，不同区域间文化差异等，对特定技术的起源、传播及农业、文明、城市、国家等的起源都会提供关键信息；对一个地区或时段而言，可以提供人群演化是否连续，是否发生过中断、替代等方面的重要信息。

就中国地区现代人起源研究而言，旧石器时代考古学提供着独特、不可或缺的视角和佐证。例如，从石器技术而言，该地区旧石器时代文化与旧大陆西部具有明确的不同，在石器原料开发利用方式，石器制作技术，石制品类型、形态与组合，区域文化传统的传承等方面，从早到晚清楚地表现出一脉相承与连续发展的趋势和特点，没有外来文化对本土文化从根本上改造、替代的证据，也不存在“出自非洲说”倡导者所提出的10万～5万年前中国地区本土人类因末次冰期灭绝而形成的人类演化空白[41]。这样的证据和研究结论为“连续进化附带杂交”

学说提供了重要而关键的支持[34~36]。通过石器技术的比较研究和断代分析，还在水洞沟遗址追踪到旧石器时代晚期一支来自西北的古人群[42~44]，并得以知晓东亚古人群拥有有别于西方古人群的一些适应生存方式[35,45]。

文化遗存也有其软肋。人类行为受大脑的支配，受自然条件和技术能力的制约，存在着很多不可掌控的主客观影响因素，其文化产品必然存在着很大变异，很少受生物演化自然规律的制约，规律性不强。由于这些特点，考古遗存对文化创造者的生物属性无法做出直接、准确的反映，研究者的经验与主观因素会占有一定的成分，定量分析和重复验证能力相对较差，也难以通过文化属性揭示人类起源与演化的动因与机制。

在现代人起源与扩散问题上，西方学者曾经致力于寻找和辨识早期现代人技术与行为标识，并开出了包括石叶技术、精美的石器、磨制骨器、复合工具、装饰品、艺术品、墓葬、猎获大型动物的能力、对石料的热处理、对居址的复杂利用方式等一串清单[46~49]。但随着研究的深入，发现很多所谓“现代人行为特征”其实早已被尼安德特人所拥有，例如墓葬、艺术作品、精美的工具等[50,51]，而在现代人出现的头10万多年间并没有找到与之配套的上述文化产品，于是意识到人类的行为变化远大于体质形态与遗传变化，考古学文化无法与人类的特定演化阶段或人群相对应，那些所谓的“现代人行为标志”出现在不同时期、不同地域和不同人群中。于是，从考古方面论述现代人起源，尤其为“出自非洲说”寻找或提供文化或行为证据的做法已在很大程度上被摒弃；多数考古学家正背离“现代人行为（Modern Human Behavior）”或“行为的现代性（Behavioral Modernity）”，而开始更多关注人类行为的多样性（Behavioral Diversity）[26]。

3.3 遗传学

遗传学或分子生物学是现代人起源研究中异军突起的新秀，也是这一学术命题与相关讨论的发起者。目前该学科主要从两个方面对这个问题做分析、破译：①对现生人群遗传信息的提取和比较分析，从不同地区人群遗传多样性的多寡和古老基因的孑遗情况回溯、反推现代人起源与扩散的过程和祖裔人群可能的生存地，并借助分子生物钟推算现代人基因的起始点；②在古人类化石上提取DNA并做测序分析，破译该个体及其所代表群体的遗传密码，寻找与其他人群的遗传关系以及与我们现代人类的链接点。该学科立足日新月异的现代分子生物学技术和信息科技，相较古人类学和考古学具有更好的现代科学基础，具有很强的大数据分析和重复检测能力，能从很小的骨骼碎片上提取DNA，甚至能从地层沉积物中提取人类或其他动物的DNA。该领域强于微观分析，有能力揭示人类演化的内在原因或机理，因为演化的根本原因是遗传变异或DNA复制错误，那些适应环境、有利于生存的变异经过自然选择得以保留并在群体中扩散，带来种群的基因变化，并进而发生相应的体质和行为变化[52]。

遗传学介入人类起源与演化研究，为传统的基于人类化石和文化遗存形态观察分析的研究模式带来了冲击和活力，为一些重大问题的破解提供了全新的科技手段，为古人类学得出的结论提供了一个补充、验证的机会。遗传学能做出考古学和体质人类学无法做到的事情，例如从世界各地代表性人群的DNA 信息中发现现代非洲人比其他地区的人群具有更大的遗传多样性，进而通过聚类分析和演化树形分析提出现代人类“出自非洲说”[1]；从一小块指骨上的DNA 中发现一个前所未知的古人类群体——丹尼索瓦人（Denisowan）[17]，进一步表明人类演化的复杂性；提取到尼安德特人与现代人混血的遗传证据，证明现代人的基因库中有尼安德特人的少量遗传贡献[15]。

但该领域也同样有短板。在古DNA 提取与分析方面，目前只在有限的化石上提取到DNA，除了少数特例，所提取到的DNA 都在10 万年以内，主要材料来自欧亚大陆，更多地区的材料尚未被触及，尤其是未能获得非洲地区早期现代人的遗传基因，因而所获得的结果与结论难免偏颇与局限。在通过现生人群的遗传变异做溯源推导时，以前很多研究依赖线粒体DNA 信息在母系内追溯，存在很大的局限性，目前更多的核DNA 被分析和关注，情况正在改变；现在生活在各地的人群或多或少经历了迁徙移动，其间不断混血，这样的迁徙融合对现今基因变异与分布会造成无法辨识的影响，就如考古发掘中遇见“扰乱层”一样，确凿的反推难以实现[53]；该领域所采用的某些假设前提有待验证或已被证明不可靠，例如恒定的变异率或分子生物钟[54]，将遗传多样性大小等同于演化历史的长短等；很多文章或书籍简单地将不确定的现代人起源于非洲的时间表述为十分确定的20万年前。还应该指出，通过现代人群的遗传变异对古代人群做溯源推导得出的只是有待验证的推论，却常常被作为直接证据或既成事实加以表述甚至作为新研究的出发点；在支持现代人起源于非洲假说的古人类学、考古学和遗传学的学者间，存在循环论证、相互引述支持而不是独立研究的倾向或成分。

4 学科交叉与整合研究的必要性

如上所述，参与现代人起源与演化研究的学科领域主要是古人类学、考古学和遗传学。年代学、古环境学及科技考古的一些领域也参与其间，做着某种程度的贡献。就三个主要学科而言，各有强项，也各有短板，所谓尺有所短，寸有所长，谁也无法包打天下。人类起源与演化研究是这些学科的共业，彼此间必须交流与协作。

目前不同学科间交流是缺乏的，互动则流于形式和表面。一些古人类学家（包括考古学家）对遗传学家通过现代人群的遗传变异推导远古人群的起源、演化的做法与结果存在疑虑，但由于缺乏遗传学的专业知识，又很难对其方法与结果做有效的深度分析；他们寄望于遗传学家答疑解惑，却发现一些遗传学家不屑于解释这些细节，而遗传学内质疑与反对的声音又将研究者推到两个相互否定的极端，让人无所适从。一些遗传学家对体质人类学与考古学缺乏基本的了解，以古人类学和考古学材料与证据存在缺环和不确定性为由质疑这两个学科的科学基础，对其研究结果不以为然，甚至将后者扣上“狭隘的民族主义”的帽子而加以否定，有时又会从后者的材料、结果或不同意见中断章取义、取其所需，强化自己论述。当不同学科的研究结论发生矛盾时，一些学者往往固执己见，否定对方，而很少检讨自己可能的问题并作交叉验证或相互协调。

其实，不同学科间彼此是有所需求的。古人类学与考古学企盼遗传学能在微观上、分子层面上补强宏观证据的不足，能对体质演变和行为方式的诸多现象提供遗传机制的阐释，并在下述具体问题上对遗传学有热切的需求与期盼：在人类起源与演化的一些重大节点或事件上，例如直立行走，毛发退化，脑量增大，语言产生，享用一些特定食物，适应高寒环境等，哪些是遗传变异触发的，具体是如何发生的？人类一些体质特点演变，例如大脚趾、大拇指变化，眉脊弱化，头骨壁变薄，下颌隆突，牙齿变小，大脑越来越复杂等，基因突变起过怎样的作用？人类一些特定的生产与文化活动，诸如制作工具，追逐猎物，艺术创作，生殖繁衍，暴力与互助，都受哪些基因控制？如何控制？在人类演化过程中，如何分辨遗传变异的作用和环境的压力与改造？当然，还希望借助分子生物学技术确凿地鉴定野生与驯化的植物、动物，有效鉴别不同的食性人群（例如狩猎—采集人群与农业社群），有效区分不同生态环境下的人群（例如热带—亚热带丛林中的人群与草原地区生存的人群），有效分辨目前已高度融合的地球村人中不同族群的源头与融合的过程等。当然，对中国的材料而言，从包括金牛山人、大荔人、马坝人、许家窑人等在内的早期智人化石上提取DNA，以便研究他们是否对现代人群有过基因贡献，他们与尼安德特人和丹尼索瓦人是否有亲缘关系等疑难问题，是学术界翘首以待的。

遗传学界也会从古人类学与考古学领域得到助益。前者对后者显而易见的需求是分析材料，即做古DNA 提取和测序的人类骨骼样本，而且样本所附着的地理、地层和年代信息不可或缺。在提取用于分析测试的人骨样品时，最理想的状态是遗传分析者亲临发掘现场，与考古从业者并肩工作，在防止样本被人为污染的同时，搞清人骨的地层和埋藏学信息。当然，古人类学与考古学的作用并非仅仅是为遗传学提供标本和相关信息，遗传学从微观层面破译人类演化密码，其结论需要回到化石和文化遗存的宏观层面加以检验；遗传学也需要从古人类学研究中获得学术问题和方向，针对特定的问题开展研究，并与古人类学相关领域一道，从不同的侧面构筑人类起源与演化的理论大厦。因而，搞清古人类学的研究现状，知道人类学家、考古学家的问题和需求，对遗传学研究十分重要。

5 未来方向建议

如何加强相关学科间的交流、协作，由表层的互动变为深度的整合研究？作者认为可以从下述几个方面做出努力。

发展各自的学科，发挥各自的优势。学科都在发展完善之中，尤其现代精密仪器的出现和信息技术的发展，为各个学科提供了前所未有的发展契机。体质人类学会不断克服化石材料的困难，在获得更多标本的同时会从已有的材料上提取更多的信息和精细数据，利用断层CT技术将观测的对象从表面的形态延伸到内部的结构，强化量化分析，减少结果的不确定性。考古学也在发展实验模拟、微痕分析、残留物分析、同位素分析、材料分析等分支领域，并致力于提取文化遗存精细的图像与观测数据，加强量化分析，减少研究的主观成分。遗传学的发展更是日新月异，正在从对线粒体DNA 信息的依赖转向核DNA和全基因研究，减少假设前提的不确定性和分析结果的片面性。对更多古人类DNA的提取和破译，将会对人类起源与演化研究带来更多重大的变革和突破。各自学科的发展完善会为学科间的交流互动奠定更好的科学基础。

在三个主要学科间做紧密的交流、合作。体质人类学、考古学和遗传学都以研究人类起源与演化为方向与目标，这奠定了三个学科交叉与合作的坚实基础。既然相关学科彼此需求，互有所长，就应该相互学习，相互了解，加强交流、合作，致力于从其他学科汲取信息与问题的营养，消除不信任与隔阂，消除学术语言的混乱，建立畅通的交流渠道和共同的工作平台。本次“人类演化与适应生存方式——遗传学、考古学与人类学的交叉研究”研讨会的召开，就开创了一个很好的先例。

与更多相关学科横向协作、互动。随着科技发展和人类起源研究成为显学，越来越多的学科领域在加入此方面的研究之中，学科的界限在不断打破。年代学、埋藏学、古环境学、蛋白组学、骨组织学、食谱分析、稳定同位素分析等领域都会对人类的演化与适应生存研究提供独特而重要的信息，对三个主要学科提供助力。

共同立项，做交叉与整合研究。最有效的交叉、合作是共同立项，在同一学术目标下组成研究团队，对重大人类起源与演化问题从不同侧面做整合研究，并选取资源丰富、条件成熟的某个遗址或区域做依托。这需要凝练科学问题与学术目标，建立由各领域精兵强将组成的能有效合作的研究团队，确立合理的技术路线，制定可行的研究与管理计划。相信这样的综合性项目会取得更大的创新突破，会产生重大学术成果，也会培养具有广博视野的跨学科新型人才，促进相关学科间的交流、交叉与合作，反过来会促进各个学科的长足发展。

参考文献

[1] Cann R, Stoneking M, Wilson A C. Mitochondria DNA and human evolution. Nature, 1987, 325: 31-36.

[2] Wolpoff M H, Wu X Z, Thorne A G. Modern Homo sapiens origins: A general theory of hominid evolution involving the fossil evidence from East Asia. In: Smith FH, Spencer F, editors. The Origins of Modern Humans: A World Survey of the Fossil Evidence.New York: Alan R Liss Inc., 1984.

[3] 吴新智．中国远古人类的进化．人类学学报，1990，9（4）：312-321.

[4] Wolpoff M H. Human Evolution (1996-1997 edition). New York: McGraw-Hill, 1996.

[5] Chu J Y, Huang W, Kuang S Q, et al. Genetic relationship of populations in China. Proceedings of the National Academy of Sciences, 1998, 95 (20): 11763-11768.

[6] 柯越海，宿兵，肖君华，等. Y染色体单倍型在中国汉族人群中的多态性分布与中国人群的起源及迁徙. 中国科学，2000，30（6）：614-620.

[7] 柯越海，宿兵，李宏宇，等. Y染色体遗传学证据支持中国人起源于非洲. 科学通报，2001，46（5）：411-414.

[8] 吴新智. 与中国现代人起源问题有联系的分子生物学研究成果的讨论. 人类学学报，2005，24（4）：259-269.

[9] 吴新智. 中国古人类进化连续性新辩. 人类学学报，2006，25（1）：17-25.

[10] 吴新智. 现代人起源的多地区进化说在中国的证实. 第四纪研究，2006，26：702-709.

[11] 高星，张晓凌，杨东亚，等. 现代中国人起源与人类演化的区域性多样化模式. 中国科学：地球科学，2010，40（9）：1287-1300.

[12] Pagani L, Lawson D J, Jagoda E, et al. Genomic analyses inform on migration events during the peopling of Eurasia. Nature, 2016, doi: 10.1038/nature19792.

[13] Mallick S, Li H, Lipson M, et al. The Simons Genome Diversity Project: 300 genomes from 142 diverse populations. Nature, 2016, doi: 10.1038/nature18964.

[14] Malaspinas A S, Westaway M, Muller C, et al. A genomic history of Aboriginal Australia. Nature, 2016, doi: 10.1038/nature18299.

[15] Green R E, Krause J, Briggs A W, et al. A draft sequence of the Neanderthal genome. Science, 2010, 328 (5979): 710-722.

[16] Reich D, Patterson N, Kircher M, et al. Denisova admixture and the first modern human dispersals into Southeast Asia and Oceania. American Journal of Human Genetics, 2011, 89: 516-528.

[17] Krause J, Fu Q, Good J, et al. The complete mitochondrial DNA genome of an unknown hominin from southern Siberia. Nature, 2010, 464: 894-897.

[18] Vernot B, Akey J M. Resurrecting surviving Neandertal lineages from modern human genomes. Science, 2014, 343 (6174): 1017-1021.

[19] Prufer K, Racimo F, Pattersonet N, et al. The complete genome sequence of a Neanderthal from the Altai Mountains. Nature, 2014, 505: 43-49.

[20] Fu Q, Li H, Moorjani P, et al. Genome sequence of a 45 000-year-old modern human from

western Siberia. Nature, 2014, 514: 445-449.

[21] Fu Q, Hajdinjak M, Moldovan O T, et al. An early modern human from Romania with a recent Neanderthal ancestor. Nature, 2015, 524: 216-219.

[22] Brown P, Sutikna T, Morwood M J, et al. A new small-bodied hominin from the Late Pleistocene of Flores, Indonesia. Nature, 2004, 431: 1055-1061.

[23] Curnoe D, Xueping J, Herries A I R, et al. Human Remains from the Pleistocene-Holocene Transition of Southwest China Suggest a Complex Evolutionary History for East Asians. PLoS One, 2012, 7: e31918.

[24] Darren C, Ji XP, Paul S C, et al. Possible signatures of hominin hybridization from the Early Holocene of Southwest China. Scientific Repots, 2015, 5: 12408.

[25] Soficaru A, Dobos A, Trinkaus E. Early modern humans from the Peştera Muierii, Baia de Fier, Romania. PNAS, 2006, 103: 17196-17201.

[26] Shea J. Homo sapiens Is as Homo sapiencs Was: Behavioral Variability versus "Behavioral Modernity" in Paleolithic Archaeology. Current Anthropology, 2011, 52: 1-35.

[27] 吴新智．从中国晚期智人颅牙特征看中国现代人起源．人类学学报，1998，17：276-282.

[28] Liu W, Jin C Z, Zhang Y Q, et al. Human remains from Zhirendong, South China, and modern human emergence in East Asia.PNAS, 2010, 107: 19201-19206.

[29] Wu Liu, María Martinón-Torres, Yan-jun Cai, et al. The earliest unequivocally modern humans in southern China. Nature, 2015, 526: 696-699.

[30] Liu W, Schepartz L, Xing S, et al. Late Middle Pleistocene hominin teeth from Panxian Dadong, South China. Journal of Human Evolution, 2013, 64: 337-355.

[31] 刘武．早期现代人在中国的出现与演化．人类学学报，2013，32：233-246.

[32] 刘武，吴秀杰，邢松．现代人的出现与扩散——中国的化石证据．人类学学报，2016，35（2）：161-171.

[33] Fu Q M, Meyer M, Gao X, et al. DNA analysis of an early modern human from Tianyuan Cave, China. PNAS, 2013, 110: 2223-2227.

[34] 高星．更新世东亚人群连续演化的考古证据及相关问题论述．人类学学报，2014，33（3）：237-253.

[35] Gao X. Paleolithic Cultures in China: Uniqueness and Divergence. Current Anthropology, 2013, 54 (Supplement 8): 358-370.

[36] 吴新智，徐欣．从中国和西亚旧石器及道县人牙化石看中国现代人起源．人类学学报，

2016，35（1）：1-13.

［37］Thorpe S K S, Holder R L, Crompton R H. Origin of human bipedalism as an adaptation for locomotion on flexible branches.Science, 2007, 316: 1328-1331.

［38］Wu X J, Crevecoeurb I, Liu W, et al. The temporal labyrinths of eastern Eurasian Pleistocene humans. PNAS, 2014, 111: 10509-10513.

［39］MacDougall I, Brown F H, Fleagle J G. Stratigraphic placement and age of modern humans from Kibish, Ethiopia. Nature, 2005, 433: 733-736.

［40］Fleagle J G, Assefa Z, Brown F H, et al. Paleoanthropology of the Kibish Formation, southern Ethiopia: Introduction. Journal of Human Evolution, 2008, 55: 360-365.

［41］Su B, Xiao J, Underhill P, et al. Y-Chromosome evidence for a northward migration of modern humans into Eastern Asia during the last Ice Age. The American Journal of Human Genetics, 1999, 65 (6): 1718-1724.

［42］高星，王惠民，关莹．水洞沟旧石器考古研究的新进展与新认识．人类学学报，2013，32（2）：121-132.

［43］Fei Peng, Huimin Wang, Xing Gao. Blade production of Shuidonggou Locality1 (Northwest China): A technological perspective.Quaternary International, 2014, 347: 12-20.

［44］Feng Li, Steven L Kuhn, Xing Gao, et al. Re-examination of the dates of large blade technology in China: A comparison of Shuidonggou Locality 1 and Locality 2. Journal of Human Evolution, 2013, 64: 161-168.

［45］高星，裴树文．中国古人类石器技术与生存模式的考古学阐释．第四纪研究，2006，26（4）：504-513.

［46］Klein R G. Anatomy, behavior, and modern human origins. Journal of World Prehistory. 1995, 9: 167-198.

［47］McBrearty S, Brooks A S. The revolution that wasn't: A new interpretation of the origin of modern human behavior. Journal of Human Evolution. 2000, 39: 453-563.

［48］Bar-Yosef O. The Upper Paleolithic revolution. Annual Review of Anthropology. 2002, 31: 363-393.

［49］d'Errico F, Vanhaeren M, Barton N, et al. Out of Africa: Modern human origins special feature: Additional evidence on the use of personal ornaments in the Middle Paleolithic of North Africa. PNAS, 2009, 106: 16051-16056.

［50］Nowell A. Defining Behavioral Modernity in the Context of Neandertal and Anatomically

Modern Human Populations. The Annual Review of Anthropology. 2010: 437-452.

[51] Rodríguez-Vidal J, d'Errico F, Pacheco F G, et al. A rock engraving made by Neanderthals in Gibraltar. PNAS, 2014, 111: 13301-13306.

[52] Walter, C. Thumbs, Toes, and Tears, and other Traits that Makes Us Human. New York: Walker Books, 2006.

[53] Gao X, Zhang X L, Yang D Y, et al. Revisiting the origin of modern humans in China and its implications for global human evolution. Science China (Earth Sciences), 2010, 40 (9): 1287-1300.

[54] Rodriguez-Trelles F, Tarrio R, Ayala F J. Erratic overdispersion of three molecular clocks: GPDH, SOD, and XDH. PNAS, 2001, 98: 11405-11410.

（原刊于《人类学学报》2017年第1期）

考古学与人类学：关于构建中国人类学体系的思考

一、引　　言

有幸受邀参加席焕久先生发起和主持的“21世纪中国人类学发展高峰论坛”，聆听各位专家的演讲，参与研讨和互动，本人所学良多，受益匪浅。在这一过程中有机会把自己从旧石器时代考古学的小圈子中解放出来，接触到更广泛的学术内容和更深刻的科学问题，也促使自己把对相关问题的所学所思整理成文，以此就教于各领域前辈和同仁，并想在学科发展方面谈一点儿看法，以期抛砖引玉。

本人在北京大学读本科时先入历史学系（考古专业），后进入新成立的考古学系（1983年）；考入中国科学院（古脊椎动物与古人类研究所和中科院研究生院）攻读硕士学位时学科方向是古人类学，专业是旧石器时代考古学；后来到美国亚利桑那大学攻读博士学位，进入人类学系，主专业（major）是考古学，副专业（minor）是文化人类学。由于这样的教育背景和个人的兴趣，我在将考古学作为自己的专业领域之余，对历史学、人类学也有点儿皮毛程度的一知半解，对相邻领域的科学问题和学科发展也时常给予一定的关注。我曾经幻想并呼吁中国能发展出美国那样的人类学体系，考古学、体质人类学、文化人类学和语言人类学等作为其分支学科，能相互补充、渗透、交叉与协作，分别从人类生物属性、社会属性的不同侧面开展研究，共同探讨与解决人类（尤其是中国人群）的起源、演化与发展问题，既提供基础科学问题的答案，又提供现实社会问题的解决方案，成为一门综合性的、集基础学科与应用学科于一身、合自然科学与人文科学于一体的重点学科体系。但现实的发展却是各分支学科各自为战，渐行渐远，很少交集；人类学被虚化，相关内容被肢解，该有的学科作用与意义无法体现。中国要不要、能不能发展出一个整合、强大的人类学体系，值得深思与探讨。

二、考古学在中国的发展及其学科定位、作用

考古学（Archaeology）通过发掘和分析古代人类生产与生活遗留下来的物质遗存复原人类演化历史，探究人类适应生存的过程、动因和规律。在我国的学科分类中它被划入人文科学，很长时间被放置于历史学，2011 年成为独立的国家一级学科。世界其他国家多将其归属于人类学，也有的将其划归艺术史。

考古学的根系源远流长，但近代才发展成为一门科学。在欧洲，它与地质古生物学有密切的渊源关系，而在中国，北宋以来的金石学是其前身。真正意义的近现代考古学发祥于欧洲，20 世纪 20 年代从西方传入中国，与传统的金石学相结合，催生了具有中国特色的考古学体系。这一学科不断成长，由小到大，由弱变强，至今成为深受重视的一门显学，成为一项国家层面的行业或事业。据不完全统计，目前国考古界的专业人员不少于 3000 人，各省、自治区、直辖市和多个大都市都设有专门的考古研究机构，其名称各异，包括考古研究所、考古研究院、文物研究所、文物考古研究所、遗产研究院、博物馆等；还有全国性的“中国考古学会”及其专业委员会及地方行业组织；近 30 所大学设置考古院系或专业；文物考古类出版物遍及各省市，信息与成果呈现爆炸式的增长……

考古学在中国诞生以来一直受到不同程度的重视，在学术研究和社会发展中发挥着越来越重要的作用。20 世纪二三十年代发现和发掘安阳殷墟、渑池仰韶和宁夏水洞沟、北京周口店，将中国的古史由传说变为信史（至少对商、周而言），将古人类在这片土地上生存的时间推前至遥远的旧石器时代；即使在“文革”动乱时期，考古工作也得以推进，只是出土的材料被作为马列学说的注脚和阶级教育的素材。在经济建设的大潮中，考古工作者更是大显身手，在各种基本建设工地上，比如三门峡水库、小浪底水库、三峡库区、南水北调库区和沿线、公路-铁路建设，发掘和抢救濒危的文化遗产。在国家进入全面建设小康社会、文化软实力的意义凸显的今天，文物考古工作又被赋予新的功能和任务：承担中华文明探源工程等国家级科技支撑项目、科技基础性工作专项、重大文物保护科技项目，申报世界文化遗产，筹建博物馆，建设考古遗址公园，在国际会议上展

示灿烂的华夏文明……

中国考古学得以持续发展、兴旺发达，有多重历史和社会原因，包括：中华民族悠久的历史、丰富的文化遗产的积淀和支撑；根深蒂固的金石学传统的依托；民族自豪感和爱国主义教育的需求；在社会科学领域内的独特性，例如纯学术色彩更浓——与社会环境、政治体制的兼容性更强；强烈的交叉学科特点——在实证和研究手段方面接近自然科学；容易产生看得见摸得着乃至轰动性的成果——重大考古发现；当代经济发展、社会富裕带来的文物收藏热的烘烤；就业市场的导向和引力；具有很强的实用性，包括遗产的抢救、发掘、保护、展示，文物鉴定，文化产业发展及相关设施建设等。由于这样多重的学术和社会功能，该学科在人文科学中受到更多的青睐，得到更多的国家政策与资金支持。循着学科自身的发展规律，在特定的社会背景下，中国考古学的发展呈现新的趋势：越来越成为独立的学科和体系，剥离历史学、脱离人类学的趋势越来越明显；与博物馆学关系越来越紧密；分支领域不断拓展，学科逐渐深化、细化；区域性发展、地方化特点越来越突出；科技手段得到重视、强化乃至流行化；从“考物”变为“考人”，透物见人成为主旨，亦即从器物的类型（演变或器物排队）、形态、技术、功能、区系类型、文化界定到理论探讨，包括中国人的来源、农业的起源、文明的起源、国家的起源、人与环境的交互作用等；在公众考古的旗帜下走向社会，走向公众，走向媒体，成为显学；跨越国门，与国际接轨。

就我国史前考古学而言，未来的发展潜力和学术、社会作用或许会聚焦、体现在下述方面：

（1）人类在从动物大类中分化出来的过程中文化与社会行为所起的作用及其方式；

（2）中国直立人的来源、现代人的起源、多民族人群的形成过程（文化遗存与行为方式的视角）；

（3）特点鲜明的中国史前文化成因及其反映的东西方古人群适应生存方式的多样性与复杂性；

（4）特定类型的农业（旱作农业、稻作农业、具有可食的根茎植物的栽培、家畜驯养）起源过程与动因；

（5）多元、多彩的中华文明的孕育、形成过程和机制；

（6）中国国家的起源；

（7）特定事物、行为能力（用火）、器物工具（细石器、陶器）、技术工艺

（居住建筑）的起源与变化。

对这些学术问题的探讨与研究乃至破解将使中国考古学的成果产生能力、国际影响力和社会地位更加提高，对于社会发展和文化建设的作用更加彰显。

三、人类学在中国的发展现状

人类学，顾名思义就是研究人类这一物种的学科，其研究范畴应该包括人类的生物属性和社会属性。这一学科也有很长的发展历史，最早发端于古希腊哲学家亚里士多德对具有高尚道德品质及行为的人的兴趣与描述。19 世纪前，人类学基本局限在体质人类学范畴，主要是对人体解剖学和生理学的研究。19 世纪后，欧洲的一些学者及探险家、传教士、海员等开始对古文化遗存和民族志材料感兴趣，使得人类学研究逐渐突破解剖学和生理学的藩篱，扩展到对体质、文化、语言和民族多方面的综合研究。

由于各国地域材料的不同和学术传统的差异，其后人类学的含义和发展路径在各个国家和区域有所不同。在欧洲大陆，“人类学”一词一般是个狭义的概念，专指体质人类学，对文化方面的研究则被称为民族学。而在北美，人类学是个广义的概念，既包含对人类体质或生物属性的研究，也包含对人类文化或社会属性的研究，成为一个重要的学科门类，并发展出几个相互关联的分支学科，包括考古学、生物（或体质）人类学、文化人类学和语言人类学。近来在几个传统的学科之外，又衍生出新的领域，包括应用人类学、医学人类学等。

中国的人类学发展走的是一条多源、混杂、曲折的道路。先是一些欧美的地质、考古学家（安特生、桑志华、德日进、步达生等）到中国从事化石采集和考古调查、发掘，催生了化石人类学（狭义的古人类学）和史前考古学，其后丁文江、李济、裴文中、费孝通、吴定良、夏鼐、吴汝康等从欧美留学归来，引入田野考古、人体测量、民族学调查等现代理念与方法，使西方的人类学体系在中国本土化，学科的基础初奠并沿着西方的道路迅速发展。细观李济、吴定良、费孝通等奠基-开拓者的学术功底与研究实践，他们大都是“全能者”，兼通体质人类学和文化（社会）人类学，在两个分支领域皆有建树。其实这正体现了欧美的学术思想与传统，认为人的两重属性不可分割，相关的研究也不能割裂。20 世纪 30 年代在中央研究院史语所成立的“人类学组”，40 年代在浙江大学成立的

“人类学系”，都将体质人类学和文化人类学、民族学囊括其中，很多调查、研究项目也是几方面并重，不存在文、理上的沟壑，也不存在纯学术与应用研究的分野。其中的发展有学科自身的惯性和规律，也有人为、社会因素的干预。周口店、仰韶、殷墟的工作因材料的重要性而使学科壮大，考古学、古人类（体质）学由此而变得树大根深。而抗战时期蒋介石国民政府支持的民族素质研究项目，则推动了对不同区域、不同族群的生物基础、营养环境、文化习俗、优生优育等多方面的考察和研究，促进了体质（当代）人类学、文化（社会）人类学、民族学的发展与交叉融合，也使人类学成果对当代社会问题的应用、实用作用与功能得以挖掘和显现。

中华人民共和国成立后，人类学的发展轨迹发生了重大转向、改变。吴定良在浙江大学建立的综合性的人类学体系（很像目前美国人类学的雏形）被肢解，吴定良转到复旦大学生物系。考古学归并到社会科学系统，体质人类学归入自然科学系统，二者越来越井水不犯河水。而文化人类学、社会学、民族学这些与当代社会敏感的政治问题关系密切的学科则日渐凋零。“人类学”这个学科名词只在“古人类学”这一细小的分支上得以残存，作为一个大的学科门类基本消失。改革开放、拨乱反正后，一些学者和机构曾尝试恢复综合性的人类学体系，费孝通先生举起社会学的大旗，吴汝康、吴新智两位先生在古人类学之外又尝试开辟“今人类学”，中山大学和厦门大学成立了“人类学系”，“中国人类学会”也被发起成立。但人类学发展并不强劲、顺利，似乎再没有了当初那样的底气、功力和凝聚力。近二十年来，文化人类学得到一定的发展，体质人类学出现复苏，语言人类学也崭露头角，加之方兴未艾的考古学，学科发展的新时代似乎曙光乍现。只是它们各自有自己的名号，各自有自己的专属区，彼此没有什么交集。人类学这面大旗仍然闲置着、落寞着。

在这样的局面下，宏观的人类学框架没有着落，各分支领域发展也受到制约和影响。其中可能存在的问题包括：

（1）由于缺乏统一的旗帜、组织架构和交流平台，分支学科间无法有效地开展交流、合作和争取重大资源项目，无法将科研队伍、研究内容、资源手段和成果数据有效整合与集成，携手攻关、共同破解重大学术与社会问题的能力被消解、削弱，各自获得的研究成果难免出现只见树木不见森林的局面，总体成果的显示度和影响力降低。

（2）学科内关系混乱，层级不清，定位不明，有的领域被肢解、边缘化。考古学曾经隶属历史学、人类学，如今似乎一支独大，成为独立学科。古人类学被划归地质学的二级学科——古生物学（含古人类学）（一个“含”字道出了古人类学的边缘化和尴尬地位），或者在第四纪地质学下成为三级学科。在考古学成为一级学科后，古人类学在高等教育系统中会被划归考古学的二级学科。

（3）画地为牢，文、理分割。由于我国学科体制过于强调人文（社会）科学与自然科学的区别，习惯于条块分割的管理方式，致使新近复兴的文化人类学、语言人类学虽然仍根植于西方的学术思想，但却在很大程度上游离于人类学的体系之外，与考古学、生物人类学等姊妹学科几无往来。

（4）在国家学科发展计划、基金项目中找不到归属和合理的出口。例如在国家自然科学基金申报系统中，人类学课题的申报须到“地质学”下的“古生物（含古人类）”方向、“第四纪地质学”方向，或新近增加的“古人类”方向。

（5）在学科规划、学位点设立、研究计划与项目设立、行业评估——评审、奖项与人才推荐等方面不能作为一个统一强大的学科发声，无法引起政府和社会的充分重视。

（6）与西方的学术体系无法有效接轨，交流合作渠道不畅。

四、考古学与历史学、人类学的关系：剪不断理还乱

考古学与历史学、人类学关系都很密切，内容上有内在关联，皆无法真正割裂。但目前的考古学越来越独立，呈现一枝独秀的局面，先后发生了脱离历史学、脱离人类学的过程和趋势。中国考古学本身的发展与其他学科关系的变化是与欧美学术思想与学科的发展变化密切相关的。考古学在其发展的早期阶段深受地质学和古生物学的影响，出土标本被视同古生物中的“标准化石”，以此来标记人类的演化和文化的发展阶段，因而被称为“进化考古学”。进入 20 世纪初叶，简单、直线进化的思维模式变得式微，辨识和界定具有地域性差异的考古学文化的工作模式逐渐将其取代，关注的重点是考古学文化的年代和文化间的渊源关系，考古学进入“文化历史考古学”的阶段。

在这两个阶段中，考古学的宗旨是复原人类的历史过程，尤其是重建没有文字记录的史前史，自然与历史学关系密切，成为广义的历史学的有机组成部分。但 20 世纪中叶，泰勒、克拉克、宾福德等英美学者发起“新考古学”，摈弃文化

历史传统，而引入文化生态学理论，将探究人类生存方式与生态环境的关系、诠释人类演化和考古学文化形成的动因与过程、研究人类社会的普遍规律作为考古学要义，并宣布考古学脱离历史学而归属人类学。其后，“后过程主义”等学派对“新考古学”进行反思和批判，强调考古学的独立性，提出考古学就是考古学，否则什么都不是。于是出现考古学脱离人类学，成为独立学科体系的倾向。

中国考古学演变为独立学科的过程当然受到欧美学术发展的影响，但更多还是自身的发展和所处的社会环境及其被赋予的使命使然。如前所述，考古学在历史悠久、文化灿烂、遗产遍地的中国有其特别适宜的土壤，有重大的社会需求，这使其如鱼得水，不断强化。另外，当代中国历史学和人类学界没能产生强大的统合力量，缺少一呼百应的大师级人物，也是分支学科得以做大、独立的重要原因。但学科的划分与归位都是人为的、形式上的，不应该掩盖或者改变学科自身的内容特点和与邻近学科的关系。从构建人类史前史、用实物资料补史证史的角度，考古学与历史学密不可分，完全可以划归一个学科群；而从通过文化遗存、人类行为方式（社会属性）研究人类的演化事件、过程和动因的角度，它与人类学关系也很密切，与体质人类学、文化人类学、语言人类学、社会学、民族学等有内容目标的重叠，完全可以划归到一个学科群中。因而，考古学与历史学、人类学的区别主要体现在研究时段、对象和方法手段上，而不是大的学术方向、研究内容和目标上。切不可因为人为的划分和设置而模糊了学科的要义、共性和相互关系。

五、构建综合性的人类学体系

在目前的各分支领域各自为战，尤其是考古学一支独强，成为独立的国家一级学科，拥有独立的学术体系、组织架构和出版物的情况下，我们已不太可能再按照西方的模式整合出单一、完整、层级明确的人类学体系（一级学科）。这是由历史传统不同、学术环境与体制不同、学科发展道路不同、国家或社会需求不同等诸多因素决定的（除非有强大的顶层设计方可改变局面）。在此情况下，不必强求改变局面，不必生拉硬拽将隶属于各自系统的各个分支学科放到一个筐子里。我们可以有所为有所不为，构建内容紧密而形式松散的中国人类学体系：强化学科内容上的内在联系，以学科的宗旨将各分支联结在一起，以科学问题的提出和解决作为合作联合的抓手，创造平台加强交流和互动，并在时机成熟时建立综合性的研究实体。

在破解人类的起源、演化、生存与发展各方面问题的宗旨下，各个学科可以找到自己的归属和定位，包括研究人类从古到今生长发育体质特征的生物人类学，分析人类遗传变异与演化内在驱动力的遗传人类学，研究先民文化、技术与生存方式的考古学，研究当代人类文化现象、社会结构与族群—人际关系的文化人类学或社会人类学，通过人类语言变异追溯和研究特定族群的历史、目标人群的关系及生存环境和演化过程的语言人类学，对当代人群营养、健康、体质变异、社会问题加以分析和解决的应用人类学等。将这些学科整合、促使其协作互动的一个重要抓手是提出宏观、重大的有关人类演化与发展的科学问题，推动设立国家研究计划或重大项目。在此方面须瞄准国际热点和具有国家、社会重大需求的科学问题，而这类问题的解决能明显提高国家实力和国际影响力、竞争力，而且这类问题（例如中国人起源）的破解需要多学科交叉与协作。这些重大项目的设立需要高屋建瓴式的顶层设计，需要发挥大师和学术带头人的作用，也需要宣传和舆论造势引起社会的关注和支持。

加强行业内学科间的交流、协作与协调的一个重要方式与纽带是建立行业社团组织。“中国人类学会”是个很好的平台，应该将其扩展、整合和完善，使其成为包容性强、认可度高、凝聚力大、影响面广的全国性人类学社团机构，完善组织架构，定期开展学术研讨和交流活动，提出事关行业发展的政策建议和科学计划，定期举办专业培训和科普活动，建立学会网站和交流平台，并与国际同类机构建立交流互动关系。

策划和筹建综合性的国家人类学研究机构（研究中心、研究所或研究院）是一个重大的目标和举措。可循序渐进，依托现有的从事人类学研究的机构，由松散单元联合到实体建设，最终形成集体质与文化、形态与功能、远古与现今、宏观与微观、基础与应用研究于一体，跨越自然科学与社会科学鸿沟的研究实体。在此方面，德国马普学会进化人类学研究所（莱比锡）是很好的参照样板。要达此愿，顶层支持与设计至关重要！

出版能反映、代表国内行业最高水准并在国际学术界得到高度认可的权威专业期刊也是一个行业重要的纽带和黏合剂。这样的刊物能集中发布和展示行业的最新发展动态、科研进展和研究成果，能为行业同仁提供交流学术思想与信息的平台，也能据此吸引国外同行的关注和参与。目前中科院古人类研究所主办的《人类学学报》是个很好的起点和选项。如果它能拓展以包容人类学各分支学科的内容，将会获得更大的生命力和影响力，并有望在不远的将来成为具有国际学术影响力的 SSCI 期刊，成为我国人类学的品牌刊物和对外延展的窗口。

六、建立和发展中国的应用人类学体系

人类学的很多工作不仅属于基础科学研究领域，还有很强的应用属性，即利用人类学研究的数据、成果解决具体的社会问题，服务于人类的生存与发展。在西方已有“应用人类学”（Applying Anthropology）这一术语来界定这方面工作的性质和作用。应用人类学较其他分支是一个新领域，旨在运用人类学的方法和理论来分析和解答人类社会中的实际问题。在过去的十几年中，这一领域在美国和其他西方发达国家得到了很好的发展，人类学的研究成果和方法被政府、企业和技术部门采纳的事例持续增加。很多应用人类学工作者就业于公共卫生部门、疾病控制中心、文博考古机构、学区办公室、印第安部落自治区、公园景区及政府决策部门和企业，为社会的发展做出了显著的贡献。实践证明人类学的每个分支学科都有其独特的应用价值和潜能。

目前，中国进入全面建设小康社会的发展阶段，遇到很多瓶颈和挑战，人口、健康、就业、贫富分化、社会骚动、环境恶化……这些转型、发展中出现的问题并不能靠经济增长和法治建设完全加以解决，迫切需要从人类学的角度提供科学依据、标准数据和解决方案。我国当代人类学的领军人物——吴汝康和吴新智两位院士在 20 世纪 80 年代初就在应用人类学的开创和推动方面做了很多努力，代表性的成果是古脊椎动物与古人类研究所同当时的国家标准化研究所在 80 年代中后期联合完成的第一次全国成年人体测量项目。古人类研究所根据人类学的研究方法与成果，为该项目制订了科学的计划和技术标准，并领导和参与了人体测量队员的培训和人体测量数据的采集。该项目为中国的建筑和制造业提供了不同地区人群人体数据的宝贵资料（一直被沿用至今），开了中国应用人类学的先河。

目前，要拓展应用人类学学科及开展相关工作，我认为可以从下面几个方面着手：

（1）对中国不同地区、不同族群、不同性别、不同年龄的人体进行测量，据此建立不同指数（身高、体重、身体比例、各项围度等）的数据库，建立动态的人体标准，为与人体相关的服装、家具、武器、工具、医疗器械、车辆等的设计

制造提供数据，为国家相关政策（例如外贸出口）的制定提供科学依据。

（2）对特定环境下（城市、农村、高海拔、环境污染、贫困山区等）特定人群生长发育、营养健康情况及其随环境变换而发生的改变进行研究，以分析和解决诸如儿童生长发育中的早熟、肥胖现象，中年人过劳死现象，老年人骨质疏松问题等，为幼儿园、学校、老年公寓、工作场所的营养配餐、营养品配方等工作提供科学依据，为改善乃至消除贫困地区、环境恶劣地区的营养不良、毒素摄入等提供政策建议。

（3）从人体工效学的角度对运动员、航天员、潜水员等特殊行业从业人员的选拔和培养提供数据和评估意见。

（4）研究基因技术在遗传信息检测、疾病预防与控制等方面的应用与服务。

（5）对直接服务于密集人群的企业或政府人事、民政部门提供专项调查数据和分析报告，提供政策上的咨询与建议。

（6）承担文化遗产保护工程以及博物馆、考古遗址公园、文物景区建设项目的规划业务，为文化产业、事业发展提供专业的咨询与建议。

可做的事情很多，可发挥的作用很大。如果我们能扎扎实实开展一些力所能及而又影响深远的工作，取得好的成效并得到社会的广泛认可，我们将为自己铺就道路，产生造血功能，进而做强做大，使应用人类学成为具有高度社会关注度和需求性的显学和热门行业。如果我们能在此基础上建立起国家层级的“中国应用人类学中心”，这一行业将能稳步和持续发展，不断发挥科学造福于人类的本质作用与功能，并为人类学中其他领域的研究成果找到出口或孵化器，进而提高学科和行业的地位，带动我国人类学学科的整合与长足发展。中国梦是绚烂多彩的。人类学事业的发展及其对中国社会的贡献，也应该是其中一道靓丽的彩虹。

参考文献

[1] 杜靖. 中国体质人类学史研究. 北京：知识产权出版社，2013.

[2] Bruce G Trigger. A History of Archaeological Thought (Second Edition). Cambridge: Cambridge University Press, 2006.

[3] 陈淳. 考古学的理论与研究. 上海：学林出版社，2003.

（原刊于席焕久、刘武、陈昭主编：《21世纪中国人类学的发展》，知识出版社，2015年）

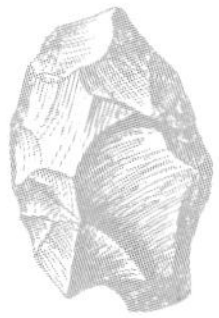

远韵余音（诗三首）

石 器 礼 赞

或埋藏于斑驳陆离的泥沙，
或裸露于苍茫寂寥的荒原。
或隐居在深邃诡异的洞穴，
或现身古色古香的博物馆。

没有眩目的造型，
没有耀眼的光环。
内核是普普通通的石头，
外廓是简简单单的刃与尖。

但苍天知道，
你经历过怎样沧海桑田的历练！
大地谙晓，
你对人类演化有过多大的贡献！

想当年，
人类肇始，步履蹒跚。
生存艰辛，虎狼凶顽。
身矮体弱，无爪无翅恨青天！

忽一日，
智者把圆钝的石块敲断。

左打右击，制出利刃和锐尖，
智慧的神奇如雷鸣电闪。

猎人高举着你追逐赤鹿、鬣狗，
猛犸象的毛发和血液将你浸染。
女人们紧握着你采集香根甜果，
欢声笑语萦绕在森林草原……

夜晚人类的营地不再凄婉哀叹，
缕缕炊烟散发着美食的香甜。
大人在篝火旁修制工具、吟唱情歌，
孩童在欢闹中憧憬明天。

打石制器的技艺日渐精湛，
采备制作使用形成操作之链。
先人在非洲跨出地堑走向四海，
匠人的秘笈和智慧代代相传。

人类的脑量在快速增长，
肌体也变得愈发强健。
从此他们不再脆弱渺小，
生物链的秩序为之改变。

物竞天择，
冷暖替换。
手持石器的人类生生不息，
漫漫长河流淌了数百万年。

物换星移，
时过境迁。
后来的人们迈入了金属时代，

石器渐渐不再被制作和垂恋。

于是你回归空旷的原野，
任凭流水和风沙将棱角磨圆。
在层层叠叠的黄沙红土下，
继续演绎着历史的积淀。

这一天，
古老的遗址上来了一群靓女俊男。
肩扛精密的全站仪，
手握熠熠闪光的考古铲。

汗水在青春的脸颊上流淌，
数据在指间弹出行行串串。
一件件遗珍被发掘出土，
远古文明的实证又重见日天！

于是你来到科学家的案头上，
将古史的密码一一解析呈现；
你又出现在博物馆的展柜中，
将懵懂学童的求知热情点燃。

啊，石器，
我要对你礼赞！
你凝聚着天地的精气，
连接着人与自然。

人类因你而不再懦弱无助，
向强敌索食，向险地登攀。
历史因你而前行和隽永，
一座座奋进的丰碑屹立在天地之间！

你是生存拓展的利器，
人类因你而雄踞地球这个家园。
你是文明的种子，
催生了今日的繁花绚烂。

你的故事并没有讲完——

你开启的人间奇迹还在延展，
计算机、航天器闪耀着你智慧的星星点点。
你在演化的历史中不朽并传承，
述说着人类征程的昨天、今天与明天……

（原刊于《化石》2021年第1期）

北京猿人

你是灵长世界的神迹，
用挺拔的脊梁注解了什么是直立。
在周口店龙骨山的洞穴中，
演绎了一段震古烁今的传奇。

那时的宇宙是不同的天地，
大角鹿在树草中时欢时寂。
剑齿虎大张着带血的利牙，
伺机把猎物撕扯进贪婪的胃里。

你来了，
一群扶老携幼的男男女女。
前凸的吻部似乎在渴望浪漫，
警惕的双眼上是粗壮坚定的眉脊。

倏然间斑鬣狗成群围聚，
直隶狼的嚎声回荡在山谷里。
残阳映红了你裸露脆弱的肌肤，
孩子躲向大人身后不敢喘息。

聪慧的匠人将地上的石英砸碎，
敲敲打打制成尖锋利器。

你持握着武器走向兽群，
勇敢与雄健代替了恐惧和颤栗。

你来到一处朝向东方的洞穴前，
洞口兀现一串串洞熊出没的足迹。
遮风避雨的家园你梦寐以求，
黑暗与危险不能阻挡你前行的步履！

智者取出保存于木芯的火种，
找来干草轻轻吹燃小心翼翼。
一团火焰在烟雾中绽放升腾，
照亮了你脸上的快慰与豪意。

火把引导你们走进洞穴，
光明驱散黑暗消解了潮气。
从此你们以此为家，
生存繁衍薪火传递。

白天你走向洞外探索寻觅，
采备石料制成更多的工具。
辛勤劳作狩猎采集养儿育女，
时常还要与凶禽猛兽殊死搏击。

夜晚你们围聚在燃烧的火堆旁，
遥望星月分享食物谈天说地。
情侣们携手走进洞穴的深处，
孩童在火的光热中打闹嬉戏。

时光荏苒物换星移，
你的后代迁徙适应时散时聚。
骨骼在大自然的造化下成为化石，

石器灰烬遗留在层层叠叠的沙土里。

九十年前大约在冬季，
科考队员前来发掘早已坍塌的废墟。
移除凌乱的石块和胶结的泥沙，
你的遗珍骤然重见天日！

科学的世界因你而震惊，
历史的里程碑因你而奠基。
追今溯古离不开你的身影，
学术和媒体为你痴为你迷！

今天的人们仍在为你争论不息。
你生活在暖湿的环境还是严寒冰期？
现代东亚人是你的后代吗？
丢失的化石到底藏在哪里？

你是悠长的符号，
记录了人类演化的筚路蓝缕。
你犹如神奇的魔术大师，
虽然谢幕却留下太多的梦幻和奥秘。

如今的你静卧在博物馆的展柜中，
书写在各种字符的图书里。
你将在演化的轨迹中不朽和传续，
不断吟唱生而为人的悲欣与奇迹……

（原刊于《化石》2020年第1期）

泥河湾怀古

天高云淡地阔，黄土白沙沟壑。
也曾山花烂漫，转眼风寒雪落。

夏秋泥湾考古，培训研修不辍。
田野栉风沐雨，课堂授业解惑。

而今再度踏访，人去剖面落寞。
俯瞰下山小路，西天一抹金色。

层层叠叠地书，沧海桑田轮梭。
远古遗迹深埋，先民在此劳作。

东亚人类摇篮，前赴后继聚合。
狩猎采集繁衍，演化慷慨悲歌。

学人赓续探考，百年钻研求索。
可有惊天遗珍？谜团指日可破！

附记：2023年12月2日下午重返泥河湾盆地板井子遗址发掘现场。结束考察时已日落西山，触景生情，在车上酝酿打油诗一首，晚上完成。